EXIL

Für Claudia und PPR

die mich auf meiner Reise
durch das Jahr 2020/21 begleitet haben
auf der es oft ziemlich verrückt zuging.
Doch wie stets galt:
Zu dritt sieht man mehr.

Helmut Roewer

Corona-Diktatur

Der Staatsstreich von Merkel,
Christunion & Co
2020/21

Ein Bericht

edition buchhaus loschwitz
&
PR Verlag & Agentur Weimar

Impressum
© für den Text Helmut Roewer, 2021
Bildrechte siehe Seite 297
Umschlag-Vignette nach der Zeichnung Pest-Arzt von Bernd Zeller

ISBN 978-3-9823005-1-1
Zweite, korrigierte Auflage Juli 2021
Druck: Winterwork, Borsdorf

Eine Gemeinschaftsproduktion von

edition buchhaus loschwitz
Friedrich-Wieck-Straße 6 | 01326 Dresden
www.kulturhaus-loschwitz.de
Reihe Exil
und
PR Verlag & Agentur Weimar
Richard-Wagner-Straße 16 | 99423 Weimar

Inhaltsübersicht

Fünfter Teil

Werd' ich zum Augenblicke sagen:
Verweile doch! du bist so schön!
(Faust zu Mephisto)

Einleitung

Dieses Buch ist eine persönliche Chronik der laufenden Ereignisse. Es beschreibt meinen Versuch, das politische Geschehen des Jahres 2020/21 systematisch zu ordnen und auf seinen Kern zu reduzieren. Manchmal fiel es mir dabei schwer, die Aufgeregtheiten des Tages beiseitezulassen.

Der Berichts-Kern dieses Buches stellt sich zum Zeitpunkt seiner Reinschrift so dar, dass unsere politische Klasse unter der Herrschaft der Bundeskanzlerin Angela Merkel durch Ausnutzung der Corona-Krise den Rubikon vom demokratischen Rechtsstaat zum diktatorischen Maßnahmestaat überschritten hat. Unter diesem Aspekt werde ich den Ablauf des Geschehens bis hinein in die Details schildern.

Ich räume freimütig ein, dass mir der Weg unserer politischen Klasse hin zum Rubikon und dessen Überschreitung erst allmählich klar wurde. Ebenso ist mir bewusst, dass es sehr viele Leute in unserm Land gibt, welche die Lage völlig anders beurteilen als ich.

Ich hoffe, dem Leser das Begreifen meiner Gedanken, deren Entstehen und ihre Verfestigung sowie die daraus entwickelten Ansichten dadurch zu erleichtern, dass ich ihn auf den Weg meiner mühsamen Erkenntnisgewinnung Schritt um Schritt mitnehme. Ich werde auch die Irrtümer, denen ich unterlag, nicht beiseite lassen. Ich stelle mir nämlich vor, dass der eine oder andere Leser sich selbst in meinen Irrtümern wiedererkennt. Mit andern Worten, dass er sagt: Genauso habe ich das auch erstmal falsch gesehen.

Ich füge hinzu, dass ich nicht zu den Leuten zähle, die alles immer schon gewusst haben wollen. Das Gegenteil ist vielmehr richtig. Zur Kontrolle haben mir auch bei der Abfassung dieses Buches meine Tagebuchaufzeichnungen und ein mitunter ausufernder Briefwechsel gedient. Eine weitere Quelle meiner Annahmen und Irrtümer mögen die zahlreichen Veröffentlichungen der letzten 20 Jahre sein. Ich greife bei Bedarf darauf zurück, nicht um zu protzen, sondern um zu belegen, dass man dieses oder jenes hat kommen sehen, oder eben auch nicht. Meine ungezählten Schreibarbeiten in den vergangenen Jahren lassen zu meinem heutigen Verdruss erkennen, dass ich keinesfalls immer der Durchblicker gewesen bin, der ich eigentlich als Autor dickleibiger Bücher gerne gewesen wäre. Doch die Praxis des Schreibens lehrt: Je dichter man, aus der Vergangenheit kommend, der Gegenwart auf den Leib rückt, desto wahrscheinlicher wird es, dass man die Dinge unvollständig sieht und die Zusammenhänge, in die sie nun mal hineingehören, verkennt.

Ein wichtiges persönliches Motiv zu diesem Buch war und ist mein Wunsch, die Dinge, die ich im Moment erleben muss, nicht unwidersprochen hinzunehmen. Ich verbinde zugleich mit Niederschrift und Veröffentlichung die Absicht, meine Landsleute, die das auch nicht wollen, in ihrem Tun zu ermutigen. Unser Land ist es wert, sich auf die in unserm Volke tief verwurzelten Kräfte der Vernunft zu besinnen. Diese Kräfte gilt es, in ihrem Mut zu bestärken, aus dem Labyrinth von Propaganda und Lügen herauszufinden. Deutschland braucht dringend die Tatkräftigen und Vernunftbegabten, welche sich nicht zu sprechen und zu handeln scheuen.

Wenn der Leser nach dieser Einleitung noch Lust verspürt, mich auf meiner abenteuerlichen Reise durch die Republik zu begleiten, bitte sehr. Dann muss er jetzt weiterlesen.

Weimar, im April 2021
Helmut Roewer

Staatsstreich von oben ist der Verfassungsbruch seitens der Staatsorgane. Der Staatsstreich von oben kann durch Tun wie Unterlassen erfolgen, ... Wenn etwa die zuständigen Organe generell darin versagen, dem freien Individuum Sicherheit und Ordnung zu gewährleisten, so verwirken sie den Gehorsams-Anspruch gegenüber ihren Untertanen, und der Widerstandsfall tritt ein.[1]

Erster Teil
Wird rückgängig gemacht – Merkel vernichtet die Eigenstaatlichkeit der Länder

Der Staatsstreich der Angela Dorothea Merkel verlief etwas anders, als man sich gemeinhin ein solches Unternehmen vorstellt. In der politischen Realität der Bundesrepublik war es seit Merkels Amtsantritt als Bundeskanzlerin im Jahre 2005 vielmehr so, dass sie Stück um Stück die Verfassung brach. Anfangs wurde das noch eher ungläubig bemerkt, doch je länger sie an der Macht war, desto apathischer wurden ihre weiteren Verfassungsbrüche hingenommen oder sogar von der Kanzler-Begleitpresse mit frenetischem Applaus bedacht. So wurde das Volk an die Diktatur herangeführt. In diesem Buch werden Details zu lesen sein.

Verfassung? Das ist so 19. Jahrhundert!

---

[1] Der Bonner Staatsrechtslehrer Josef Isensee in: Das legalisierte Widerstandsrecht.

Am 27. Oktober 2019 wählen wir ... einen neuen Landtag. ... DIE LINKE bittet Sie um Ihre beiden Stimmen, damit Bodo Ramelow als Ministerpräsident seine erfolgreiche Politik für Thüringen fortsetzen kann.
(Die Linke Thüringen, 2019)[2]

1. Kapitel
Die Hinterwäldler proben den Aufstand: Die Thüringenwahl 2019

Der Freistaat Thüringen mag zwar geographisch in der Mitte Deutschlands liegen, im deutschen politischen Zentrum liegt er dadurch noch lange nicht. Er ist eine Art Randgebiet, in dem seit seiner Wiedererrichtung im Oktober 1990 die CDU fast unangefochten das Sagen hatte.[3] Das verblüfft den distanzierten Betrachter schon deswegen, weil die Bevölkerung dieses Landes eines mit Sicherheit nicht ist: Sie ist nicht katholisch, und auch die anderen christlichen Kirchen repräsentieren eher eine Minderheit der Bevölkerung.

Wenn also das notorische CDU-Wählen eines nahelegt, so ist es dies: Der Durchschnitts-Thüringer liebt neben seinen sonntäglichen Klößen und der täglichen Bratwurst vor allem Ruhe und Ordnung und hat von allen sozialistischen Experimenten bis an sein Lebensende die Schnauze voll. Er ist das, was man etwas pauschal als konservativ bezeichnen könnte. Warum er sich bei dieser Grundbefindlichkeit 2014 von der CDU abwandte, lässt sich nur so erklären, dass er eine Clique rheinischer Berufskatholiken, welche die Herrschaft fast zweieinhalb Jahrzehnte unter sich aufgeteilt hatten, endlich quitt werden wollte.[4] Die einzige Möglichkeit, diesen

---

2 Die Linke Thüringen: Wahlprogramm 2019, https://wahl2019.die-linke-thueringen.de/wp-content/uploads/2019/08/Landtagswahlprogramm-Thueringen-2019.pdf [Abruf: 10.3.2021].
3 Hierzu grundlegend die Studie von Ute Schmidt: Von der Blockpartei zur Volkspartei?
4 Bereits 2009 hatte sich der Umschwung angedeutet, damals noch von der PDS-Linke befördert, die den schwarzen Filz in den Mittelpunkt ihrer Wahlpropaganda

Wunsch zu realisieren, schien in der Wahl des PDS-/Linken-Vormanns Bodo Ramelow zu bestehen, dem es tatsächlich möglich wurde, unter seiner Leitung ein Linksbündnis (Linke/SPD/Grüne) in die Regierungsverantwortung zu bringen.

Man sagt nichts Unanständiges, wenn man feststellt, dass die Beliebtheit dieses Bündnisses und vor allem die seines Ministerpräsidenten zwar im Medienspektakel ungeahnte Höhen erklomm, dieser Höhenflug indes mit der Meinung des Wahlvolks partout nicht übereinstimmte. So war dann der Katzenjammer nach der Thüringenwahl 2019 groß, als die Thüringer das wunderbare Linksbündnis unter einem Kommunisten als Regierungschef abgewählt hatten. Dabei bezogen nicht nur die Koalitionäre Wahlprügel, sondern auch die CDU unter einem Kandidaten, dessen Namen man sich nicht merken muss. Der brachte es durch widersprüchliche Aussagen in der Gretchenfrage tatsächlich fertig, den ohnehin nicht mehr sehr prächtigen Stimmenanteil seiner Partei weiter zu reduzieren.

Die Gretchenfrage lautete, wie man sich denken kann: Wie hältst du es mit der AfD? Diese war bereits seit der vorausgegangenen Legislaturperiode (2014-19) im Landtag und konnte bei der Wahl – auch dank der lächerlichen Auftritte der CDU – ihren Stimmenanteil mehr als verdoppeln. Jetzt repräsentierte sie ein Viertel der Thüringer Wähler. Man musste kein winkelzügiger Rechenkünstler sein, um noch am Wahlabend feststellen zu können, dass die Wähler das Linksbündnis abgewählt hatten und ein bürgerliches Bündnis (AfD, CDU und FDP) wünschten.[5]

---

gerückt hatte, vgl. z.B. Die Linke im Thüringer Landtag: Schwarzbuch. CDU-Herrschaft in Thüringen.

[5] Nicht jeder sah das so mit der bürgerlichen Mehrheit aus AfD, CDU und FDP, etliche CDU-Mitglieder gingen gleich nach dem Wahlabend davon aus, dass es eine linke Minderheitsregierung nach einem dritten Wahlgang geben werde, vgl. z.B. Vera Lengsfeld: In Thüringen wird die Demokratie entsorgt, vom 15.11.2019, abgedr. in: Was noch gesagt werden muss, S. 224-227. Wie sich zeigen sollte, war das ein Irrtum.

So kam die schwächelnde CDU, für die es nur noch den Platz 3 nach Linken und AfD gegeben hatte, in ein Dilemma. Für eine Regierung brauchte sie einen von den beiden Erstplatzierten plus die FDP. Doch weder mit Linken noch mit AfD mochte sie sich zusammentun. So setzte sich bei vielen in der CDU, die nun den bürgerlichen Wählerwillen in die Tat umsetzen wollten, die Überzeugung durch, dass es genügen werde, wenn die CDU einen brauchbaren Ministerpräsidenten-Kandidaten präsentieren würde, denn dieser würde bei ein bisschen gutem Willen der beiden anderen (AfD und FDP) gewählt werden.

	Stimmen in %	Sitze
Gesamt	100,0	90
Linke	31,0	29
SPD	8,2	8
Grüne	5,2	5
Summe	**44,4**	**42**
AfD	23,4	22
CDU	21,8	21
FDP	5,0	5
Summe	**50,2**	**48**

Zu den Gedankenspielen hatte ich insofern Zugang, weil es eine Reihe von Nachbarn gibt – Thüringen und speziell Weimar sind nicht besonders raumgreifend –, die mich ab und an heimsuchen, um an meinem massiven Esstisch herumzusitzen und die Welt zu verbessern. Diese parteiübergreifenden Stammtischler waren sich schnell einig: Einen vorzeigbaren Ministerpräsidenten-Kandidaten aus der Thüringer CDU werde es nicht geben, und der aussichtsreichste Kandidat war nach Meinung der lokalen Fachwelt der ehemalige Präsident des Bundesamtes für Verfassungsschutz Hans-Georg Maaßen. Der hatte auf gut besuchten Veranstaltungen der Werteunion, so am 12. Oktober 2019 im thüringischen Ebeleben, ganz offen dafür plädiert, dass ein CDU-

Mann sich zur Wahl stellen solle. Danach müsse man nur noch abwarten, was passiere. Auf jeden Fall werde man auf diese Art die Linksregierung quitt. Als er nach solcher Keckheit aus dem Publikum heraus gefragt wurde, ob er hier von sich selber spreche, winkte er erschrocken ab.

Bei so viel Unwillen zur Macht bot sich beinahe nur noch ein einziger Kandidat an – jedenfalls nach der Meinung des an meinem Tisch sitzenden Publikums. Das sei der einen Steinwurf entfernt wohnende FDP-Vorsitzende Thomas Kemmerich, der mit seinem erstaunlich Ich-betonten Wahlkampf seine Partei soeben mit Ach und Krach über die Fünfprozenthürde gehievt hatte. Der Name fiel, ich dachte mir nicht viel dabei und kümmerte mich nicht weiter darum,[6] da ich mit der Endredaktion eines Buches völlig ausgelastet war.[7] Erst Anfang Februar 2020 wurde ich durch einen Anruf aus meinen Gedanken gerissen. Ich notierte am 6. Februar 2020 in mein Tagebuch:

> Manchmal wird, was in Weinlaune ausgeheckt wurde, Wirklichkeit. So die Wahl des Weimarer Nachbarn zum Regierungschef des Zwergstaats am gestrigen Tage. Ich glaube an die Magie des Esstischs. Entscheidend ist, was draufsteht und wer drumrum sitzt.

Mit der Wahl von Kemmerich war das wunderbare, von der Presse so hoch gelobte Linksbündnis in Thüringen beendet. Dachte ich. Es war ein Irrtum.

---

[6] Dass der Gedanke weiter, wenn auch gottlob ohne mich ventiliert wurde, kriegte ich erst viel später mit, vgl. hierzu mit zahlreichen Details Wolfgang Prabel: Ost-West-Konflikt in der FDP, *Prabels Blog* vom 9.10.2020, https://www.prabelsblog.de/2020/10/der-ost-west-konflikt-in-der-fdp/.

[7] Es handelt sich um *Spygate. Der Putsch des Establishments gegen Donald Trump*. Das Buch erschien dann am 31.3.2020 im Kopp Verlag in Rottenburg.

Meistens sind die Führer keine Denker, sondern Männer der Tat. Sie haben wenig Scharfblick und könnten auch nicht anders sein, da Scharfblick im allgemeinen zu Zweifel und Untätigkeit führt. Man findet sie namentlich unter Nervösen, Reizbaren, Halbverrückten, die sich an der Grenze des Irrsinns befinden.[8]

2. Kapitel
Wir wollen unsern guten alten Bodo wiederha'm:
Merkel macht die Wahlentscheidung mit einem F...befehl
rückgängig

Anlässlich der Ministerpräsidentenwahl fand der nächste Akt des Merkel'schen Staatsstreichs statt. Um den zu illustrieren, muss ich den Leser mit zwei, drei Sätzen Verfassungsrecht behelligen: Das in Thüringen installierte System lässt sich in wenigen Worten so beschreiben: Ministerpräsident kann nur werden, wer im Landtag die absolute Mehrheit der Mitglieder in einer Wahl erhält. Das ist die Hälfte der gesetzlichen Mitglieder plus eins. Eine weitere Regelung bestimmt, dass eine Regierungsneuwahl auf jeden Fall im Anschluss an eine Landtagswahl zu erfolgen hat. Hierzu wurde in der Verfassung Vorsorge getroffen, dass dieses auch geschieht.

Mit der Wahl des Ministerpräsidenten erhält dieser eine starke Position. Er kann nur legal beseitigt werden, indem der Landtag mit der Mehrheit seiner Mitglieder einen neuen Ministerpräsidenten wählt. Misslingt dies aus welchem Grund auch immer, kann sich unter Umständen der Landtag auflösen, der Ministerpräsident verliert hierdurch jedoch noch nicht sein Amt. Das kommt so:

Die demokratische Grundregel lautet, dass mit dem Wahlakt durch das Volk der im Amt befindliche Landtag unwiderruflich sein Mandat verliert. Im Gegensatz hierzu besteht über den Wahltag hinaus die Kontinuität der Regierung. Sie bleibt also im Amt, bis der Landtag einen neuen Ministerpräsidenten bestimmt hat. Dem liegt das vernünftige

---

[8] Gustave le Bon: Psychologie der Massen, S. 101.

Motiv zugrunde, dass das Land nicht ohne Regierung sein soll. Es soll aber nach der Landtagswahl in jedem Fall eine Ministerpräsidentenneuwahl erfolgen.

In Thüringen ist dieser Gedanke durch eine unscheinbar wirkende Rechtsnorm zum Ausdruck gebracht worden. Sie besagt, dass dann, wenn es dem Landtag nach seinem Zusammentritt in zwei Wahlgängen nicht gelingt, den Ministerpräsidenten mit der notwendigen absoluten Mehrheit (die Hälfte der gesetzlichen Mitglieder plus eins) zu wählen, in einem dritten Wahlgang derjenige gewählt ist, der die meisten Stimmen erhält (relative Mehrheit).[9] Diese Regelung ist im Frühjahr 2020 zum ersten Mal in der Landesgeschichte zur Anwendung gekommen.

Nachdem es in zwei Wahlgängen nicht gelungen war, den noch im Amt befindlichen Ministerpräsidenten Ramelow mit absoluter Mehrheit wiederzuwählen, wurde der Abgeordnete Thomas Kemmerich (FDP), der als Gegenkandidat zu Ramelow angetreten war, mit der Mehrheit der Stimmen im dritten Wahlgang gewählt. Kemmerich nahm die Wahl an. Er war also der korrekt gewählte und damit rechtmäßige Ministerpräsident. Was danach passierte, ist bekannt: Kemmerich wurde durch persönliche Bedrohung genötigt, vom Amt zurückzutreten.

Bei diesem Rücktritt muss man einen Moment verweilen. Ich wiederhole: Er wurde durch Nötigung und massive persönliche Bedrohung von Kemmerich und seiner Familie ausgelöst. Ich notierte hierzu in zwei Etappen in meinem Tagebuch:

6. Februar 2020 Die Weimarer Wohlstandsjugend demonstriert gegen den neuen Mann in Erfurt. Das sind dieselben quäkenden Mädchen und krähenden Knäblein, die sonst in der Garage des jetzt Bekämpften nachts auf seine Kosten feierten. Das wird jetzt ein Ende haben, denn seit gestern Abend steht ein Polizeiposten vor der Tür.

---

[9] Art. 70 Abs. 3 Satz 3 Thüringer Landesverfassung vom 25.10.1993 (Gesetz- und Verordnungs-Blatt 1993, S. 625).

Das war offensichtlich ein Irrtum, denn:

10. Februar 2020 A.M. erhebt ihre Stimme im fernen Südafrika, wo Demokratie und Menschenrechte zu Hause sind. „Das wird rückgängig gemacht." Gemeint sind nicht die Mordbefehle gegen weiße Farmer, sondern die Ergebnisse der Wahlen in Thüringen.

Es ist müßig, die ganze Kettenreaktion aufzuzählen, die diese Ex-Cathedra-Entscheidung aus dem fernen Afrika in Deutschland auslöste. Der FDP-Vorsitzer des Bundes eilte stehenden Fußes nach Thüringen, um den Unterhäuptling Kemmerich zu Wohlverhalten, d.h. zum Rücktritt, zu zwingen. Was zwischen den beiden Männern besprochen wurde, blieb öffentlich unerörtert. Klar ist lediglich, dass die Merkel-Jugend bis zur Rücktrittserklärung Kemmerichs weiter randalierte und die Mainstream-Presse Nazi-Salven gegen ihn abfeuerte.

Darin war der Kern der Vorwürfe wie folgt verpackt: Kemmerich habe sich von den Falschen wählen lassen. Die Falschen, das waren in dem Fall Abgeordnete der AfD, denen man das Recht absprach, sich an der demokratischen Wahl eines Ministerpräsidenten zu beteiligen. Unglaublich, aber wahr, denn immerhin repräsentierten die Thüringer AfD-Abgeordneten ein rundes Viertel der Wählerschaft.

Damit nicht genug, denn nun folgte das kommunistische Idiotenprinzip der Kontaktschuld. Das geht nämlich so: Der Vorsitzende der AfD in Thüringen ist ein Nazi (Basis-Behauptung),[10] daher ist die Partei, der er vorsitzt, auch Nazi, wer Nazi wählt, ist ebenfalls Nazi und schließlich, wer sich von Nazis wählen lässt, ist schlussendlich auch einer. So hatte nun auf breiter Basis die wunderbare Vermehrung der Nazis stattgefunden von den finsteren Ecken Ostthüringens, wo die

---

[10] Die Nazi-Behauptung hält, wie so oft, bei einer Überprüfung der Primär-Quellen nicht stand, vgl. z.B. den Interview-Band Björn Höcke/Sebastian Hennig: Nie zweimal in denselben Fluss, passim. Diese Auffassung habe ich nach Lektüre bereits 2019 in einer Rezension öffentlich gemacht, vgl. http://www.prabelsblog.de/ 2019 /05/gastbeitrag-kevin-nicht-allein-zu-haus/.

AfD besonders gut abgeschnitten hatte, bis hin in die Mitte von Weimar, wo der FDP-Vorsitzende Kemmerich wohnt. Das ist absurd, der Leser hat völlig recht, aber es ist die Realität in unserm Land. Die märchenhafte Aufstockung der Haushaltsmittel für den Kampf gegen rechts erstickt jeden Zweifel.

Die CDU war immer die große Volkspartei der Mitte. Das Problem ist eher, das weiß ich aus vielen Gesprächen und Zuschriften, dass die CDU im Laufe der Jahre weiter nach links gerückt ist.[11]

3. Kapitel
Der Merkel'sche Stil:
Verfassungsbruch als Regierungsprinzip

Es mag sein, dass ich mich nicht klar genug ausgedrückt habe. Das Vorgehen Merkels gegen Kemmerichs Wahl als Ministerpräsident von Thüringen ist ein eklatanter Verfassungsbruch. Es handelt sich dabei um eine Verletzung der staatlichen Integrität der Bundesländer, die dem Bundeskanzler nicht erlaubt ist.

Die Staatlichkeit der Länder in Frage zu stellen und erst recht diese durch Maßnahmen zu konterkarieren, stellt ein Vorgehen dar, das in Deutschland seit den 1950er Jahren nach einhelliger Meinung der Verfassungslehre und der Verfassungsrechtsprechung als so schwerwiegend angesehen wird, dass es den Rechtsbrecher zum Verfassungsfeind erklärt. Wer das nicht glauben mag, der lese die einschlägigen Entscheidungen des Bundesverfassungsgerichts aus den Jahren 1952 und 1956.[12] Diese herrschende Auffassung hat ein starkes Argument auf ihrer Seite, das Grundgesetz selbst, nach dessen Art. 79 Abs. 3 die Gliederung Deutschlands in Länder unabänderlich ist.

Ich reite auf diesem Umstand herum, weil im Verlauf des Jahres 2020 das Vorgehen der politischen Spitzen des Bundes gegen die Souveränität der Länder zum politischen Alltag

---

[11] Zit. nach https://www.pro-medienmagazin.de/politik/2017/02/21/bosbach-cdu-ist-nach-links-gerueckt/.

[12] Es handelt sich um die beiden Entscheidungen zum Verbot der Sozialistischen Reichspartei (SRP) und der Kommunistischen Partei Deutschlands (KPD), SRP-Urteil vom 23.10.1952, BVerfGE 2, S. 1 ff.; KPD-Urteil vom 17.8.1956, BVerfGE 8, S. 85 ff. In diesen Entscheidungen bestimmte das Bundesverfassungsgericht inhaltlich den Kern des bundesdeutschen Verfassungsstaates, den es als unabänderlich zu schützen gelte. Hierzu zähle vor allem das Demokratie- und das Rechtsstaatsprinzip und die Gliederung des Gesamtstaats in Bund und Länder (föderale Ordnung).

verkommen ist. Wir werden das im Verlauf dieses Buches noch sehen. Hier in der Causa Kemmerich wurde der Anfang gemacht. Niemand aus dem politischen Establishment hat die Rolle der Länder verteidigt. Im Gegenteil, der Entstaatlichung der Länder wurde ganz offen das Wort geredet, und dementsprechend verhielt sich die Bundesregierung, an deren Spitze erneut und in dieser Sache federführend die Bundeskanzlerin.

Die Beseitigung der Länder hat in Deutschland eine üble Tradition. Nein, ich rede nicht von der Bismarck'schen Reichsgründung vor 150 Jahren. Dort wurde auf die Eigenstaatlichkeit der Länder peinlich geachtet. Ohne sie wäre die Reichsgründung nicht möglich gewesen. Es war der deutsche Diktator A.H., der 1934 die Länder im Handstreich beseitigte, nachdem er gesehen hatte, wie leicht es seinem Vorvorgänger Franz von Papen gefallen war, Preußens Eigenstaatlichkeit unter einem Vorwand 1932 zu eliminieren.[13] Im Reich des Führers sprach man von der Gleichschaltung der Länder und der Verreichlichung der Institutionen. Es wurde ab Januar 1934 von oben nach unten mit der Hilfe von Reichsstatthaltern durchregiert.[14]

Nach der Niederlage des Reiches im Mai 1945 und der Wiedereinführung der Länder durch die Besatzungsmächte machten die Kommunisten im östlichen Teil Deutschlands von des Führers Erfahrungen alsbald Gebrauch: Sie schafften 1952 die Länder mit einem Streich als bürgerliches Relikt ab[15] und

---

[13] Die Absetzung der verfassungsgemäßen preußischen Landesregierung erfolgte am 20.7.1932 durch Ausrufung des Notstandes durch die Reichsregierung und die Übertragung der vollziehenden Macht auf einen Reichskommissar und die Reichswehr, vgl. zu Hintergrund und Ablauf dieses Staatsstreichs die Aufzeichnungen des damaligen Polizeipräsidenten von Berlin, Albert Grzesinski (SPD), abgedr. bei Martin Broszat: Machtergreifung, S. 189-198.
[14] Gesetz über den Neuaufbau des Reiches vom 30.1.1934 (*Reichsgesetzblatt* 1934 Teil I, S. 75).
[15] Gesetz über die weitere Demokratisierung des Aufbaus und der Arbeitsweise der staatlichen Organe in den Ländern der Deutschen Demokratischen Republik vom 23.7.1952, abgedr. bei http://documentarchiv.de/ddr/1952/aufloesung-laender_ ges. html; die Neuregelung, welche die Abschaffung der Länder beinhaltete, war Teil

ersetzten sie durch eine straffe Struktur von oben nach unten, der sie den Namen *Bezirke der DDR* gaben. Erst mit der Wende 1990 erfolgte die Rückbesinnung. Nun also steht die neuerliche Auflösung der Länder auf der Agenda. Wir werden das noch sehen.

Was im Übrigen die Verfassungsbrüche anbelangt, so zieht sich dieses Tun oder Dulden wie ein roter Faden durch die gesamte Regierungszeit von Merkel. Alles begann mit der grundgesetzwidrigen Beendigung der Wehrpflicht, die in eine faktische Auflösung der Bundeswehr überleitete, ging weiter über den Atom- und Kohleausstieg, den Verzicht auf weite Teile der Souveränität, vor allem die des Haushalts, steigerte sich zu einem Furioso mit der Grenzöffnung im Jahre 2015 und der Einladung an jedermann weltweit, an den Segnungen des deutschen Sozialstaats teilzuhaben, um schließlich in die Aushebelung der Grundrechte für das deutsche Volk unter dem Vorwand des Corona-Virus einzumünden.

Reiht man die eklatanten Rechtsbrüche hintereinander, so wird verständlich, dass ich von einem Staatsstreich spreche. Viele Leser haben womöglich die Vorstellung, dass es sich nur dann um einen Staatsstreich handele, wenn ein südamerikanischer Pistolero mit der Knarre in der Hand in ein Parlament stürmt und um sich schießt, um die Macht zu ergreifen. Das ist falsch. Ein Staatsstreich liegt vor, wenn in einem Staatswesen ein einzelner oder eine Gruppe von Menschen auf ungesetzliche Weise Macht, die ihnen nicht zusteht, an sich reißen. Hierbei ist es ganz gleichgültig, ob sie quasi von außen kommen oder bereits einen Fuß ganz legal in die Tür der Machtausübung gesetzt haben.

Zur Erinnerung: Der spätere deutsche Diktator A.H. trat am 30. Januar 1933 völlig legal die Kanzlerschaft an, nachdem er vom hierfür zuständigen Reichspräsidenten berufen worden war. Er beseitigte als Erstes die stärkste oppositionelle Kraft,

---

im SED-Programm zum weiteren Aufbau des Sozialismus, vgl. Weber: Kleine Geschichte der DDR, S. 61-66.

das war die KPD. Er tat dies mit den legalen staatlichen Instrumenten, nämlich der Polizei, doch war deren Einsatz illegal. Als Nächstes beseitigte er das Demokratieprinzip, indem er die zahlreichen Abgeordneten der KPD an der Ausübung ihrer Mandate durch Verhaftung hindern ließ. Sodann beseitigte er die Gewaltenteilung, indem er den reduzierten Reichstag im März 1933 das Ermächtigungsgesetz beschließen ließ. In diesem übertrugen die Abgeordneten mit der verfassungsändernden Mehrheit ihr vornehmstes Recht, nämlich das der Gesetzgebung, auf die Reichsregierung. Doch nur auf Zeit, aber als die Zeit herum war, redete kein Mensch mehr darüber. A.H. vernichtete noch verbliebene Oppositionelle durch Mord, alsbald sprach man erneut von einem Staatsnotstand, den man griffig als Röhm-Putsch bezeichnete. Er ernannte sich selbst zum Diktator, indem er nach dem Tod des Reichspräsidenten,[16] ohne jemanden zu fragen,[17] dessen Funktion übernahm. Er nannte sich in der Folge bis zu seinem Tode *Der Führer*, und um das sichtbar zum Ausdruck zu bringen, ließ er die Wehrmacht auf sich selbst, den Führer, vereidigen. Die Machtergreifung des Adolf Hitler war ein anderthalb Jahre währender Staatsstreich auf Raten. Ein Verfassungsbruch folgte dem andern. Das Ergebnis ist bekannt und braucht hier nicht diskutiert zu werden.

Was hat das mit Merkel zu tun? Die Säulen unserer Verfassung sind ihr egal. Was sie für richtig hält, setzt sie vorbei an den zuständigen Verfassungsnormen und den vorhandenen Verfassungsinstanzen durch. Stimmt nicht? Doch, es stimmt, im Weiteren wird man sehen, was passiert ist.

---

[16] Der Reichspräsident starb am 2.8.1934, vgl. Deutsches Historisches Museum: Biographie Paul von Hindenburg (1847-1934) auf *Lemo*, https://www.dhm.de/lemo/biografie/ paul-hindenburg.
[17] Immerhin ließ Hitler sich seine Okkupation der Alleinmacht am 18.8.1934 durch eine Volksabstimmung bestätigen. Sie brachte ihm eine überwältigende Zustimmung bei 10 % Neinstimmen.

Politik hat ... nicht die Aufgabe, Bürgerinnen und Bürger zu bevormunden und ihnen zu sagen, wie sie zu leben haben. (CDU Thüringen, 2019)[18]

4. Kapitel
Verfassungsbruch als Kavaliersdelikt:
Die Wiederinstallierung der abgewählten Regierung Ramelow in Thüringen

Die erneute und damit zweite Wahl von Ramelow zum Ministerpräsidenten wäre kein Problem, wenn denn der neue alte Ministerpräsident, der Kemmerich ablösen sollte, nach den jetzt anzuwendenden Regeln gewählt worden wäre, nämlich Ablösung eines Ministerpräsidenten durch Neuwahl eines anderen mit der dafür notwendigen absoluten Mehrheit (die Hälfte plus eins der Mitglieder des Landtages). Doch das war nicht der Fall. Ramelow, der es erneut versuchen wollte, scheiterte in zwei Wahlgängen durch das Nichterreichen der absoluten Mehrheit. Nunmehr wurde ein dritter Wahlgang durchgeführt. Es wurde also so getan, als sei der amtierende Ministerpräsident Kemmerich lediglich ein Überbleibsel aus der vergangenen Legislaturperiode. Das war nicht der Fall, sondern er war der neue und völlig legale Ministerpräsident, der hier beseitigt werden sollte, taufrisch sozusagen. Und er war trotz erklärter Rücktrittsabsicht geschäftsführend im Amt.[19]

Kemmerich hätte nunmehr, um sein Amt wieder loszuwerden, die Möglichkeit gehabt, die Vertrauensfrage zu stellen. Der Landtag hätte daraufhin das Misstrauen in zwei Varianten aussprechen können: (1) durch Neuwahl eines anderen mit absoluter Mehrheit oder (2) die Auflösung des Landtags mit der Folge von Neuwahlen. Dieses Ergebnis wollten offensichtlich die Wahlverlierer der gerade statt-

---

[18] CDU Thüringen: Wahlprogramm 2019, S. 3, file:///Users/.../Downloads/Regierungsprogramm20201920final.pdf [Abruf: 10.3.2021].
[19] So ist die Rechtslage in Thüringen, vgl. Art. 75 Abs. 3 Thüringer Landesverfassung.

gehabten Landtagswahlen vermeiden. SPD, CDU und Grüne hatten soeben schlimme Wahlschlappen kassiert. Eine Neuwahl drohte dieses Desaster zu vertiefen.

Bei SPD, Grünen und FDP ging es zudem um deren generelle weitere parlamentarische Existenz, die dank der Fünfprozenthürde auf der Kippe stand. Einzig AfD und Linke konnten aufgrund ihrer Ergebnisse einigermaßen gelassen sein. Doch die Linke musste befürchten, erneut eine linke Koalitionsmehrheit, so wie gerade erst bei der Landtagswahl erlebt, zu verfehlen und darüber hinaus und verstärkend künftig jeglichen Koalitionspartner durch Wegfall von SPD und Grünen zu verlieren. So kam es zur Vereinbarung der Verlierer (CDU, Grüne, SPD) mit der Linken, den Ministerpräsidenten in einem von der Verfassung nicht vorgesehenen Wahlgang zu beseitigen, einen neuen zu bestimmen und hinterher zu behaupten, Ramelow sei als Minderheiten-Ministerpräsident gewählt worden.

Ein Verfassungspurist könnte nunmehr mit guten Gründen behaupten, eine absolute Abgeordnetenmehrheit habe sich hier lediglich gebildet, um weitere befürchtete Niederlagen bei einer zwingend anstehenden Neuwahl zu verhindern. Ist das so, haben wir es hier mit dem zu tun, was der Volksmund einen Putsch nennt. Dem sind die Mainstream-Medien, wenn sie es denn überhaupt für erwähnenswert hielten, mit zwei Argumenten entgegengetreten.

(1) Es habe sich um eine Ausnahmesituation gehandelt, eine Art Notstand, in welchem man zu einem immerhin in der Verfassung enthaltenen, wenn auch für einen anderen Fall vorgesehenen Instrument gegriffen habe. Das ist mit Sicherheit falsch. Weder gab es einen Notstand, denn das Land hatte einen ordnungsgemäß gewählten Ministerpräsidenten, der auch im Amt war, noch gab es in der Verfassung eine Regelungslücke, die hätte ausgefüllt werden müssen, denn der Fall der Abwahl eines Ministerpräsidenten ist ausdrücklich geregelt. In diesem Fall hätte Kemmerich angesichts der von ihm selbst geäußerten Absicht, das Amt wieder loszuwerden, die

Vertrauensfrage stellen müssen – mit der Konsequenz von Neuwahlen. Fanden sich die Abgeordneten zum Misstrauensvotum nicht bereit, blieb Kemmerich im Amt. So schlicht und eindeutig ist die Landesverfassung.[20]

(2) Ein zweites Argument war etwas anderer Art. Durch die Minderheitswahl von Ramelow sei lediglich der Zustand wiederhergestellt worden, der dem Willen der Bevölkerung entsprochen habe. Dieses Argument ist nicht nur falsch, sondern eine grobe Lüge. Der Wille des Wahlvolkes war speziell im konkreten Fall ein anderer, denn die Koalition rot-rot-grün war soeben mit großem Getöse und deutlich sichtbar abgewählt worden. Das und nichts anderes war der Wille der Bevölkerung. Der mit Hilfe der CDU stattfindende Verfassungsputsch war einzig darauf ausgerichtet, eigene Pfründe möglichst lange zu sichern und den Willen des Volkes zu unterlaufen.[21]

---

[20] Die Einzelheiten ergeben sich aus Art. 73, 74 Thüringer Landesverfassung.

[21] Bereits 1966 hat der Parteienforscher Erwin Scheuch darauf hingewiesen, dass der Wählerwille angesichts des Verhältniswahlrechts in der Bundesrepublik weitgehend irrelevant sei, da die Parteien durch Koalitionen nach der Wahl festlegen könnten, wer an die Macht komme, ders.: Zur Irrelevanz des Wählerwillens, S. 63-83.

... und deshalb möchte die Situation mehr in die Richtung führen, dass wir, äh, dass es, äh, dass es eher in Richtung einer Gewissensentscheidung ist, als dass ich das hier per Mehrheitsentscheidung irgendwas durchpauke.
(A.M. am 26. Juli 2017)[22]

5. Kapitel
Der Schlaf der Vernunft:
Das Problem der deutschen Politik heißt CDU

Nun könnte einer auf den Gedanken kommen, dass die Merkel'sche Ansage, die Wahl des Thüringer Ministerpräsidenten rückgängig zu machen, und der Verfassungsbruch von Alt-Neu-Ministerpräsident Ramelow nichts miteinander zu tun hätten, doch das ist nicht der Fall. Ich bin Augen- und Ohrenzeuge für das Gegenteil. Und weil die Geschichte so denkbar unwahrscheinlich klingt, will ich ein wenig ausholen.

Mitte Februar 2020 flog ich über den Atlantik nach Hause zurück. Ich hatte alles andere im Kopf als die politischen Verrenkungen in meinem thüringischen Heimat-Zwergstaat. Zu meiner Verwunderung fand ich zu Hause eine Einladung zu einem Termin vor, der als dringlich bezeichnet wurde.[23] Mich wunderte weiterhin, dass kein Thema genannt war, doch da ich den Einlader als einen ernsthaften, besonnenen Mann kennen und schätzen gelernt hatte, fuhr ich am folgenden Abend hin.

Ich fand an einem großen Esstisch sitzend eine Versammlung vor. Fast alle Anwesenden waren mir unbekannt. Die anderen kannten einander offenbar mehr oder weniger gut. Hierfür gab es einen Grund: Die Mehrzahl gehörte zu jenen

---

[22] Es handelte sich um eine Veranstaltung der Frauenzeitschrift *Brigitte* zum Thema Ehe für alle im Maxim-Gorki-Theater in Berlin, Text zit. nach Josef Kraus: 50 Jahre Umerziehung, S. 133; die bei Kraus in die Sprechpausen eingesetzten „..." habe ich durch „äh" ersetzt.

[23] Nach einer Notiz in meinem Terminkalender kehrte ich am Sonntagabend, 16.2.2020, nach Hause zurück, das Treffen war auf den 17.2.2020 terminiert.

Bürgern, die noch Wochen vorher, und zwar vor der Landtagswahl, in einer Werbekampagne im September 2019 für ein künftiges Zusammengehen einer bürgerlichen Mehrheit von CDU und AfD aufgerufen hatten.

Das hatte nicht ganz geklappt, wenn auch die Wahl von Kemmerich (FDP) ihnen zunächst irgendwie recht zu geben schien. Doch jetzt hatte der seinen Rücktritt erklärt, und den Versammelten schien es naheliegend und notwendig, dass ein Ersatzmann hermüsse. Da war guter Rat teuer.

Doch statt frohen Mutes zur Tat zu schreiten, wirkte die Runde eher matt und unentschlossen. Ich brauchte ein Weilchen, bis ich das verstand. Denjenigen Strategen, die ich der CDU zuordnen konnte, war aus dem fernen Berlin die Suppe versalzen worden. Während meiner Landesabwesenheit war nämlich etwas passiert, was ich nicht mitgekriegt hatte: Der Sprecher der CDU-Werteunion war in einer wüsten, auf ihn persönlich zielenden Attacke zum Rücktritt gezwungen worden.[24] Jetzt war der Chor der Merkel-Kritikaster verzagt.

Ich hatte diese Werteunion bis dahin für ein Häuflein belangloser Einzelkämpfer gehalten. Doch das verkennt ihren wahren Wert. Um den zu beschreiben, muss man die Wirkung der Werteunion in eine solche nach innen und eine nach außen unterscheiden. Dabei kommt zunächst heraus, dass diese Leute, was die politischen Entscheidungen der Union anbelangt, nichts bewirken können. Sie haben keine Posten, keine Mandate, praktisch nichts. Mit andern Worten: Sie haben nichts zu sagen.

Ganz anders sieht die Wirkung nach außen aus. Leute vom Zuschnitt der Werteunion sind es, die der Union immer noch diejenigen Wähler zutreiben, die sich selbst als bürgerlich, als liberal, als konservativ oder als christlich bezeichnen. Nach meinem Empfinden handelt es sich hier im wahrsten Sinne

---

[24] N.N. Sprecher der Werteunion tritt wegen Drohungen zurück, *Deutsche Wirtschaftsnachrichten* vom 13.2.2020, https://deutsche-wirtschafts-nachrichten.de-/502275/Sprecher-der-Werteunion-tritt-wegen-Drohungen-zurueck.

des Wortes um Wählermassen. Die haben zwar ein mulmiges Gefühl, die Merkel-Partei zu wählen, doch sie betäuben ihr schlechtes Gewissen dadurch, dass sie sagen, in der Union gebe es noch genügend viele Vernünftige.

Ein Leuchtturm unter den auf diese Weise definierten Vernünftigen war jahrelang Wolfgang Bosbach aus Nordrhein-Westfalen, der immer wieder beredt zum Ausdruck brachte, nicht er habe sich verändert, sondern die andern in der Union hätten ihren politischen Standort nach links verschoben.[25] Im Herbst 2018 war mir zum ersten Mal klar geworden, dass Merkel, Laschet & Co ohne diese sogenannten Parteirebellen, die ihnen in Wirklichkeit die Wähler zutrieben, nicht mehr an der Macht wären.[26]

So lange sie den Thron nicht gefährdeten, waren die Parteirebellen à la Werteunion geduldete Figuren im Spiel um die Macht. Doch in Thüringen zeigte sich, dass sie zur Gefahr geworden waren. Sie hatten eine bürgerliche Mehrheit zustande gebracht. Das war das krasse Gegenteil der Merkel'schen Politik. Dabei war es für die Unionsführung ein Glück, dass es eine solche Mehrheit nur unter Einschluss der in Thüringen auftrumpfenden AfD geben konnte. An deren Spitze stand mit Björn Höcke eine Art neuer mephistophelischer Volkstribun, der von der Mainstream-Presse landauf und landab als der Nazi schlechthin verunglimpft wurde. Nie war der in drastischsten Tönen geschilderte Höcke für die Merkel-CDU so wertvoll wie in diesem Moment. Er löste die schon weiter oben geschilderte Kontaktschuldkette aus.

---

[25] Z.B. https://www.pro-medienmagazin.de/politik/2017/02/21/bosbach-cdu-ist-nach-links-gerueckt/.

[26] Mein Aufsatz *Nie war er so wertvoll wie heute: Der Abweichler. Über die systemstabilisierende Rolle sogenannter Parteirebellen* wurde am 26.12.2018 als Epistel an meine Leserschaft versandt und von dort mit oder ohne meine Genehmigung weiterverbreitet, zum Beispiel bei *Conservo*, https://conservo.wordpress.com/2019/01/07/nie-war-er-so-wertvoll-wie-heute-der-abweichler/; *Prabels Blog*, https://www.prabelsblog.de/2019/01/gastbeitrag-nie-war-er-so-wertvoll-wie-heute-der-abweichler/.

An jenem Abend Ende Februar 2020 konnte ich die Auswirkungen dieser Denunziationsschlacht auf die am Tisch Sitzenden beobachten. Sie versuchten, so gut sie es vermochten, die Lage zu retten. Doch dazu bedurfte es eines Ersatzmannes für den Posten des Ministerpräsidenten. Er musste zwei Eigenschaften besitzen: (1) Er musste präsentabel sein, und (2) er musste aus einem Holze geschnitzt sein, dass ihm der Druck des Merkel'schen polit-medialen Komplexes nichts ausmachen konnte und auch nichts ausmachte.

Ich wurde Zeuge einer kleinen Telefonrundfrage. Das Ergebnis war bald klar. Es gab keinen solchen Ersatzmann. Für mich hörte sich das so an, als sei alles artig auf den Merkel-Kurs eingeschwenkt. Das geschah mit Begründungen, die in meinen Ohren bizarr klangen: Man müsse erst mal beraten, man müsse Zeit gewinnen, man müsse den Kommunisten Ramelow sich selbst entlarven lassen – kurzum, man würde seiner neuerlichen Machtergreifung nicht im Wege stehen.

Ein gutes Plakat sagt mehr als tausend Worte: Anonymer Kommentar der Verhältnisse, gefunden bei: https://www.prabelsblog.de-/2020/12/cdu-und-linke-stimmten-mit-der-afd-es-geht-doch/. Anmerkung für Landesfremde: das Bild zeigt den Thüringer CDU-Landesvorsitzenden, dessen Namen man sich nicht merken muss.

Am nächsten Tag las ich dann bei Mainstream Ergänzendes von den CDU-Potentaten aus Erfurt und Berlin: Nur auf eines müsse man sorgsam achten, es dürfe nicht nach einer

Zusammenarbeit mit der linken Minderheit aussehen. Das sei schon aus Image-Gründen unmöglich. Es war ein Festival der Heuchelei, denn was das bedeuten würde, konnte nicht mehr zweifelhaft sein. Man würde einen Duldungskurs durch taktische Stimmenthaltung praktizieren. Ein bisschen nach außen motzen, aber die Hände zur Räuberleiter zur Verfügung stellen. Ich notierte in mein Tagebuch lapidar:

> 18. Februar 2020 Werteunion will wieder artig sein.
> 19. Februar 2020 Die Blockparteien finden in Thüringen erneut unter der bewährten Führung der Partei der Arbeiterklasse zusammen.

So wie es sich angedeutet hatte, geschah es dann auch. Der Linke Ramelow wurde mit Hilfe eines tolerierten Verfassungsbruchs erneut zum Ministerpräsidenten gekürt.

> 6. März 2020 Die Kommunisten haben ihre alte Regierung wieder in Thüringen installiert. Diesmal mit Hilfe der CDU, die sich geschlossen der Stimme enthielt, sodass es zur relativen Mehrheit im dritten Wahlgang reichte. Von den für nächstes Jahr angekündigten Neuwahlen glaube ich kein Wort. Auf einer Strategiekonferenz der Linken wurde gefordert und wohlwollend zur Kenntnis genommen, das eine Prozent der Reichen in Deutschland zu erschießen. [27] Parteichef Riexinger beeilte sich später hinzuzufügen, dass es reichen würde, diese Leute einer nützlichen Tätigkeit zuzuführen.[28] Wie hatte der weise Wladimir Lenin befohlen? Erschießt jeden Zehnten. So wurde es, soweit man weiß, gemacht.

Nicht das Wiederinstallieren der linken Koalition ist das eigentlich Bemerkenswerte, sondern es ist die Schlussfolgerung, die man aus der Rolle der CDU insgesamt ziehen muss:

Die CDU beherrscht als mächtigste der politischen Parteien die Bundesrepublik Deutschland seit deren Gründung

---

[27] https://www.faz.net/aktuell/politik/inland/linke-zur-energiewende-ein-prozent-der-reichen-erschiessen-16662124.html; https://www.welt.de/politik/deutschland/article206296277/Linke-Konferenz-Erschiessungen-von-Reichen-Skandal-in-Kassel.html.
[28] https://www.n-tv.de/politik/Linken-Clip-entfacht-Entruestungssturm-article21617330.html.

1949. Ihre Herrschaft beruhte auf der breiten Zustimmung des Volkes, das, von experimentellen Versuchen abgesehen, größten Wert auf Kontinuität und eine bescheidene Bürgerlichkeit gelegt hatte. Diese Bescheidenheit erodierte im Lauf der Jahrzehnte. Niemand verkörperte den schleichenden Wandel hin zu einer bräsigen Selbstzufriedenheit besser als der langjährige CDU-Kanzler Helmut Kohl. Er konnte sich allerdings nicht vorstellen, dass sein Tun einem persönlichen Abnützungseffekt unterlag, sodass er schließlich zu seinem Erstaunen abgewählt wurde, obwohl er keinen sachlich-politischen Grund hierfür sah.

Seine Nachnachfolgerin, die ihren Lehrmeister Kohl über ein Jahrzehnt aus der Nähe beobachten konnte und schließlich seinen Sturz herbeiführte, hatte offenbar die notwendigen Lehren aus dem Geschehen gezogen. Sie baute den Herrschaftsapparat CDU in eine diktaturstützende Gefolgschaft um. Das geschah vor aller Augen, ohne dass ihr jemand in den Arm fiel.[29]

Um es noch einmal zu sagen: Das Problem, das viele Zeitgenossen mit der Politik in Deutschland haben, heißt CDU – und zwar umfassend, sei es die Sicherheit, die Energie- und Industriepolitik, die Familien und die Bildung, der Sozialstaat, die illegale Massenzuwanderung. Es ist die CDU, die hierfür die Verantwortung trägt. Es gibt nur eine einzige wirksame Methode, um deren Politik in Deutschland zu ändern. Diese Methode heißt: der CDU (und ihren Kartell-Parteien) das politische Mandat durch Nichtwahl zu entziehen. Alles andere ist dummes Zeug. Vor allem führt nicht zum Ziel, dass man das Vertrauen in die sogenannten vernünftigen Leute in der CDU setzt. Soweit sie überhaupt noch vorhanden sind, können sie in dieser Partei nichts mehr ändern. CDU dennoch zu wählen, bedeutet dasjenige zu unter-

---

[29] Vgl. z.B. Josef Kraus: 50 Jahre Umerziehung, S. 137 f., als eine Schilderung des Ablaufs und der Analyse bei einem sog. parteiinternen Merkel-Kritiker.

stützen, was man auf keinen Fall haben will. Ein solches Verhalten nennt man schizophren.

Das ist – kurz zusammengefasst – mein Standpunkt, den ich am Tag nach jenem Treffen im Februar 2020 bestätigt fand. Hieran hat sich bis zur Niederschrift dieses Buches nichts geändert. Ein Jahr nach den soeben geschilderten Ereignissen notiere ich in mein Tagebuch:

> 15. Januar 2021 Letztes Frühjahr zwei Langzeit-Wetten gegen Leute eingegangen, die was von Politik verstehen. Wette 1: In Thüringen wird im April 2021 nicht neu gewählt – Wette gewonnen. Wette 2: A.M. bleibt uns über den September 2021 erhalten – die Chancen steigen jeden Tag, an dem wir diese Zahlen haben.

Zwei Monate drauf äußerte Merkel in einem Interview, das der *ARD*-Hofstaat mit ihr veranstaltete, sie werde die Ministerpräsidenten der Länder auf Kurs zwingen – auf ihren.[30] Damit kommen wir zwanglos zur sogenannten Corona-Krise.

---

[30] Interview auf *ARD* mit Anne Will am 28.3.2021, vgl. https://www.daserste.de/information/politik-weltgeschehen/morgenmagazin/videos/Merkel_Interview-100.html [Abruf: 29.3.2021].

Die Experimentalwissenschaften haben sich zum guten Teil dank der Arbeit erstaunlich mittelmäßiger, ja weniger als mittelmäßiger Köpfe entwickelt. Das bedeutet, dass die moderne Wissenschaft, Wurzel und Sinnbild der gegenwärtigen Kultur, dem geistig Minderbemittelten Zutritt gewährt und ihm erfolgreich zu arbeiten gestattet.
(José Ortega y Gasset, 1930)[31]

Zweiter Teil
Keine Stunde Null – Das Geschehen bis zum Ausbruch von Corona

Im wirklichen Leben gibt es keine Stunde Null. Immer war etwas vorher. Und irgendetwas ging weiter. Bei der Stunde Null handelt es sich um eine literarische Figur, die eine Feststellung treffen soll, nämlich: Von hier aus fange ich an zu erzählen.

Und genau das ist auch in diesem Buch die Frage: Wo beginnen? Der Leser wird sich erinnern, dass Corona irgendwie über uns gekommen ist. Wenn ich recht sehe, war das plötzlich im März 2020 der Fall. Da war jedermann damit beschäftigt, das Hier und Jetzt zu erfassen. Will sagen: Vorsicht, neue Seuche! Was ist zu tun, um sich zu schützen? Erst bei ruhigerem Nachdenken stellten sich andere Fragen, nämlich:

Wie war das eigentlich bisher mit Seuchen?

Reden wir hier vielleicht von etwas ganz Normalen?

Woher kommt das eigentlich, was uns im Moment so sehr ängstigt?

Ich werde in diesem zweiten Abschnitt des Buches diesen Fragestellungen nachgehen, bevor wir dann kopfüber in die Seuchenwirklichkeit eintauchen.

---

[31] Ortega y Gasset: Der Aufstand der Massen, S. 81 f.

Die Medien schüren zum Corona-Virus die Angst ... Wir haben jeden Winter eine Virus-Epidemie mit Tausenden von Todesfällen und mit Millionen Infizierten auch in Deutschland. Und immer haben Corona-Viren ihren Anteil daran.[32]

6. Kapitel
Nullachtfünfzehn:
Die jährliche Grippesaison

Wenn einer in einer katastrophalen Lage steckt, fragt er nicht viel danach, was die Urahnen getan haben würden, sondern er versucht, sich zu befreien. Viele schlagen um sich, doch das muss nicht zum Erfolg führen. Wenn man ins Wasser fällt, ist es sinnvoll, sich zu besinnen, dass man schwimmen kann. Manches Mal ist es auch angezeigt, mit dem Fuß auszuloten, wie tief das Wasser eigentlich ist. Was ich sagen will, ist dieses hier: Panik ist menschlich, doch sie ist fast immer eine Gefahr eigener Art. Diese Gefahr ist häufig bedrohlicher als das auslösende Ereignis.

Wenn man einen Moment überlegt, wie viele Seuchen man bereits durchschritten und überlebt hat, wird man wie von selbst besonnener. Das ist wie beim guten Beamten, der als Erstes danach fragt, ob es vielleicht schon einen Vorgang gab. Der erspart einem dann, das Rad neu zu erfinden.[33]

In Deutschland gibt es seit Beginn der geschichtlichen Aufzeichnungen Seuchen, welche die Bevölkerung periodisch heimsuchen. Die in unseren Breiten derzeit gängige Seuche ist

---

[32] Dr. **Wolfgang Wodarg**, Internist, Lungenarzt, Facharzt für Hygiene und Umweltmedizin. Mitglied des Deutschen Bundestages von 1994 bis 2009, hier zit. nach https://www.new-swiss-journal.com/post/l%C3%BCgenpolitiker-verschweigen-130-fakten-lockdown-100-umsonst [Abruf: 26.2.2021; Kopie im Arch. d. Verf.].

[33] „Wer vor einer lebensgefährlichen Bedrohung steht und nicht von Sinnen ist, beobachtet scharf, überlegt seine Lage nüchtern und handelt dann entschlossen. Die menschliche Art steht vor lebensgefährlichen Bedrohungen, aber von schärfster Aufmerksamkeit, nüchternem Nachdenken und entschlossenem Handeln ist in unserem Lande wenig zu bemerken", schrieb der deutsche Wissenschafts-Guru. Dr. Karl Steinbuch, im Jahre 1971. Es entbehrt nicht der Komik, dass diese Worte in ein Buch gehören, mit dem Steinbuch die Welt vor dem sauren Regen retten wollte und deswegen für Atomkraft warb, vgl. Mensch, Technik, Zukunft, S. 7.

die Grippe. Sie tritt Jahr um Jahr auf, wird durch Viren verursacht und lässt sich nur schwer wirksam bekämpfen. Das liegt unter anderem daran, dass das auslösende Virus sich permanent verändert. Es mutiert, wie die Genetiker sagen.

Die Mutationen haben die fatale Folge, dass Grippe-Impfungen etwas Ähnliches sind wie der Wettlauf zwischen Hase und Igel. Die Herstellung des Impfstoffes ist eine Art Lotterie. Der Geimpfte muss aller Impfreklame zum Trotz damit rechnen, dass er an einem Grippe-Virus erkrankt, das ihm dreist mitteilt: Ich sehe aber ganz anders aus, als deine Immunologen das geplant haben. Pech gehabt.

Um nicht missverstanden zu werden: Ich stelle nicht in Abrede, dass es wirksame Grippe-Impfungen gibt. Ganz im Gegenteil: Falls es in einem Jahr gelingt, das Auftauchen des nächsten Grippe-Virus richtig zu prognostizieren, sind die Impfungen ein Segen. Denn bei der Viren-Grippe gilt: Es handelt sich um eine schwerwiegende und ansteckende Erkrankung. Die Folgeschäden können beträchtlich ausfallen. In etlichen Fällen steht am Ende der Tod.

Beim Auftreten der jährlichen Grippe spricht man im Allgemeinen nicht von einem Seuchengeschehen, sondern – das ist wichtig genug, um es zu betonen – von Grippewellen. Sie beginnen in aller Regel im Spätherbst und dauern bis ins Frühjahr an.

Mein Eindruck ist, dass Grippewellen nach dem Empfinden von Otto Normale in Deutschland zum Winter dazugehören. Jedermann geht sich, wenn sowas auftritt, so gut wie möglich aus dem Weg und verschwindet, wenn es ihn selbst trifft, für 14 Tage im Bett. Der Gang in die Arztpraxis ist auch im Fall eines üblen Verlaufs der Grippe nicht der Regelfall. Dies schon deshalb nicht, weil man befürchtet, durch Herumsitzen in einem überfüllten Wartezimmer alles nur noch schlimmer zu machen. Hat man in den letzten Jahren das Glück gehabt, einen Arzt zu kennen, der einem ohne Warte-zeremonie ein Grippe-Mittel verschrieben hat, dann konnte man die Erkrankung in einer überschaubaren Frist erfolgreich bekämpfen. In meinem Fall hieß das Mittel der Wahl Tamiflu, der darin enthaltene Wirkstoff Oseltamivir. Es half mir in kürzester Frist wieder auf die Beine. Gutes Medikament oder einfach nur Glück gehabt? – Ich kann das nicht beurteilen.

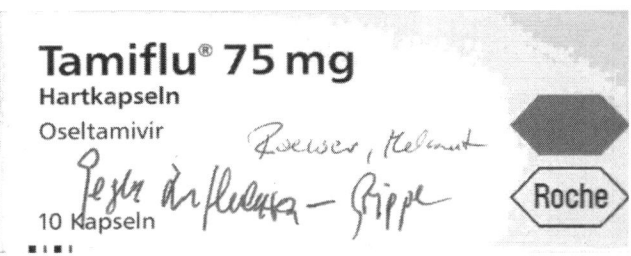

Andere hatten weniger Glück. Ob nun mit oder ohne Grippemittel, ich weiß es nicht. Sie erkrankten schwer an der Influenza-Grippe, kamen mit lebensbedrohlichen Symptomen in überfüllte Krankenhäuser. Etliche starben. Es war die fatale Grippesaison 2017/18, als dies passierte. Kein Mensch, der sich nicht einschlägige Notizen machte, kann das Jahr in der Erinnerung zutreffend fixieren. Fachleute, die nicht vom Corona-Wahn am Denken gehindert wurden, können ohne Weiteres Auskunft erteilen:

Häufig wird gesagt, wenn man jetzt dieses Corona-Virus mit Influenza vergleicht, dann sei das eine Verharmlosung. Das ist aber nicht so. Also wir haben in Deutschland eine sehr, sehr hohe Krankheitslast durch das Influenza-Virus und auch sehr, sehr viele Todesfälle. Das bisher schlimmste Influenza-Jahr in der jüngeren Geschichte in Deutschland war der Winter 2018. Da ist es so gewesen, dass innerhalb eines Zeitraumes von 8 Wochen ungefähr 25000 Menschen in Deutschland gestorben sind. Und [wenn] man sich das jetzt Mal vorstellt mit einer medialen Begleitung, wie sie heute beim Corona-Virus üblich ist, dann wäre das so, dass wir wöchentlich solche Meldungen bekämen: In der ersten Woche sind 100 Menschen gestorben in Deutschland, dann sind's 1000 Menschen, dann sind's 5000 in der nächsten Woche, dann sind's 8000, dann nehmen die Zahlen langsam wieder ab. Das wäre sehr, sehr dramatisch, wenn das wirklich so medial immer begleitet würde. Von dieser Situation sind wir mit Corona sehr, sehr weit entfernt. Trotzdem ist die Angst, die viele haben, ungleich größer, als sie im Winter 2018 gewesen ist.[34]

Ich habe bei der Abfassung dieses Kapitels noch einmal nachgeforscht. Hierbei bin ich auf ungezählte Presseschlagzeilen gestoßen. Ich gebe einige davon hier noch einmal wieder, um das Vergebliche meines Bemühens zu illustrieren, ein bestimmtes Jahr zu fixieren. Ich will es gerne vorwegsagen: Der Leser wird auf einen Haufen von Horrorschlagzeilen treffen. Er wird zunächst, ebenso wie ich, denken, na klar, das war alles im vergangenen Jahr. Doch falsch, es handelt sich um weitaus ältere Pressemeldungen und, was ich besonders fatal finde, nicht einmal um solche aus dem Jahr mit der besonders krassen Grippewelle. Die Streuung erfolgt vielmehr über etliche Jahre hinweg. Die Horrormeldung als Routine. Hier eine willkürliche Auswahl – es geht, wohlgemerkt, um Grippe:

* WHO: Influenza. Bis zu 650.000 Tote durch Atemwegserkrankungen jedes Jahr, *Ärztezeitung* vom 18.12. 2017[35]
* Influenza-Mortalität wesentlich höher als bisher angenommen, *Ärzteblatt* vom 14.12.2017[36]
* Grippewelle sorgt für überlastete Kliniken, *Ärzteblatt* vom 7.2.2017[37]
* Grippewelle in Süddeutschland. Kliniken in Franken an der Belastungsgrenze, *Focus* vom 7.2.2017[38]

---

[34] Prof. Dr. **Carsten Scheller**, Professor für Virologie an der Universität Würzburg, zit. nach https://www.new-swiss-journal.com/post/l%C3%BCgenpolitiker-verschweigen-130-fakten-lockdown-100-umsonst [Abruf: 26.2.2021; Kopie im Arch. d. Verf.].

[35] https://www.aerztezeitung.de/Medizin/Influenza-Bis-zu-650000-Tote-durch-Atemwegserkrankungen-306776.html.

[36] https://www.aerzteblatt.de/nachrichten/87049/Influenza-Mortalitaet-weltweit-hoeher-als-bislangangenommen.

[37] https://www.aerzteblatt.de/nachrichten/72938/Grippewelle-sorgt-fuer-ueberlastete-Kliniken.

[38] https://www.focus.de/gesundheit/ratgeber/erkaeltung/betten-engpass-verschobene-ops-grippewelle-bringtkrankenhaeuser-im-sueden-deutschlands-an-ihre-grenzen_id_6605930.html.

* Frankreich. Grippewelle führt zu Engpässen in Kliniken, *Der Spiegel* vom 11.1.2017[39]

* Grippewelle. Aufnahmestopps und Isoliermaßnahmen in Kliniken, *Ärztezeitung* vom 23.2.2018[40]

* Grippewelle stürzt britisches Gesundheitssystem ins Chaos, *Berliner Morgenpost* vom 15.1.2018[41]

* Grippe-GAU in Leipzigs Kliniken. Ärzte: „Grippewelle übersteigt alles bisher Dagewesene", *Bild* vom 12.3.2018[42]

Das mag als grobe Auswahl genügen.[43] Die erste Lehre, die ich innerhalb dieses Kapitels anzubieten habe, ist diese hier: Pressemeldungen sind ungeeignet, um Katastrophen zu beschreiben bzw. den Grad ihrer Auswirkungen zu erkennen. Was also tun, wenn man es dennoch wissen will? Eine gängige Methode ist das Abfragen der amtlichen Statistiken. Im konkreten Fall sind dies die Daten des Statistischen Bundesamts, des früheren Bundesgesundheitsamts, das heute Robert Koch-Institut heißt, und eine weitere Zahl von Quellen, die ich in diesem Buch näher beschreiben will.

Wenn man also auf diese Weise sucht, stößt man auf Zahlen, auf Zahlen und nochmals auf Zahlen. Ich räume freimütig ein, dass ich in der Vergangenheit, ohne viel zu fragen, mit diesen Zahlen argumentiert habe. Zwar war mir geläufig, dass mit Zahlen auch Politik gemacht wird, doch hielt ich den umgekehrten Fall für unwahrscheinlich, nämlich dass die Politik die Zahlen bestimmt, welche dann veröffentlicht werden. Auf diesen schier unglaublichen Zusammenhang bin ich dann bei den Recherchen zu diesem Buch immer wieder ge-

---

[39] https://www.spiegel.de/gesundheit/diagnose/frankreich-grippewelle-ueberlastet-krankenhaeuser-a-1129542.html.

[40] https://www.aerztezeitung.de/Wirtschaft/Aufnahmestopps-und-Isoliermassnahmen-in-Kliniken-223634.html.

[41] https://www.morgenpost.de/politik/article213121171/Grippewelle-stuerzt-britisches-Gesundheitssystem-ins-Chaos.html.

[42] https://www.bild.de/regional/leipzig/grippe/grippe-gau-in-leipzigs-kliniken-55075602.bild.html.

[43] Ungezählte weitere einschlägige Fundstellen befinden sich auf einer pdf, die mir anonym per Mail zugesandt worden ist. Sie ist in meinem Archiv abgelegt.

stoßen. Ich will nicht verheimlichen, was ein solcher Vorgang bewirkt. Das Erfinden von Scheinzahlen, um hieraus politisches Handeln abzuleiten, ist das Herstellen einer Scheinwirklichkeit. Hiervon wird zu lesen sein.

Zurück zu den Basiszahlen: Immer wieder wird der Leser zusammen mit mir diese in Frage stellen müssen: Wo ist das her, wer hat das behauptet, und wie ist derjenige, der es behauptet, mit dem Problem verwoben? Ich will das an einem Beispiel illustrieren. Jeder, der in dem vergangenen Jahr versucht hat, Basiszahlen über die Corona-Infektion zu beschaffen, wird in Deutschland auf zwei höchst unterschiedliche Datenquellen gestoßen sein. Ich spreche von den Daten des Robert Koch-Instituts und jenen der Johns-Hopkins-Universität. Sie zeigen das Dilemma auf. Aber lesen Sie selbst.

Ein wissenschaftlich fundierter Diskurs aller relevanten Medizingesellschaften mittels z. B. ad Hoc Kommission hat nicht stattgefunden. Stattdessen wurden Virologen zu Medienstars und Beratern der Politik, die nun den Krieg gegen Corona ... oder drakonische Maßnahmen auch für Demokratien ausrufen. ... Getrieben durch die Medien erleben wir eine Eskalationsstufe nach der anderen und stehen nunmehr vor der Einschränkung demokratisch verbriefter Grundrechte.[44]

7. Kapitel
Zwei Wohltäter der Menschheit sehen dich an: Robert Koch und Johns Hopkins

Wer sich in Deutschland in den letzten Wochen und Monaten mit der Corona-Krise beschäftigte, ist wieder und wieder auf zwei Institutionen gestoßen, die in den Diskussionen den Ton angegeben haben: das Robert Koch-Institut und die Johns-Hopkins-Universität (Johns Hopkins University). Beide Institutionen sind nach Männern benannt, deren Wirken zu ihren Lebzeiten so eindrücklich war, dass es bis heute fortwirkt. Wer waren sie, und was taten sie?

Robert Koch [45] ist der in Deutschland bekanntere der beiden Männer. Er war ein Arzt und Bakteriologe, dem in der zweiten Hälfte des 19. Jahrhunderts bahnbrechende Entdeckungen gelangen, die zielgerichtet zur Bekämpfung und Eindämmung ansteckender Krankheiten führten. Auf Kochs Konto geht das Erkennen von Bazillen als die Verursacher von Milzbrand, Tuberkulose, Cholera, um nur einige zu nennen, die für verheerende Seuchen ursächlich waren. Koch ist so

---

[44] Professor Dr. med. **Harald Matthes**, ärztlicher Leiter des Berliner Gemeinschaftskrankenhauses Havelhöhe, hier zit. nach https://www.new-swiss-journal.com/post/l%C3%BCgenpolitiker-verschweigen-130-fakten-lockdown-100-umsonst [Abruf: 26.2.2021; Kopie im Arch. d. Verf.].
[45] Prof. Dr. **Robert Koch** (11.12.1843 Clausthal-27.5.1910 Baden-Baden), deutscher Arzt. Begründer der modernen Bakteriologie. Zunächst Kreisarzt in der Provinz Posen, später Institutsdirektor in Berlin. Entdecker und Bekämpfer der Ursachen von verbreiteten Infektionskrankheiten, vor allem der Tuberkulose. 1905 Nobelpreis für Medizin.

etwas wie der Urvater der modernen Bakteriologie. [46] Sein Wirken zum Wohle der gesamten Menschheit lässt sich kaum überschätzen. Die Verleihung des Medizin-Nobelpreises im Jahre 1905 krönte ein Lebenswerk, vor dem man staunend steht – fast bin ich versucht, das heute aus der Mode gekommene Wort ehrfürchtig zu verwenden. [47]

Zweierlei Wohltäter: Robert Koch bekämpfte die Infekionskrankheiten, Johns Hopkins die eigenen Landsleute und stiftete nach dem US-Bürgerkrieg eine nach ihm benannte Universität.

Johns Hopkins war von anderer Art. [48] Den US-Amerikaner hatte ebenfalls in der zweiten Hälfte des 19. Jahrhunderts seine große Zeit. Er sei ein Quäker und *philanthropist* (Philantrop) gewesen, also ein Mensch, der ein Freund der Menschen ist. Das ist eine beliebte US-amerikanische Umschreibung für einen reichen Mann, der einen Teil seines meist gewaltigen

---

[46] Die Lebensbeschreibung von Koch folgt dem Personeneintrag im Brockhaus (1966), Bd. 10, S. 317.

[47] Es blieb der Illustrierten *Der Spiegel* vorbehalten (https://www.spiegel.de/geschichte/robert-koch-der-beruehmte-forscher-und-die-menschenexperimente-in-afrika-a-769a5772-5d02-4367-8de0-928320063b0a), aus Koch eine Art Kolonialverbrecher zu machen, wie ich einem Hinweis im Blog *Spaet-Nachrichten* von Stephan Paetow vom 28.5.2020 entnehme, https://www.spaet-nachrichten.de/2020/05/virologenkaempfe-und-spiegel-fechtereien/ [Abruf: 29.5.2020].

[48] **Johns Hopkins** (1795-1873), US-amerikanischer Finanz-Spekulant. Stifter der nach ihm benannten Universität in Baltimore/Maryland/USA. Ein Namensartikel zu Hopkins im *Brockhaus* (1966) ist nicht vorhanden, sondern nur ein kurze Beschreibung der Johns Hopkins Universität, Bd. 9, S. 478: „private Universität in Baltimore (MD.), gegr. 1867, eröffnet 1876. Namenspatron ist der Stifter J. Hopkins (*1895, +1873). 1966 hatte die J.-H.-U. 1992 Lehrkräfte, 8479 Studenten und eine Bibliothek von (1966) 1,5 Mill. Bänden."

Vermögens in Stiftungen einbringt, wo es im Idealfall Gutes zum Nutzen der Menschheit tut. Fraglich bleibt, wo Hopkins das viele Geld herhatte, das er gegen Ende seines Lebens stiftete. Der Hauptquell seien Bankgeschäfte und vor allem Eisenbahnspekulationen gewesen. Das wär's in aller Kürze, doch sollte man auch einen kurzen Blick auf Hopkins, den Kriegsgewinnler, geworfen haben.

Gemeint ist der US-amerikanischen Bürgerkrieg, welcher der Legende nach eine Auseinandersetzung um die Sklaverei gewesen sei.[49] In Wirklichkeit ging es um die Abschottung der beginnenden Industrialisierung im Norden der USA vor der europäischen Konkurrenz, während die für den Freihandel fechtenden Südstaaten vom Baumwollexport nach Übersee abhängig waren. Beides passte nicht zusammen, deswegen spalteten sich die Südstaaten aus der Union ab, besser gesagt: sie versuchten es letztlich ohne Erfolg.

Hopkins war ein starker Unterstützer der Kriegspolitik von US-Präsident Abraham Lincoln. Hopkins beließ es nicht beim Sponsoring von Lincoln, sondern er focht, wenn auch nur von seinem Landsitz in Maryland aus, aktiv mit, indem er den Krieg plante und organisierte. Nach vier Jahren Krieg kapitulierten die Südstaaten am 9. April 1865 bedingungslos.[50] Der Kapitulation folgten für die Südstaaten Jahre der Unterdrückung und Ausplünderung,[51] die nicht ohne einen

---

[49] Beispielhaft penetrant in seiner Lincoln-Glorifizierung Nevins: Geschichte der USA, S. 164-167: „Es ist ein Heldenlied, das immer und immer wieder erzählt werden wird" (ebd. S. 167). Lincoln selbst wird nach einem Interview so zitiert: „Mein höchstes Ziel in diesem Kampf ist die Rettung der Union, nicht der Schutz oder die Vernichtung der Sklaverei. Wenn ich die Einheit retten könnte, ohne einen einzigen Sklaven zu befreien, würde ich es tun", zit. nach Fernau: Halleluja, S. 154 f.; weitere Belege zu Äußerungen von Lincoln zur Gleichgültigkeit in der Sklavenfrage bei Deschner: Moloch, S. 185-187. Die Gegenposition vertritt Golo Mann in der von ihm herausgegebenen Weltgeschichte, wobei er eher wie beiläufig mitteilt, dass die Sklavenfrage für die Auslösung des Bürgerkriegs so gut wie keine Rolle gespielt habe, ebd. Bd. 8, S. 510-515.

[50] Deschner: Moloch, S. 211.

[51] Diese Zeit wird selbst in der für den deutschen Hausgebrauch übersetzten *Geschichte der USA* von Allan Nevins nicht gelobt: „Das Jahrzehnt nach der Been-

Gran von Ironie in der US-Geschichtsschreibung als Phase der Rekonstruktion bezeichnet werden.

Wer nun danach fragt, wo der berühmte Stifter Hopkins das ganze Geld herhatte, das er 1867 in ein Universitätsprojekt steckte, sollte es mit einer Chronik der Ereignisse versuchen: 1861-1865 dauerte der Bürgerkrieg formal, danach kamen die Ausplünderungsjahre des Südens. 1867, also zwei Jahre nach offiziellem Kriegsende, stiftete Hopkins das Universitätsprojekt aus eigener Tasche, 1873 starb er, und 1876 nahm die Universität ihren Betrieb auf. Ich kann mir beim besten Willen nicht vorstellen, dass der Mann, der an Planung und Organisation des amerikanischen Bürgerkriegs entscheidenden Anteil hatte, nicht bemerkt haben könnte, welche Gewinne hier zu erzielen waren.

Wozu dieser Auftakt? Es geht, um dies vorab klarzustellen, nicht um Antiamerikanismus,[52] sondern um die Feststellung, dass in den USA und in Deutschland gleiche oder sehr ähnliche Sachverhalte unterschiedlich beurteilt werden. Diese Unterschiede ziehen sich durch das gesamte vor dem Leser liegende Buch.

Die beiden Männer, Koch und Hopkins, dienen mir nicht zuletzt zur Einstimmung in einen Grundton. Ich halte es nämlich für eine fromme Mär, dass alle Menschen die Welt in gleicher Weise betrachten. Das stimmt bereits innerhalb der westlichen Welt nicht, geschweige denn bei Einbeziehung all der anderen Kulturen. Die unterschiedlichen Weltsichten lösen notwendig Konflikte aus.[53]

---

digung des Krieges gehört zu den dunkelsten Kapiteln in der Geschichte der USA", ebd., S. 168.

[52] Der Vorwurf des Antiamerikanismus ist in Deutschland beliebt. Er wird auf Vertreter von die-USA-ist-der-Weltfeind-und-muss-vernichtet-werden bis hin zur kritischen Berichterstattung über Einzelvorkommnisse angewendet. Dezidierte USA-Feinde findet man in Europa vor allem in Italien und Frankreich, vgl. z.B. Terracciano: Revolte gegen die moderne Weltordnung, passim.

[53] Einen Versuch der Kategorisierung solch unterschiedlicher Weltsichten, die notwendig in Konflikte führen, unternimmt der spanische Militärstratege Baños im vierten Teil seines Buches *So beherrscht man die Welt*, ebd., S. 373 ff.

VW-Polo und Porsche-Turbo: Robert Koch-Institut (RKI) und Johns-Hopkins-Universität (JHU)

Die Unterschiede zwischen den beiden Institutionen, die die Namen Hopkins und Koch tragen, könnten kaum markanter sein. Hier ein Institut, dort eine Universität. Doch anders, als es die Bezeichnungen im Deutschen suggerieren, ist das Institut nichts Privates, sondern eine staatliche deutsche Behörde, und die Universität ist keine öffentliche Einrichtung, sondern eine private amerikanische Veranstaltung von einigen wenigen Personen, über die es im Folgenden noch zu sprechen gilt. [54] Dem liegt ein fundamentaler Auffassungsunterschied zugrunde. Bildung und Gesundheitswesen erscheinen dem Deutschen eine Staatsaufgabe, nichts könnte dem US-Amerikaner fremder sein.

Auch sonst spiegelt sich im Agieren beider Institutionen ein krasser Auffassungsunterschied: Die Deutschen handeln mit einiger Mühe im nationalen Maßstab, sind ausgestattet, wie eine Bundesoberbehörde ausgestattet zu sein pflegt. Sie untersteht einem Bundesminister, der eine fachliche Weisungsbefugnis für sich in Anspruch nimmt, ohne hierfür eine bemerkbare Qualifikation vorweisen zu können. [55] Derlei Inkompetenz ist ein Markenzeichen der Merkel'schen Regierung. Auch dass dem Robert Koch-Institut augenblicklich

---

[54] Zu den heutigen Hauptsponsoren der JHU zählen die Multimilliardäre Michael Bloomberg und Bill Gates. Der eine ist ein ehemaliger Investmentbanker, Börsenspekulant, Medienunternehmer und Politiker, der andere der Microsoft-Gründer und heutige Großinvestor in der Gesundheitsindustrie, vgl. Werner Rügemer: „The USA has the safest health system in the world". The Johns Hopkins University and the global management of pandemics, *WorldEconomy* vom 24.5.2020, https://www.world-economy.eu/nachrichten/detail/the-usa-has-the-safest-health-system-in-the-world/ [Abruf: 26.5.2020; Kopie im Arch. d. Verf.].

[55] Soweit man weiß, hat der Bundesgesundheitsminister als ausschließliche Qualifikation für sein Amt eine Parteikarriere in der CDU vorzuweisen. Die Öffentlichkeit nimmt ersatzweise Anteil an seinem gleichgeschlechtlichen Liebes- und Eheleben und dem Ankauf einer Villa in Berlin, über deren Preis nichts gesagt werden darf, weil das den Minister in seiner Privatheit stört.

kein Human-Mediziner, sondern ein Tierarzt vorsteht, mag man als symptomatisch ansehen.

Natürlich sieht der personelle Vergleich mit der Johns-Hopkins-Universität bereits auf den ersten Blick nicht besonders günstig aus. Das liegt nicht zum Wenigsten an deren potenten Sponsoren. Wer bei JHU arbeitet, tut es auf der Sonnenseite des Lebens. Und er hat, ganz wie es sich in einer US-amerikanischen Institution gehört, die ganze Welt im Blick. Das hat zum Aufbau eines weltweiten Quellenetzes geführt, aus dem die dortigen Wissenschaftler ihre globalen Erkenntnisse gewinnen. Man lese zum Beleg die seit über einem Jahr von der Johns-Hopkins-Universität Tag für Tag veröffentlichten Corona-Zahlen – weltweit.

Wo sind nun diese Zahlen her? Während die des Robert Koch-Instituts auf den Meldungen der Bundesländer beruhen, die diese wiederum aus den Meldungen der örtlichen Gesundheitsämter destillieren, wirkt das Meldewesen der Amerikaner irgendwie verschwommen. Es beruht auf freiwilligen Absprachen mit nicht genau lokalisierbaren Stellen, welche die notwendigen Daten erheben. Das klingt mysteriös, ist es aber nicht, weil Kliniken und Pharmaunternehmen diesem Verbund angehören. Aus Arzneimittelverkäufen und Bettenbelegungen kristallisieren sich die einschlägigen Zahlen heraus.

Kann es sein, dass diese Zahlen ungenau sind? Wenn man nur auf die veröffentlichten Zahlen blickt, dann nein, denn diese sind bis auf den letzten Infizierten pro Staat aufgegliedert, berücksichtigen sogar bei den Bundesstaaten wie den USA und Deutschland auch deren Einzelstaaten supergenau. Wie gesagt, das ist exakt, wenn man denn dem Meldesystem traut. Sieht man sich die Zuträger indessen aus der Nähe an, so stellt man fest, dass sie mit Erfahrungswerten und Schätzungen operieren.

Dieser Befund wird kaum besser, wenn man den Aussagen der Johns-Hopkins-Universität (JHU) vertraut, die diese den Neugierigen zugänglich macht. Daraus ist zu lernen, dass man dort die Twitter-Nachrichten bis hinein in die einzelnen Krankenhäuser verfolgt und analysiert. Ob das Ergebnis solcher Datenüberwachung eine annähernd exakte Infektionszahl sein kann, möchte ich bezweifeln. Zu der mich brennend interessierenden Frage, ob in den Datenpool auch die Abhör- und Abschöpf-Daten der US-Geheimdienste eingehen, habe ich nichts Brauchbares gefunden. Für möglich halte ich dies, denn die US-Dienste liefern denjenigen, deren Tun sie als im US-Interesse einstufen, ihre Informationen. Im US-Interesse ist, was der *ruling class* der Reichen und Superreichen nützt.

Also alles aus dem Hause JHU nur über den Daumen gepeilt? Es sieht danach aus. Man lasse sich nicht durch den statistischen Hokuspokus täuschen, der mit Hilfe dieser Zahlen veranstaltet wird. Wir haben es hier mit einem der Fälle zu tun, wo bereits die Ausgangswerte vage sind. Das bedeutet für den statistischen Rest: er wird nicht besser, sondern immer vager. Man sollte diese Grundfeststellung im Hinterkopf behalten, wenn wir besprechen, was mit diesen Zahlen angestellt wird.

Zugleich möchte ich darauf aufmerksam machen, dass die Materie, welche die Basis für ungezählte politische Entscheidungen bildet, komplex ist. Bezogen auf Corona: Wer genau geht in die Statistik der Infizierten ein? Wer ist überhaupt infiziert, und wer legt das fest, und warum legt er das fest? Wie misst man eine Infektion, und wer tut es? Gibt es eine anerkannte, eine festgelegte Messmethode? Wer hat sie erfunden, und wer verdient daran? Diese Fragen nicht zu stellen, zeugt von einer unbegreiflichen Naivität oder aber von Komplizenschaft mit Leuten, welche die Klarstellung der Grunddaten möglicherweise verhindern wollen.

Geliefert wie bestellt: Die Katastrophenübung Event 201 der JHU als Handlungsvorgabe für die Realität der Krise

Bevor der Leser abwinkt und das Wort Verschwörungstheorie murmelt, lade ich ihn zu einer Denk-Safari ein. Werfen wir einen Blick auf den 18. Oktober 2019. An dem Tag fand eine Übung statt. Ich spreche von einer speziellen Übung, im amerikanischen Original *Event 201*. Auch dieses Ereignis gehört in die Vorgeschichte der Corona-Krise, und es gehört zur Johns-Hopkins-Universität und ihren tentakelhaften Organisationen. Ich hätte diese ganze Angelegenheit nie im Leben zur Kenntnis genommen, wenn nicht im Verlauf des Jahres 2020 die Einzelheiten hierüber, eine nach der andern, in den Fokus alternativer Medien geraten wären.

Der Seher: Am 19. Oktober 2019 leitete der Medizin-Funktionär der Johns-Hopkins-Universität, Tom Inglesby, die von Gates und Soros co-finanzierte Übung Event 201, in der Hunderttausende von Toten durch das neue, plötzlich von brasilianischen Schweinen übergesprungene Corona-Virus prognostiziert wurden (Bild: Johns Hopkins University).

Hinter dem nichtssagenden Titel *Event 201* verbarg sich eine Veranstaltung des *Center for Health Security* (Zentrum für Gesundheitssicherheit). Dies ist eine Suborganisation der Johns-Hopkins-Universität. Von Interesse sind auch die Co-Veranstalter des *Event 201*, als da sind die Gates-Stiftung und die Open Society Foundations des Weltwohltäters George Soros. Zum Termin im Oktober 2019 waren sogenannte Entscheider aus Politik und Wirtschaft eingeladen worden. Ziel der mehrstündigen Übung war die Simulation einer

Pandemie (= weltweite Seuche), während der die Verhältnisse für Politik und Wirtschaft außer Kontrolle zu geraten drohen. Die Veranstalter waren eitel genug, den Ablauf dieser Übung aufzuzeichnen.[56]

Wen hielten die Weltenretter für einladenswert, und wer folgte der Einladung? Hier die Beteiligten: Die Übung fand unter der Leitung von Tom Inglesby statt.[57] Er war und ist der Direktor des Center for Health Security. Die anderen am Tisch gehörten zu diesen Institutionen:

* die Bill-&-Melinda-Gates-Stiftung
* die Weltbank[58]
* 2 Pharma- und Medizingerätehersteller, Johnson & Johnson[59] und Henry Schein[60]

---

[56] Soweit diese Video-Aufzeichnung bei *YouTube* eingestellt ist, handelt es sich offensichtlich um eine von den Veranstaltern zensurierte Fassung, eine Art Zusammenschnitt dessen, was als das *essential* bezeichnet worden ist, vgl. https://www.youtube.com/watch?v=AoLw-Q8X174 [zuletzt abgerufen: 5.2.2021]; eine Teilaufzeichnung findet sich hier: https://www.youtube.com/watch?v=LBuP40H4T ko&feature=emb_title [zuletzt abgerufen: 5.2.2021].

[57] Zur institutionellen Selbstdarstellung von Tom Ingelsby durch die Johns Hopkins University, siehe https://centerforhealthsecurity.org/our-people/inglesby/ [Abruf: 4.2.2021].

[58] Internationale Bank für Wiederaufbau und Entwicklung mit Sitz in Washington D.C., kurz: Weltbank, als Konsequenz der Internationalen Währungskonferenz von Bretton Woods (1944) gegründet am 27.12.1945, seither Geldgeber für weltweite Großprojekte und für Staaten mit Hilfe von Krediten. Auf diese Weise auch wesentliches Steuerungsinstrument für US-zentrierte Marktwirtschaft und für die Vorherrschaft des Dollar. Vgl. Kurzbeschreibung in Brockhaus (1966), Bd. 9, S. 177.

[59] Johnson & Johnson ist ein US-amerikanischer Konzern, der sich während der Corona-Krise an der Jagd auf den ersten erfolgreichen Impfstoff beteiligte. Das von ihm entwickelte Präparat soll nur eine einzige Impfung benötigen, um wirksam zu werden. Eine Notfallgenehmigung zur Anwendung des Präparats wurde in den USA Anfang Februar 2021 erteilt, vgl. N.N.: Johnson & Johnson beantragt Zulassung, *Epoch Times* (dt. Ausg.) vom 5.2.2021, https://www.epochtimes.de/wissen/forschung/johnson-johnson-beantragt-zulassung-fuer-corona-impfstoff-a3441333.html [Abruf: 5.2.2021; die Überschrift des Artikels ist missverständlich, sie bezieht sich auf den Antrag der Firma bei der EU, in den USA ist sie bereits erteilt worden].

[60] Henry Schein ist ein Medizin- und Zahnmedizin-Geräte- und Unternehmensabläufe-Ausstatter bzw. Anbieter mit über 19.000 Mitarbeitern weltweit, vgl. die Eigendarstellung bei https://investor.henryschein.com/aboutus?hsi_domain=www.henryschein.com&hsi_locale=us-en [Abruf: 28.2.2021].

* die Hotel-Gruppe Marriot[61]
* die Fluggesellschaft Lufthansa[62]
* die US-amerikanische PR-Agentur Edelman[63]
* der Rundfunk- und Fernsehsender NBC[64]
* die US-Bundesgesundheitsbehörde CDC[65]
* ein Ex-CIA-Direktor
und einige Sicherheitsberatungs-Aktivisten.

Ich fasse den Verlauf von *Event 201* mit meinen Worten zusammen: Eine Pandemie, verursacht durch ein bislang unbekanntes Corona-Virus – entsprungen aus einer Schweinefarm in Brasilien –, rafft eine riesige Zahl von Menschen grenzüberschreitend dahin. Die Gesundheitsversorgung bricht ein. Unter diesen weltbewegenden Ereignissen beschließen die Entscheider einen weltweiten Lockdown, Zwangswirtschaft für Überlebensnotwendiges, eine zentral gesteuerte Informationslenkung durch die Medien und Gewaltmaßnahmen gegen Ungehorsame. Das alles, um Zeit zu gewinnen, auf dass ein wirksames Impfmittel entwickelt und angewandt werden

---

[61] Marriot International ist ein US-amerikanisches Hotelunternehmen mit der größten verfügbare Bettenzahl weltweit, vgl. die Eigendarstellung bei https://www. marriott.com/marriott/aboutmarriott.mi [Abruf: 18.2.2021].
[62] Teilnehmer der Lufthansa war Martin Knuchel, Chef des Crisis, Emergency & Business Continuity Management. Das ist mit Blick auf den Umstand, dass die Lufthansa kurze Zeit später in der realen Krise in eine De-facto-Pleite segelte, nicht ohne Ironie.
[63] Edelman ist nach seiner Selbstdarstellung eine global tätige Agentur. Auf ihrer englischsprachigen Homepage ist der Hinweis enthalten, dass der Pharma-Multi AstraZeneca zu den Kunden zählt, vgl. https://www.edelman.com/ [Abruf: 5.2.2021]. AstraZeneca wiederum ist einer der Haupt-Akteure und Profiteure der Corona-Krise. Für Edelman nahm an Event 201 deren Global Chief Operating Officer, Matthew Harrington, teil, der sich dezidiert zur Informationsherrschaft durch zentral organisierte Informationskaskaden äußerte. Das nimmt kaum wunder, denn Edelman zählt nach meiner Einschätzung zum inneren Kreis der Promotoren der im Weltwirtschaftsforum konzentrierten *One World*-Bewegung.
[64] National Broadcasting Company (NBC), US-amerikanischer Radio- und Fernsehsender mit Sitz in New York City.
[65] Centers for Disease Control and Prevention (CDC – Zentren für Krankheitsüberwachung und Vorsorge), oberste US-Gesundheitsbehörde mit ca. 21.000 Beschäftigten.

kann, das nach 18 Monaten noch nicht zur Verfügung steht. Zwischenstand: 65 Millionen Tote. Ende der Übung.

Besonderen Wert legten die Teilnehmer auf die Lösung des Problems der Informationslenkung und Informationshoheit. Es komme darauf an, mit Informationskaskaden, die von der zentralen Stelle ausgehen müssten, sehr schnell Gegenstimmen zu übertönen, um sie als Falschnachrichten zu brandmarken und zum Schweigen zu bringen. Dieser Ablauf sei über vertrauenswürdige Medien abzuwickeln. Der Teil der Übung, der sich argumentativ mit ergänzenden technischen Maßnahmen zur Informationslenkung und -unterdrückung befasst, wurde aus den veröffentlichten Aufzeichnungen herausgelöscht.

Frage an den Leser: Kommt Ihnen das alles irgendwie bekannt vor? Nun ja, das entspricht so ziemlich dem Verlauf der bisherigen Corona-Krise, die zwei Monate nach dem *Event 201* begann. Für die Ähnlichkeit von Spiel und Ernst gibt es nur zwei plausible Erklärungen. Event 201 wurde von genialen, seherisch begabten Leuten konzipiert, oder (schlechtere Variante) die sog. Entscheider im wirklichen Leben hielten sich – zumindest in der westlichen Welt – an das, was in der Johns-Hopkins-Universität ersonnen worden war. Um es zu wiederholen: Johns Hopkins weiß, was auf der Welt nottut. Ihm wird vom Weltwirtschaftsforum, einigen Großstiftungen, der Agentur Edelman,[66] mehreren Pharma-Riesen sowie von Big Tech assistiert.

---

[66] Ich bin nicht der Einzige, dem die Rolle der Firma Edelman aufstößt, vgl. z.B. den Kommentar bei Stephan Paetow in *Spaet-Nachrichten* vom 18.2.2021, https://www. spaet-nachrichten.de/2021/02/hansi-und-der-corona-kater-karl/ [Abruf: 18.2.2021]: „Glauben Sie noch, oder vertrauen Sie schon? Die Firma Edelman, eine Propaganda-Firma (PR) aus Chicago stellt regelmäßig ein weltweites Vertrauens-Barometer vor und errechnete für Deutschland folgende Zahlen: 59% der Deutschen vertrauen der Regierung, trotz Merkel, Scholz, Altmaier, Spahn, Maas und ähnlich vertrauenswürdigen Personen. Die Ärmsten. – Immer noch 52% glauben den Mainstream-Medien alles, was die so verbreiten und noch 46% nehmen selbst NGOs (Kahane-Stiftung, Klima-Brüder und Schwestern, Soros-Stiftungen, etc.) für bare Münze. Du glaubst es nicht! Andererseits haben 59% der Deutschen (global: 61%)

An dieser Stelle ein Stimmt-nicht einzuwerfen, halte ich für kühn. Die Einflussnahme eines ziemlich genau beschreibbaren Kreises von Personen ist möglich und nach meiner Auffassung notwendig. Der Zweifler wird es erdulden müssen, dass ich ihn im Verlauf dieses Buches immer wieder mit den üblichen Verdächtigen konfrontiere, denn wir sind mittlerweile in einem Stadium angekommen, wo die Akteure auf Heimlichkeit kaum noch Wert legen.

Als ich die Einzelheiten von *Event 201* im Sommer 2020 zusammenkratzte,[67] ging mir durch den Kopf, dass ich als Soldat und als Beamter des Bundesinnenministeriums an Übungen teilgenommen habe, in denen das Handeln unter Kriegs- oder Katastrophenbedingungen eingeübt wurde. Meine letzte Übung war die Nato-Stabsrahmenübung *Wintex-Cimex 1988*.[68] Bemerkenswert genug: Kriegs- und Katastrophenszenarien waren genau umgekehrt aufgebaut wie *Event 201*: Das schädigende Großereignis hatte das normale Leben zum Stillstand gebracht, und die Verantwortlichen bemühten sich gegenzusteuern.

Noch ein Unterschied ist auffällig: Unter den mir bekannten Übungen war keine, die von einem Privatmann und den möglichen Profiteuren des Elends veranstaltet wurde. Fortschrittsbeflissene werden einwenden: Für solch erdumspannende Katastrophen, wie Klima und Pandemie, haben die bekannten nationalen und internationalen Gremien eben

---

das komische Gefühl, dass die Medien keinen guten Job machen, wenn es um objektive und überparteiliche Berichterstattung geht".

[67] Z.B. bei Werner Rügemer: „The USA has the safest health system in the world", *WorldEconomy* vom 24.5.2020, https://www.world-economy.eu/nachrichten/detail/the-usa-has-the-safest-health-system-in-the-world/ [Abruf: 26.5.2020; Kopie im Arch. d. Verf.]. Ein weiterer Überblick bei Norbert Haering: Event 201 und die Bekämpfung von Fake News, in: *Geld und mehr* vom 12./13./26.4.2020, https://norberthaering.de/ medienversagen/event-201-fake-news/ [zuletzt aufgerufen: 5.2.2021].

[68] Die Abkürzung bedeutet: Wintex=**Win**ter **Ex**ercise (Winterübung), Cimex=**Ci**vil **M**ilitary **Ex**ercise (Zivilmilitärische Übung). In diesen Übungen wurde das Zusammenwirken von militärischer Führung und Regierungsorganen der Nato-Staaten im Falle eines Kriegsausbruchs zwischen Ost und West in Europa geübt.

nichts Adäquates zu bieten. Da müssen also tüchtige Private ran, tut ja sonst keiner. Jetzt also sind Leute am Zuge, die das System der *Global Governance*[69] aus dem Effeff beherrschen. Ist das so? In den nächsten Kapiteln will ich eine Antwort versuchen.

---

[69] Global Governance ist ein Modebegriff aus dem Systembaukasten der *One World*-Ideologie. Er bedeutet die Herrschaft der Auserwählten (anderer Begriff: der Eliten) über den Rest der Welt. Die Notwendigkeit hierfür wird so begründet: Die Welt stehe globalen Herausforderungen gegenüber, für die es keine nationalen Lösungen gebe.

Interessanterweise ist der in Wuhan vorherrschende Typ B nicht der ursprüngliche menschliche Virustyp. Aber auch in Wuhan kommt Typ A, also das ursprüngliche menschliche Virusgenom, durchaus vor. In dieser ersten Phase des Ausbruchs waren die A- und C-Typen in signifikanten Anteilen außerhalb Ostasiens zu finden – bei Betroffenen in Europa, Australien und Amerika. Im Gegensatz dazu ist der B-Typ der häufigste Typ in Ostasien. ... So wurde beispielsweise zunächst angenommen, dass der erste norditalienische Infektionsfall („Patient Eins") von einer bestimmten Wuhan-Kontaktperson aus seinem Bekanntenkreis infiziert worden war. Doch als diese Kontaktperson getestet wurde, stellte sich heraus, dass sie das Virus nicht hatte.[70]

8. Kapitel
Madame Butterfly: Die chinesische Herkunft des Corona-Virus und der chinesische Einfluss auf die deutsche Politik

In diesem Kapitel wird ein Blick auf die Herkunft des Corona-Virus geworfen. Nun könnte man den Standpunkt vertreten, dass es völlig egal sei, wo das Virus seinen Ursprung hatte. Frei nach dem Motto der Kanzlerin: Nun isses halt ma da. Doch ganz so lässig sollte man mit der Herkunftsfrage nicht umgehen. Wenn es nämlich so ist, dass sich die Herkunft lokalisieren lässt, sollte man auch in Betracht ziehen, wie sich die Verantwortlichen, die mit dem Virus als Erste zu tun bekamen, verhalten haben.

Sehr früh, noch bevor jemand ernsthaft über das Corona-Virus in Deutschland sprach, gab es das Gerücht, dass in China eine bislang unbekannte Seuche ausgebrochen sei. Klare Informationen hierüber waren nicht zu beziehen. Auch die sonst omnipotent auftretende Weltgesundheitsorganisation

---

[70] Dr. **Michael Forster,** Institut für Klinische Molekularbiologie (IKMB) des Universitätsklinikums Schleswig-Holstein (UKSH), Campus Kiel, und der Christian-Albrechts-Universität zu Kiel (CAU), sowie Dr. **Peter Forster**, McDonald Institute for Archaeological Research an der Universität Cambridge, et al., hier zit. nach https://www.new-swiss-journal.com/post/l%C3%BCgenpolitiker-verschweigen-130-fakten-lockdown-100-umsonst [Abruf: 26.2.2021; Kopie im Arch. d. Verf.].

WHO kriegte keinen eindeutigen Satz zustande.[71] Vom offiziellen China ist man ja gewohnt, dass die Funktionäre nur das nach außen lassen, was ihnen in den Kram passt, aber das Schlingern der WHO verstärkte den Verdacht, dass an den Gerüchten über einen Seuchenausbruch etwas dran sein könnte. Über die WHO und deren Sonderbeziehung zu China werde ich, um die Sache an dieser Stelle nicht unnütz zu komplizieren, erst im nächsten Kapitel berichten.

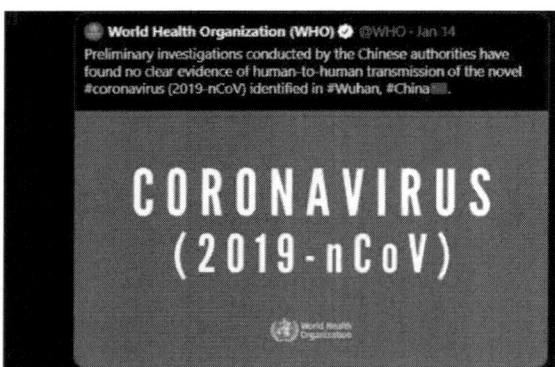

Entwarnung auf Chinesisch: Twitter-Nachricht der WHO vom 14. Januar 2020. Der Ort der Entdeckung des neuen Corona-Virus ist Wuhan. Eine Gefahr wird nicht gesehen.

Wenn man mit dem Wissen von heute auf die Vorgänge im Zusammenhang mit Corona blickt, so fällt auf, dass sich die Erkenntnisse über das Geschehen schrittweise veränderten. Nach dem ursprünglichen Abstreiten jeglichen Seuchen-Geschehens durch chinesische Offizielle kamen Nachrichten aus dem Riesenreich der Mitte, die vom Stillstand und dem Abriegeln ganzer Städte und Provinzen handelten.[72]

---

[71] Noch am 11.1.2020 meldete die WHO unter Berufung auf chinesische Offizielle, dass das neue, in Wuhan entdeckte Corona-Virus nicht von Mensch zu Mensch übertragen werde, vgl. zusammenfassend unter Abdruck der einschlägigen Belege: Michael Klein: Die WHO ist eine Marionette Chinas, *ScienceFiles* vom 2.10.2020, https://*sciencefiles*.org/2020/10/02/die-who-ist-eine-marionette-chinas-ein-beleg-aus-genf/ [Abruf: 5.10.2020; Kopie im Arch. d. Verf.].

[72] Am 23.1.2020 wurde die Stadt Wuhan von chinesischem Militär abgeriegelt und ein totaler Lockdown veranlasst, vgl. mit den einschlägigen Belegen Sascha Klotzbücher: Weaponizing medicine: China's disease prevention and the "military-

Die unerhörten Neuigkeiten aus China waren bald von Filmsequenzen garniert, in denen vermummte Menschen zu Boden stürzten und dort liegen blieben. Ein- und Ausreisesperren folgten aber erst, nachdem das Virus deutlich erkennbar via Italien nach Europa gelangt war.

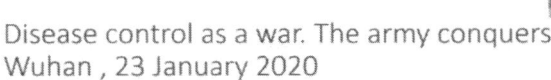

Disease control as a war. The army conquers Wuhan , 23 January 2020

Exchange of leadership structure: The civil administration retreats or changes and the army organize Wuhan as a battle field
After the Wuhan Mayor explained why he did not reported infected cases, he was delegated into the Traffic Department of Tibet and changed to Shanghai Mayor; Major General Chen Wei takes the lead in the Wuhan Institute of Virology to clean it up

Authorization and parcellation: National Security Status "level 1 Response" 武漢市 : Lockdown of Wuhan January 23rd

Erst Augen zu, dann Schusswaffengebrauch: Am 23. Januar 2020 riegelte chinesisches Militär die Stadt Wuhan hermetisch ab, nachdem Chinas Führung den Ausbruch der Seuche über vier Wochen verheimlicht und dann abgestritten hatte (Screenshot des Verf. vom 23.2.201 aus der Online-Vorlesung von Sascha Klotzbücher an der Universität Göttingen).

Aus dieser Zeit stammten dann auch die ersten Erklärungsmuster für die Existenz dieses Virus. Variante 1: Das Virus stamme von Fledermäusen ab. Es sei bei der Erforschung von chinesischen Höhlen auf die dort agierenden Forscher übergesprungen. Variante 2: Das Virus stamme von irgendwelchen Tieren ab und habe sich dann über den Fleisch- oder Fischmarkt der chinesischen Stadt Wuhan in die

---

civil fusion" in medical research, https://www.cemeas.de/weaponizing-medicine-chinas-disease-prevention-and-the-military-civil-fusion-in-medical-research/ [Abruf: 23.2.2021], ebd. ab Min. 17:00; die dort gezeigten Bilder sind https://www.youtube.com/watch?v=omsES6k-3ml (im April 2021 „nicht verfügbar") entnommen; bei dem über einstündigen Vortrag handelt es sich um eine auf Englisch gehaltene Online-Vorlesung an der Universität Göttingen.

Provinz verbreitet.[73] Diese Erklärungsversuche fanden Befürworter und erbitterte Gegner. Die Gegner beriefen sich auf zwei unterschiedliche Aspekte:

(1) Die chinesischen offiziellen Begründungen, vor allem die Fledermaus-Variante, seien ganz und gar unglaubwürdig, weil das offizielle China vom ersten Tag des Auftretens der Seuche die Welt über deren Existenz belogen habe. Sie habe dies zudem in Komplizenschaft mit der WHO getan. Diese Argumentation, wonach die Glaubwürdigkeit Chinas grundsätzlich anzuzweifeln sei, ist nicht unbedingt schlüssig, sondern bestenfalls ein wohlfeiler Erfahrungswert.

(2) Gravierender ist die zweite Einwendung. Sie stammt aus dem Munde von Immunologen und Virologen. Diese bezweifeln den Übersprung vom Tier auf den Menschen. Aber auch hier gilt: Dieser Zweifel ist nur dann zu 100 Prozent schlüssig, wenn der Vorgang generell ausgeschlossen ist. Ich kann das aus eigenem Wissen weder bestätigen noch verneinen, habe aber auch einschlägige Voten gelesen, die den Übersprung für möglich erachten.

Doktor Frankensteins Haus: Das Virenforschungslabor von Wuhan

Als Zwischenergebnis ist festzuhalten, dass chinesischen Verlautbarungen, die das Virus zum Gegenstand haben, mit starker Skepsis zu begegnen ist. Doch damit nicht genug: Beim Ausbruch der Seuche in China kommt ein zweites verdächtiges Element hinzu. Der Ausbruchsort Wuhan, der heute kaum noch in Abrede gestellt wird,[74] ist identisch mit dem

---

[73] Über ein Jahr lang verhinderte die Führung in Peking, dass ein Recherche-Team der WHO in Wuhan Ermittlungen auf dem Lebensmittelmarkt anstellen konnte. Am 30.1.2021 begann die Inspektion, vgl. *Epoch Times* (US-Ausg.) vom 31.1.2021, https://www.theepochtimes.com/updates-on-ccp-virus-california-cases-starting-to-slip-death-remain-high_3679260.html [Abruf: 1.2.2021].

[74] Der Ausbruchsort Wuhan tauchte bereits in einer Meldung der WHO vom 21.1.2020 auf, nur mit umgekehrten Vorzeichen, nämlich dass das dortige neuartige

Standort eines chinesischen Forschungsinstituts, das sich u.a. genau mit Viren dieser Art beschäftigt. Dieses Institut war mir und, wie ich annehme, den meisten Lesern dieses Buches unbekannt, bevor wir uns – neugierig geworden – mit Corona zu beschäftigen begannen.

Diese Unwissenheit, das Wuhan-Institut betreffend, bestand jedoch nicht bei allen jenen, die sich in Wissenschaft und Forschung mit Viren befassen. Denen war und ist bekannt, dass die Chinesen dort in Wuhan diese Experimentalforschung betreiben. Virenexperten ist zudem geläufig, dass Vorhaben dieser Art in westlichen Ländern verboten sind bzw. nur unter derartigen Einschränkungen stattfinden dürfen, dass für etliche Unternehmen der westlichen Länder und deren Forschungseinrichtungen Wuhan ein gesuchter Ausweichstandort ist.

Es versteht sich am Rande, dass westliche Pharmakonzerne und die von ihnen abhängigen wissenschaftlichen Forschungseinrichtungen nicht den Finger gehoben und gesagt haben, dass auch sie in Wuhan Eisen im Feuer haben. Derartige Verlautbarungs-Abstinenz ist nicht nur aus quasi-moralischen Gründen der Marke Wie-gut-dass-ich-der-Saubermann-bin leicht nachzuvollziehen, sondern auch wegen der Furcht, sich durch Umgehung der Strafbestimmungen im Betriebssitz-Land strafbar gemacht zu haben.

Wenn man sich dem Thema zugewendet hat, ob das Corona-Virus, das der Welt seit über einem Jahr als Sars-CoV-2 schwer zu schaffen macht, mit einer gewissen Plausibilität aus dem Virenforschungslabor in Wuhan stammen könnte, drängen sich zwei mögliche Varianten auf: (1) das Virus ist entwichen, (2) es wurde freigesetzt.[75] Beide Varianten werden von Mainstream rundweg bestritten. Ich will in diesem

---

Corona-Virus CoV-19 nicht von Mensch zu Mensch übertragen werde [Tweet der WHO vom selben Tage; Kopie im Arch. d. Verf.].

[75] Eine dritte Variante erörtert Dirk Pohlmann, Virus als Waffe, *Free21*, S. 1-6, nämlich dass es sich um ein geplantes Manöver der USA handeln könne, um das Feindbild China voranzutreiben.

Zusammenhang nicht behaupten, dass die Medien durchweg von chinesischem Einfluss gesteuert werden. Das muss auch nicht sein, da diese ohnehin eine Schlagseite zum Totalitären besitzen.

Die so von mir Bezichtigten werden das natürlich bestreiten – wie auch anders? –, doch beruht meine Überzeugung auf jahrzehntelanger Beobachtung.[76] Gegen China-Kritiker stehen heutzutage der Pauschalvorwurf der Rückschrittlichkeit, der Kalten-Krieger-Mentalität und die sehr beliebte Rassismuskeule zur Verfügung.[77] Dass solche Pauschalangriffe auch tatsächlich geführt werden, dafür sorgen Konfuzius-Institute mit Rat und Tat und klingender Münze. Sie haben vor allem in Australien und Nordamerika an Boden gewonnen.[78] Der Einfluss des chinesischen Kommunismus an den US-amerikanischen Hochschulen ist unübersehbar.[79]

---

[76] Diese Totalitarismus-Bewunderung fiel mir zum ersten Mal auf, als ich mich nach 1990 über den Umgang der Westmedien mit Markus Wolf und Gregor Gysi zu wundern begann. Beide erhielten nach kurzem Zögern eine Art Heiligenstatus. Dabei waren sie in Wirklichkeit robuste Exponenten eines Unrechtsstaates – Wolf, der Geheimdienst-Tausendsassa, und Gysi, der Erneuerer. Wer gegen die frischgebackenen Götter Einspruch erhob, wurde ohne zu zögern in die Antisemitismusecke gedrängt.

[77] Im Streit mit dem Hamburger Prof. Roland Wiesendanger (S. 80 ff.) haben linksextreme Vertreter der Studentenschaft diesen des „antiasiatischen Rassismus" bezichtigt, vgl. https://www.tichyseinblick.de/daili-es-sentials/streit-um-virus-herkunft-wissenschaft-ler-wirft-zdf-manipulation-vor/.

[78] Wie ein fernes Wetterleuchten, das an die Zeit kommunistischer Unterwanderungstaktiken im Kalten Krieg in Europa erinnert, tauchten aus Australien einschlägige Informationen auf. Sie zeigen, dass exilchinesische Studenten mit Hilfe von Diplomaten, die zudem Funktionäre der Konfuzius-Institute sind, ausgespäht und unter den Augen der australischen Obrigkeit gemaßregelt werden, vgl. z.B. den Fall des Studenten Drew Pavlou an der Universität von Queensland, Mimi Nguyen Ly: Australian Student Seeks Court Order Against Chinese Diplomat, *Epoch Times* (US-Ausg.) vom 20.10.2019 [Abruf: 20.10.2019].

[79] Zur Kontrolle lese man die Auseinandersetzungen, die sich im Council on Foreign Relations, dem mächtigsten Einflussnahme- und Interessenvertretungsclub der USA, dort zum Standpunkt der Beziehungen zwischen den USA und China abspielen, vgl. z.B. Kurt M. Campbell/Ely Ratner: The China Reckoning. How Bejing Defied American Expectations, *Foreign Affairs* 2/2018, S. 60-70; Oriana Skylar Mastro: The Stealth Superpower. How China Hid Its Global Ambitions, *Foreign Affairs* 1/2019, S. 31-39; Yan Xuetong: The Age of Uneasy Peace. Chinese Power in a Divides World, *Foreign Affairs* 1/2019, S. 40-46.

Der chinesische Einfluss hat reiche Früchte getragen. Man betrachte das Spitzenpersonal des US-amerikanischen *Big Tech*, dann wird deutlich, wovon ich rede. Einige der Neureichen in den Milliardärs-Zirkeln des Sonnenstaates California bezeichnen sich selbst als Maoisten. Sie nehmen für sich in Anspruch, das Informationsgeschehen weltweit zu regulieren. Ich werde bei Bedarf auf die Details zu sprechen kommen. Einstweilen mag sich der Leser damit begnügen, die Nichtdiskussion des Herkommens von Sars-CoV-2 in den deutschen Medien auch zu einem guten Teil auf chinesischen Einfluss zu buchen. Im Falle des vollmundigen Bestreitens genügt die Kontrollfrage: Wann und wie hat man sich in deutschen Medien mit der chinesischen Einflussnahmepolitik befasst? Wann und wie mit der chinesischen Informations- bzw. Desinformationspolitik im Zusammenhang mit den Ereignissen von Wuhan?

Versucht man abseits vom dröhnenden Schweigen der gewöhnlichen Wald-und-Wiesen-Medien in die Welt komplexer wissenschaftlicher Veröffentlichungen vorzudringen, so fällt auf, dass Leute, die sich von Berufs wegen mit der Erkundung von Viren befassen, nahezu unisono behaupten, sie hätten Erkenntnisse, dass die Seuche in Wuhan ausgebrochen sei, dass das Virus keine Mutation von der Fledermaus sei, sondern dass der Bauplan des Virus Elemente enthalte, die eindeutig auf eine menschliche Bearbeitung hinwiesen. Auch in diesen Kreisen ist man sich nicht sicher, ob das renitente Virus entwichen ist oder ob es mutwillig freigesetzt wurde.

Ich nehme an, dass man sich in den Wissenschaftszirkeln, die mit Viren laborieren, nicht traut, das offen auszusprechen, was jedem normalen Menschen durch den Kopf geht: Entweder sind in Wuhan Leute tätig, die es nicht können, und zwar deswegen nicht können, weil es niemand kann, nämlich ein Virus, das man produziert, narrensicher unter Kontrolle zu halten. Oder schlimmer noch: Es gibt Menschen, die Viren für eigene Weltbeherrschungs-Phantasien nutzen. Bevor der

Leser den Kopf schüttelt, sei bemerkt, dass es immer schon Herrschaftswahn unter den Menschen gegeben hat. Allein das 20. Jahrhundert hat eine prächtige Riege von solchen verbrecherischen Phantasten hervorgebracht. Sie alle glaubten, den Schlüssel zur Weltherrschaft in ihren Händen zu halten, sei es als Idee, sei es als Waffe.

Doktor Frankensteins Erben: Das chinesische militärische Lehrbuch über den Umgang mit Viren als Biowaffen

Während der Arbeiten an diesem Buch bin ich immer wieder auf Anmerkungen gestoßen, in denen vom absichtlichen Freisetzen des Sars-CoV-2 die Rede war. Behaupten kann man vieles. Ich hatte mich also entschlossen, diese Variante der Sars-CoV-2-Herkunft nicht weiter zu schildern. Erst unmittelbar bei Abschluss des Manuskripts bin ich anderen Sinnes geworden. Meine Tagebuchnotiz vom 12. März 2021 gibt hierüber Auskunft:

> Es gibt heute Morgen nur eine Pressemeldung von einiger Bedeutung. Das ist der Bericht in der deutschen Ausgabe der *Epoch Times*,[80] der sich mit dem Sars-CoV, dem tödlichen Corona-Virus von Anfang des Jahrtausends auseinandersetzt, also dem Vorgängervirus von Sars-CoV-2. Die Autorin hebt auf eine Berichterstattung in der Singapur-Ausgabe der Zeitung ab, wo man offenbar das Chinesische müheloser lesen und verstehen kann als bei uns.
>
> Inhaltlich geht es darum, dass ein chinesisches Lehrbuch über die biologischen Waffen und die Kampfführung mit ihnen mit speziellem Blick auf Sars-CoV ausgewertet worden ist. In dem Lehrbuch kann man nachlesen, dass die dortigen Autoren Sars-CoV für ein vom Menschen produziertes Virus halten. Sie behaupten zudem, dass dessen Anfertigung Leuten zu verdanken sei, die sie selbst als Terroristen bezeichnen. Letzteres darf nicht den Blick auf das Wesentliche verstellen.
>
> Das Wesentliche der Lehrbuchäußerungen ist, dass die Autoren von der biologischen Kriegführung als etwas Selbstverständlichem ausgehen und leicht nachvollziehbar systematisieren, wann und unter

---

[80] Kathrin Sumpf: SarS – eine genetische Biowaffe?, *Epoch Times* (dt. Ausg.) vom 11.3.2021, https://www.epochtimes.de/china/sars-eine-genetische-biowaffe-a3454409.html [Abruf: 12.3.2021; Kopie im Arch. d. Verf.].

welchen Voraussetzungen und mit welcher Zielsetzung Biowaffen angewendet werden können, und zwar unterhalb der Schwelle eines normalen Krieges, zum Beispiel um in einer schwierigen Verhandlungsposition das Gegenüber zu erpressen. Die Autoren beschreiben, wie durch Konstruierung von Letalität und Inkubationszeit die Dinge gezielt einsetzbar gemacht werden können, und wie durch Ausrichtung des Virus auf ein bestimmtes Umfeld verhindert werden kann, dass das Virus nach seinem Einsatz den für sein weiteres Überleben notwendigen tierischen Wirt finden kann.

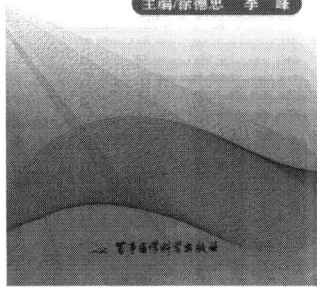

Nix Naturkatastrophe, sondern Sars-CoV als das Werk von Menschen: Das chinesische militärische Lehrbuch über Viren als Biowaffen [vollständige Kopie im Arch. d. Verf.].

Ob Letzteres Hand und Fuß hat, kann ich im Moment nicht überprüfen. Stimmt es, was die Autoren schreiben, so hat es sich bei Sars-CoV genau um ein solches Virus gehandelt, was in der freien Wildbahn – sozusagen – nicht vorkommt, weil es wegen des Fehlens eines für das Virus notwendigen natürlichen Umfelds nicht vorkommen kann. Daraus würde sich auch, so die Autoren, der Ausbruch von der Sars-CoV-Seuche 2004 erklären lassen: Gezielt eingeschleust über eine spezielle infizierte Katzenart, die man in China für essbar hält, und von dort gezielt über Wildmärkte eingeschleppt, in deren Umfeld dann die Seuche ausbrach und später wie von selbst wieder erlosch.

Die Autoren nennen diesen Vorgang einen terroristischen, weil sie offenbar der Meinung sind, dass solch ein Vorgehen nur bewusst und gezielt habe ablaufen können. Die Verursacher werden deswegen mit einer gewissen Konsequenz als Terroristen bezeichnet. Diese apodiktische Behauptung über den Seuchenausbruch schließt – durch Nichtdiskussion – aus, dass das Virus durch Unachtsamkeit aus einem Labor entkommen sein könnte. Das darf natürlich in einer staatsoffiziellen chinesischen Publikation nicht einmal zwischen den Zeilen erörtert werden, denn es würde das Eingeständnis enthalten, dass die Herstellung solcher Viren in China – als militärische Mittel im weitesten Sinne – überhaupt stattfindet. Deswegen darf die Freisetzung nur als terroristische Tat figurieren. Es bleibt aber – ganz gleich wie die Wahrheit nun aussieht – unzweifelhaft die Tatsache im Netz der Erkenntnis hängen, dass das Virus künstlich ist. Das ist keinesfalls beruhigend.

Damit ist eigentlich alles Wesentliche, was man als Außenstehender dazu sagen kann, gesagt: Der militärisch-politische Komplex der Volksrepublik China bezieht den Einsatz von Biowaffen in seine Militärdoktrin offenbar als derartig selbstverständlich ein, dass Einsatz- und Anwendungsdetails auf der Fachebene offen diskutiert werden. Diskutiert, das bedeutet in der Diktatur: Die Aussagen sind gewollt und genehmigt. Das zumindest sollte man im Hinterkopf haben, bevor man sich über die chinesischen Ambitionen irgendwelchen Illusionen hingibt.

Großmacht im Osten: Die wachsende Macht und Übermacht des chinesischen Staates und die Unfähigkeit in der westlichen Welt, die Dinge beim Namen zu nennen

Was den chinesischen Staat angeht, kann man seit den 1990er Jahren beobachten, dass und wie das Ansaugen der westlichen wissenschaftlichen und technischen Erkenntnisse und Umsetzen für eigene Zwecke praktiziert worden ist. Hochmütig hat der Westen diesem Prozess zugesehen. Die als Schlitzaugen Denunzierten könnten nur nachäffen.[81] Was für ein Irrtum. Allem sozialistischen Gerede zum Trotz hat China mit seiner Jahrtausende andauernden Hochkultur stets bestimm-

---

[81] Diese Fehlvorstellung wurde von chinesischen Führern bestärkt, die bis in die jüngste Zeit betonten, China sei nach wie vor ein Entwicklungsland. Eine Auflistung der einschlägigen Aussagen befindet sich bei Oriana Skylar Mastro: The Stealth Superpower. How China Hid Its Global Ambitions, *Foreign Affairs* 1/2019, S. 31-39.

te denkerische Leitlinien verfolgt, wie die des Militärstrategen Sun Tsu (6.-5. Jahrhundert vor Chr.):

> Selbst wenn du fähig bist, erscheine unfähig. Selbst wenn du tätig bist, erscheine untätig. ... Gib Unterwürfigkeit vor, um die Arroganz des Gegners anzustacheln.[82]

Die Saat des Absaugens ist nach 30 Jahren etwas anders aufgegangen, als es sich westliche Geschäftemacher im Billiglohnland China ausgemalt hatten.[83] Nämlich so: Die Welt von Naturwissenschaft und Technik wird derzeit von Chinesen dominiert.

Erkenntnisse, mit denen angloamerikanische Forschungseinrichtungen heutzutage protzen, haben nur zu häufig unter den Autoren überwiegend oder ausschließlich chinesische Namen stehen. Das weist auf ein weiteres Phänomen der chinesischen Expansionspolitik hin. Chinas Diktatoren verfügen über ein riesiges Potenzial an menschlicher Intelligenz, und sie erlauben es etlichen der Begabtesten und Tüchtigsten aus diesem Reservoir, in die westlichen Gedankenschmieden einzuwandern. Das gelingt offensichtlich vortrefflich, denn diese Einwanderer sind intelligenter und fleißiger als ihre bodenständige Konkurrenz.

Westliche Gesellschaftsanalytiker sehen sich nur zu oft gehindert, diese chinesische Offensive zu bemerken. Ihnen stehen ideologische Wackersteine im Wege, als da sind:
* das Gleichheitsprinzip, welches den Unterschied, vor allem den Intelligenzunterschied von Menschen leugnet,

---

[82] Sun tsu: Die Kunst des Krieges, nach Baños: So beherrscht man die Welt, S. 157.
[83] Rekord-Steigerungen des chinesischen Exports hielten bis 2012 an, danach flachten sie ab, seit 2017 kommt es offenbar zu Rückgängen, auch im chinesischen Binnenmarkt; Beobachter sehen hier Auswirkungen des von Trump veranlassten Handelskrieges, vgl. Cheng Xiaonong: Thinking about China: A Growth Dilemma: China on an Economic Seesaw, *Epoch Times* (US-Ausg.) vom 20.10.2019, https://www.theepochtimes.com /%c2%ad%c2%ada-growth-dilemma-china-on-an-economic-seesaw_3121927.html [Abruf: 21.10.2019]. Wie sich die Biden-Regierung zu China stellen wird, ist derzeit völlig unklar.

* das Rassismusgeschwätz, welches die Differenzierung der Menschheit in unterschiedliche Rassen von unterschiedlicher Befähigung leugnet,
* und das Endzustand-der-menschlichen-Gesellschaft-Gerede, welches abstreitet, dass Kulturen im Kampf miteinander auf- und wieder untergehen.

Das alles muss hier nicht weiter vertieft werden, sondern es genügt der Hinweis, dass es als sehr realistisch gelten kann, das 21. Jahrhundert als Austragungsort eines Kampfes zwischen der chinesischen Kultur und der weißen Westkultur anzusehen.[84]

Unter diesen Voraussetzungen sei noch einmal die Frage gestellt: Hält man die Freisetzung eines todbringenden Virus für möglich? Ich weiß es nicht, scheue mich aber, nein zu sagen. Diese Scheu zur klaren Aussage beruht darauf, dass chinesische Spitzenpolitiker in den vergangenen Jahrzehnten des Öfteren angemerkt haben, sie seien durch die Drohung eines Angriffs mit Massenvernichtungswaffen nicht zu beeindrucken.[85] Ihre gigantische eigene Bevölkerungsreserve kön-

---

[84] In diesem Sinne z.B. Huntington: Kampf der Kulturen, S. 369-386. Das drohende Ende der US-amerikanischen Vorherrschaft ist mittlerweile auch bei den Meinungsmachern im Council on Foreign Relations angekommen; dort sucht man erschrocken nach einer neuen Grand Strategy, vgl. Mira Rapp-Hooper/Rebecca Friedman Lissner: The Open World. What America Can Archieve After Trump, *Foreign Affairs* 3/2019, S. 18-25; Stephen M. Walt: The End of Hubris. And the New Age of American Restraint, ebd., S. 26-35; Kori Schake: Back to Basics: How to Make Right What Trump Gets Wrong, ebd., S. 36-43.

[85] Vgl. Odd Arne Westad: The Sources of Chinese Conduct. Are Washington and Beijing Fighting a New Cold War, *Foreign Affairs* 5/2019, S. 86-95; um Ausgleich bemüht Kurt M. Campbell/Jack Sullivan: Competition Without Catastrophe. How America Can Both Challenge and Coexists With China, *Foreign Affairs* 5/2019, S. 96-110. Zu den einschlägigen Weltraumaktivitäten z.B. Vassily Kashin: Joint Russian-Chinese Air Patrol Signifies New Level Of Cooperation, Carnegie Moscow Center vom 30.7.2019, https://carnegie.ru/commentary/79587 [Abruf: 24.10.2019]; ders.: Tacit Alliance: Russia and China Take Military Partnership to New Level, ebd. vom 22.10.2019, https://carnegie.ru/commentary/79587 [Abruf: 23.10.2019].Chinas Militärausgaben dürften nach Schätzungen mittlerweile die zweithöchsten der Welt sein. Die Unsicherheit besteht schon deswegen, weil China seit 2014 keine Zahlen mehr an die UNO liefert, vgl. Baños: So beherrscht man die Welt, S. 159 f. und Fn. 26 auf S. 451 f.

ne derartige Verluste wegstecken. Das bedeutet: Wenn diese Gleichgültigkeit gegenüber riesigen Menschenverlusten wirklich ernst gemeint ist – was wir nicht glauben wollen, weil es dem westlichen Denken diametral widerspricht –, dann mögen auch Experimente mit tödlichen Viren in freier Wildbahn möglich sein. Ich gebe zu, das ist kein angenehmer Gedanke.

Der Leser mag sich nun fragen, ob dieser chinesische Exkurs mit dem Thema des Buches zu tun hat, und wenn ja, was. Der Umweg über China gehört nach meiner Überzeugung dazu, weil wir im Verlauf dieses Buches ein ums andere Mal Unterwerfungsgesten der deutschen Führungsriege zu betrachten haben werden. Ein ums andere Mal werden wir sehen, dass politische Entscheidungen, um deren Zustimmung kein deutsches Volk jemals gefragt worden ist, von chinesischen Interessen mitbestimmt worden sind.

China als Vorbild und Motor eigener Diktaturbestrebungen? Wir werden es noch sehen. Einstweilen lassen wir die Kanzlerin selbst zu Wort kommen:

> Die Pandemie wird uns wirtschaftlich zurückwerfen. ... Wo kommen wir da raus, wo kommt China raus, wo kommt Südkorea raus, wenn die alle immer viel besser die Masken tragen und nicht so viele Querdenker-Demos haben, sondern derweil schon wieder einen wirtschaftlichen Aufschwung?[86]

So einfach ist der Zusammenhang. Weitsichtig haben einige Karikaturisten dies auf ihre Weise zum Ausdruck gebracht,

---

[86] Zit. nach den Aussagen auf dem sog. Digitalgipfel der Bundesregierung am 1.12.2020, zit. nach N.N.: Merkel: Andere Länder tragen Masken immer viel besser und haben weniger Querdenker-Demos, *Epoch Times* (dt. Ausg.) vom 2./3.12.2020, https://www.epochtimes.de/politik/deutschland/merkel-andere-laender-tragen-masken-immer-viel-besser-und-haben-weniger-querdenker-demos-a3393789.html [Abruf: 2.3.2021]; wortgleich bei *Reuters* vom 1.12.2020, https://cn.reuters.com/article/virus-asien-merkel-idDEKBN28B54W [Abruf: 2.3.2021]; ebenso Reuters vom 1.12.2020, https://www.msn.com/de-de/nachrichten/politik/merkel-pandemie-wird-uns-gegen%C3%BCber-asien-zur%C3%BCckwerfen/ar-BB1bwAp2 [Abruf: 2.3.2021].

indem sie Merkel im Mao-Look zeichneten, was der tatsächlichen Kleidung der Kanzlerin erstaunlich nahekommt.

Wie die Kleidung, so der Inhalt. Was im März 2021 tröpfchenweise in die Öffentlichkeit dringt,[87] ist so haarsträubend, dass ich es kaum glauben kann: Es waren ausgewiesene Maoisten, die im März 2020 vom Bundesinnenministerium angeworben wurden, um die Strategie des Lockdowns mit Hilfe eines Horror-Szenarios zu Papier zu bringen. Was – abgesehen von der Bewunderung des chinesischen Wegs – die Expertise dieser Mao-Jünger war, ist unbekannt. Solche Typen in einer obersten Bundesbehörde zu beschäftigen, ist nicht nur formal unbegreiflich. Erst recht ist es ihr Auftrag, eine Strategie zu entwickeln, um die Bevölkerung in Panik zu versetzen.[88] Weitere Einzelheiten findet der Leser im Kapitel über den Lockdown.

---

[87] Reinhold Werner: Korona-Papier des BMI wollte „Angst und Folgebereitschaft" erzeugen, *Epoch Times* (dt. Ausg.) vom 17.3.2020, https://www.epochtimes.de /politik/deutschland/corona-papier-des-bmi-wollte-angst-und-folgebereitschaft-erzeugen-a3471547.html [Abruf: 17.3.2020; Kopie im Arch. d. Verf.].

[88] Der einschlägige Schriftwechsel findet sich im *Club der klaren Worte* vom 30.4.2021, https://clubderklarenworte.de/wp-content/uploads/2021/04/Akte-RKI-zum-Lagepapier-komplett-clubderklarenworte.de_.pdf.

Die Virologen, die jetzt das politische Geschehen maßgeblich beeinflussen, machen sich für ihre Form der Panikmache eine Neudefinition von ‚Pandemie' der Weltgesundheitsorganisation (WHO) zunutze. Während zuvor eine Pandemie erst dann ausgerufen wurde, wenn ein Virus weltweit erhebliche Erkrankungsraten bewirkt, ist seit 2017 [recte: 2009] bereits die alleinige Verbreitung von Viren ein Grund dafür, einen Stufenplan des Monitorings und der Virusbekämpfung in Gang zu setzen. Da sich aber aufgrund der Globalisierung alle Formen von Viren schnell über die Welt verbreiten, ist im Grunde stets der Zustand einer Pandemie gegeben. Und jedes Jahr gibt es neue Viren, die sich schnell in der Weltbevölkerung verbreiten. Es wird so zu einer Frage der Willkür oder von speziellen Interessen, bei einem bestimmten Virus eine Pandemie auszurufen.[89]

9. Kapitel
Geschmierte Medizinmänner und der Tanz ums goldene Virus: Die Weltgesundheitsorganisation WHO als Spielball der Machtinteressen, nebst einigen Bemerkungen über Bill Gates und sein Imperium

Jedem Interessierten wird im Verlaufe der sogenannten Corona-Krise die Existenz und das Handeln der Weltgesundheitsorganisation WHO aufgefallen sein. Grund genug, ein paar Worte über diese eigenartige Institution zu verlieren. Auch scheint es mir von Belang, einige Handlungen der WHO kurz zu beleuchten, die im Vorlauf der Krise stattfanden, ohne die – so behaupte ich – gar keine Krise stattgefunden hätte. Doch der Reihe nach:

Die WHO ist ein Kind der UNO. Ich betone das O am Ende des Kürzels, weil es allgemein üblich geworden ist, das O wegzulassen und nur noch von UN, United Nations, den Vereinten Nationen, zu sprechen. Diese Verkürzung ist nicht nur der Sprachfaulheit der Nordamerikaner geschuldet, sondern geschieht in der Absicht, vom Vereinscharakter der UNO ab-

---

[89] Professor Dr. **Franz Ruppert,** Psychotraumatologe, hier zit. nach https://www. new-swiss-journal.com/post/l%C3%BCgenpolitiker-verschweigen-130-fakten-lockdown-100-umsonst [Abruf: 26.2.2021; Kopie im Arch. d. Verf.].

zulenken und die ganze Sache zu einer Art Weltregierung zu stilisieren. Doch eine solche überstaatliche Regierung gibt es nicht. Mögen die Intentionen des Erfinders und Promotors der UNO, US-Präsident Franklin Roosevelt, auch ganz andere gewesen sein, als er die Sache in den letzten vier Jahren seines Lebens vorantrieb. Fest steht indessen, dass der sowjetische Diktator Josef Stalin sich auf das gesamte schwammige Gerede des US-Präsidenten nicht einließ und sein Placet zur UNO erst gab, als klargestellt war, dass es sich um einen Club unabhängiger Staaten handeln würde, in welchem nicht alle Mitglieder gleich sein, sondern bevorzugte Mitglieder ein Vetorecht haben würden. So ward es verhandelt und endlich beschlossen. Roosevelt hat dieses Ergebnis nicht mehr erlebt. Der Tod riss ihn in seinem 13. Präsidentenjahr aus den Amtsgeschäften.[90]

Unabhängig von der Nichtzuständigkeit für die großen Staatsgeschäfte entwickelte sich der UNO-Staatenclub prächtig. Er gebar Organisationen und Suborganisationen, die neben der Selbstbeschäftigung mit den globalen Fragen ganze Kaskaden von Richtlinien, Hinweisen, Resolutionen und Denkschriften erdachten, über deren Verbindlichkeit so gut wie nichts Verbindliches zu erfahren ist. Eine dieser Suborganisationen ist die WHO.

Wendet man die sonst im Völkerrecht gängigen Regeln an, so lässt sich sagen: Die WHO ist keine überstaatliche Organisation. Das bedeutet, sie besitzt keine Regelungskompetenz gegenüber den Mitgliedstaaten. Erst recht sind die Regelungen (*regulations*) der WHO kein geltendes Recht für die Angehörigen der Mitgliedstaaten, geschweige denn für die Weltbevölkerung. Allerdings sind die Mitgliedstaaten nicht gehindert, WHO-Regeln in innerstaatliches Recht umzusetzen. Ob sie dies tun, ist ihre Sache.

---

[90] Franklin D. Roosevelt starb am 12. April 1945 in den Armen seiner Geliebten in Warm Springs in Georgia, vgl. Roewer: Unterwegs zur Weltherrschaft, Bd. 3, S. 43 f. Die UNO wurde am 26.6.1945 gegründet.

Legt man die von mir erwähnten Maßstäbe[91] zugrunde, so reduziert sich der WHO-Mythos, der einem aus den gängigen Veröffentlichungen entgegenquillt, ganz erheblich. Ob dies den deutschen Politik-Akteuren und ihren Herolden geläufig ist, darf bezweifelt werden. Ich gebe allerdings zu bedenken, dass die Kraft des Faktischen unter Umständen von eigentümlicher Wirksamkeit ist. Mit andern Worten: Die politisch Verantwortlichen hierzulande tun so, als seien sie den Regelungen der WHO unterworfen. Man mag diese Buckelmentalität gegenüber der WHO menschlich verständlich finden, sollte aber nicht aus dem Auge verlieren, dass es sich hierbei um nichts anderes als die Flucht vor der Verantwortung handelt. Es erscheint mir notwendig, auf dieses Phänomen hinzuweisen, weil gerade in Deutschland im Krisenjahr 2020/21 diese Flucht fast täglich zu beobachten war.

Die Skepsis vor den Entscheidungen und Handlungen der WHO wird auch aus einer organisatorischen Besonderheit gespeist. Die WHO ist schon lange keine vereinsartige Organisation unabhängiger Mitgliedstaaten mehr, sondern befindet sich seit geraumer Zeit unter einem Einfluss, der kaum erwarten lässt, die WHO könne staaten- und eigeninteressenübergreifende Entschlüsse fassen. Vielmehr ist das Gegenteil richtig. Dieser Wandel der Verhältnisse, liegt nicht zum wenigsten an der Finanzierung der Organisation. Staatenbeiträge sind nur ein Teil der Einnahmen, die Masse hingegen kommt von Privaten – Organisationen und Einzelpersonen –, die auf diese Weise fast nach Belieben auf die WHO Einfluss nehmen.

---

[91] Wie alles im Völkerrecht ist auch die hier von mir vorgetragene Auffassung unter Fachleuten umstritten. Einen guten Überblick und Argumentationshilfen findet der Leser in der juristischen Dissertation von Vierheilig: Weltgesundheitsorganisation.

Die Welt als Spielball: Bill Gates als Sponsor und Profiteur

Unter den privaten Einzelfinanziers der WHO ragt die *Bill & Melinda Gates Foundation* heraus. Darüber wundert sich nur, wer, naheliegend, aber unzutreffend über die Frage nachsinnt, was wohl Microsoft-Produkte mit der WHO zu tun haben könnten. Doch eine solche Fragestellung heißt, den Tausendsassa Bill Gates sträflich zu unterschätzen.[92]

Gates ist ein Monopolherr. Er herrscht über ein Weltunternehmen. Es ist ihm im Jahre 2000 gelungen, der Zerschlagung des Microsoft-Konzerns nach dem *Sherman Antitrust Act* zu entkommen. Das hat ihn in den Folgejahren nahezu unangreifbar gemacht. Nachdem er sich aus der unmittelbaren Firmenführung herauslöst hatte, fasste er – so meine Einschätzung, die ich mit Profiteuren von Wallstreet teile – ganz andere Ziele ins Auge.

Herr über Leben und Tod, oder: die Frage von Ursache und Wirkung: Bill Gates beim Interview über Corona am 24. März 2020. Sein Patentrezept: Lockdown und Impfen (Screenshot des Nachrichtenkanals TED durch den Verf.).

---

[92] Der Aufstieg von Gates zum Monopolherren ist geschildert bei Ferguson: The Square and the Tower, Kap. 53 Web 2.0, S. 351-359. Ferguson führt aus, dass, aber nicht wie der Microsoft-Konzern 2000 der Zerschlagung wg. des Verstoßes gegen die Monopolgesetze der USA (Sherman Antitrust Act) entkam. Bei Lichte betrachtet ist Microsoft in der Tat kein Monopol-Unternehmen, sondern eins in einem Duopol. Das andere der beiden Unternehmen ist Apple, siehe ebd.

Bill Gates tritt nämlich seit einiger Zeit mit seinem gigantischen Vermögen als Großinverstor in aller Welt in Erscheinung. Sein gegenwärtiges Interesse dient dem Wohl der Menschheit – kleiner geht es bei ihm nicht. Mit solch hehren Zielen lag es für ihn auf der Hand, in die Gesundheitsindustrie zu investieren. Das ist, nebenbei bemerkt, ein Markt, in dem Traumgewinne zu erzielen sind. Bill Gates weiß auch recht genau wie. Er will die gesamte Menschheit impfen.[93] Und nur zur Vorsicht füge ich hinzu: Das sind seine und nicht meine Worte.

Lassen wir das einfach mal so im Raum stehen, ohne bösartige Folgerungen anzufügen, welche man im Verlauf des Jahres 2020/21 reichlich lesen konnte, wenn auch nicht bei Mainstream. Dieser Mann ist nun einer der Hauptsponsoren oder, wie ich es sehe, der Haupteigentümer der WHO. Betrachten wir nun ohne voreilige Schlussfolgerungen eine der merkwürdigsten Entscheidungen, welche die WHO je getroffen hat. Ich spreche von der Änderung der Definition, was eine Pandemie, eine weltweite Seuche, sei.

Bis zur denkwürdigen Änderung im Jahre 2009 war eine Pandemie durch zwei wesentliche Faktoren bestimmt, die gemeinsam auftreten mussten: Ein sich über die Grenzen verbreitender Krankheitserreger und die Erkrankung einer Vielzahl von Personen genau hieran. Auf den zweiten Teil der Definition wurde verzichtet. Nunmehr genügte es, wenn ein Krankheitserreger grenzüberscheitend auftrat. Des eigentlichen Merkmals einer Seuche, nämlich des Massenanfalls der einschlägig Erkrankten, bedurfte es fortan nicht mehr.

Mir war diese Sinnesänderung der WHO selbstverständlich nicht bewusst. Wo hätte ich sie auch zur Kenntnis nehmen sollen? Doch als sie mir im Verlauf des Jahres 2020 klar wurde, habe ich mir an den Kopf gegriffen. Eine Seuche ohne Massenanfall von Kranken. Das also war die Basis, welche im

---

[93] Vgl. die Äußerungen bei Bodo Schiffmann, https://youtu.be/tMZw55SSafE.

Jahre 2020 zur Ausrufung einer Pandemie mit dem Sars-CoV-2-Virus geführt hatte.

Wer macht so etwas? Wem nützt es? Die Frage lässt sich beantworten. Die Änderung der Pandemie-Definition wurde von der WHO vorgenommen. Eine gescheite Begründung habe ich bis zum heutigen Tag nicht gefunden. Der Nutzen, zumindest der pekuniäre, gebührt der Pharmaindustrie. Gigantische staatliche Impfprogramme gegen die Pandemie führen zu gigantischen Gewinnen. So dreist ist in den letzten Jahren nie in die Taschen der Steuerbürger gegriffen worden. Warum sich diese den Zugriff gefallen lassen, wird noch zu besprechen sein.

Bleibt schlussendlich die Frage nach dem Zusammenhang zwischen der Beteiligung von Bill Gates an der WHO und der Corona-Krise zu beantworten. Ohne sich zu verbiegen, kann man einen solchen Zusammenhang konstruieren, aber ob das auch so geplant und beabsichtigt war, das mögen die Götter wissen. Ich erwarte nicht, dass Gates sich in der Öffentlichkeit dazu äußert, ob und wie er den Göttern auf die Sprünge geholfen hat. Doch einen winzigen Moment hat er den Vorhang zum Olymp einen Spalt weit geöffnet, indem er sich zum Zusammenhang von Ausrufung der Jahrhundert-Pandemie, dem Segen von Impfstoffen und die Vergabe einer digitalen Signatur an alle Menschen äußerte. Sein Rezept: Die Schmerzen, die ein wirtschaftlicher Stillstand erzeugen werde, seien vorzuziehen gegenüber jenen, die von der Pandemie durch Krankheit und Tod verursacht würden.[94]

---

[94] Rosemarie Frei: Bill Gates' Psychopathology: „We Don't Want A lot of Recovered People"– Reason Behind the Lock-Downs, *FRN* vom 6.4.2020, https://fortruss.com/2020/04/bill-gates-psychopathology-we-dont-want-a-lot-of-recovered-people-reason-behind-the-lock-downs/ [Abruf zuletzt: 7.3.2021; Kopie im Arch. d. Verf.]; in diesen Beitrag ist das Interview von Chris Anderson mit Bill Gates „How we must respond the coronavirus pandemie" auf *TED* vom 24.3.2020 eingebunden. Gates: „So we're going to take the pain in the economic dimension, huge pain, in order to minimize the pain in disease and death dimension."

*Ein Däne in Wuhan und ein Baseler in Hamburg: Die
Expedition der WHO ins Reich der Mitte, die Quellenstudie von
Wiesendanger und eine Antwort auf die Frage: Was passiert da
eigentlich in Wuhan?*

Durch nichts lässt sich die lächerliche Rolle der WHO am Gängelband Chinas besser belegen als durch die Mission des Peter Ben Embarek zum Jahresbeginn 2021.

Ein ganzes Jahr lang hatte die westliche Welt frei nach dem Motto Von-China-lernen-heißt-siegen-lernen auf die Lockdown-Methode gesetzt, von der niemand bis heute weiß, ob sie im Reich der Mitte die behauptete Wirkung gehabt hat, denn von Chinas Interna bekam die übrige Welt nur mit, was die dortigen Herrscher für mitteilungswert hielten. Der WHO blieb das Land selbstverständlich verschlossen. Erst im Januar 2021, also über ein Jahr nach den vermuteten Ereignissen von Wuhan, durften die ersten Offiziellen der WHO zur Inspektion in die chinesische Provinz einreisen. Was die nach diesem Zeitablauf da noch feststellen sollten, das mochten die (chinesischen) Götter und die WHO wissen.

Am 9. Februar 2021 meldete sich der Leiter der WHO-Mission nach China, Peter Karim Ben Embarek,[95] zu Wort.[96] Das Virus, so ließ er wissen, sei nicht – so wie vielfach unqua-

---

[95] **Peter Ben Embarek** ist Däne und Angestellter der WHO, Veröffentlichungen bezeichnen ihn als Lebensmittel-Spezialisten, vgl. https://iufost.org/wp-content/uploads/2020/05/fnl.-Roundtable-CIFSTIUFoST-Biographies-Photos-of-Speakers.pdf [Abruf: 10.2.2021; Kopie im Arch. d. Verf.].

[96] Siehe den Bericht von N.N.: Updates on CCP Virus: 'Jury's Still Out' on Whether China Was Transparent in WHO Probe: State Department, *Epoch Times* (US-Ausg.) vom 9.2.2021, https://www.theepochtimes.com/updates-on-ccp-virus-rank-and-file-chicago-teachers-to-vote-on-tentative-reopening-plan_3690743.html [Abruf: 10.2.2021]; eine ähnliche Berichterstattung findet sich bei Kim Hjelmgaard: WHO will end research into „extremely unlikely" theory that Covod-19 originated in Wuhan lab, *USA today* vom 9.2.2021, https://eu.usatoday.com/story/news/world/2021/02/09/covid-origin-world-health-organization-end-research-wuhan-lab-theory/4446839001/, hier wird allerdings betont, dass es bis dahin lediglich Präsident Trump und seine Unterstützer gewesen seien, welche die Theorie der Freisetzung des Virus aus dem Virenlabor von Wuhan vertreten hätten; das sei wohl jetzt vom Tisch.

lifiziert behauptet worden wäre – dem Virenlabor von Wuhan entflohen, sondern durch Übersprung von Tieren auf den Menschen gekommen und die Zwischenwirtstiere hätten es von einer Fledermaus gehabt. Woher er das weiß, teilte Ben Embarek nicht mit – jedenfalls nicht in einer Weise, dass der berühmte Herr Jedermann sagen muss: Genau! So und nicht anders ist es gewesen. Nur die Bundeskanzlerin war sich sicher, dass es genauso war, wie er es herausgefunden haben wollte.[97]

Einen Grund für ihre Überzeugung nannte Merkel nicht. Auch Ben Embarek berief sich lediglich auf das Expertentum seines Teams. [98] Eine dritte Möglichkeit des Seuchenausbruchs, nämlich das absichtliche Freisetzen des Virus, erwähnt er nicht – selbstverständlich nicht. Ich füge hinzu: Ein Kriminalist würde ihn gefragt haben: Wenn er sicher ist, dass das Virus vom Wildtiermarkt in Wuhan aus seinen Weg in die Welt der Menschen nahm, woher stammt dann die Sicherheit, dass es nicht vom ortsansässigen Virenlabor auf den nahegelegenen Markt gelangte? Dies zu fragen hätte schon deswegen auf der Hand gelegen, weil eine wissenschaftliche Mitarbeiterin, die nach Amerika floh, genau das im September 2020 behauptet hatte.[99]

---

[97] Merkel sprach diese Überzeugung in einer Ansprache an die Welt am 26.1.2021 mehrfach an, vgl. Bundeskanzleramt: Rede von Bundeskanzlerin Merkel anlässlich des Davos-Dialogs des World Economic Forum am 26. Januar 2021 (Videokonferenz); Redner: Angela Merkel; Datum: Dienstag, 26. Januar 2021 13:03 Uhr, https://www.bundeskanzlerin.de/bkin-de/aktuelles/rede-von-bundeskanzlerin-merkel-anlaesslich-des-davos-dialogs-des-world-economic-forum-am-26-januar-2021-videokonferenz--1844594 [Abruf: 2.3.2021].

[98] Etwas später stellte sich heraus, dass die Auffassungen in diesem Team nicht einheitlich waren. So wird über das australische Mitglied Dominick Dwyer berichtet, er habe gerügt, dass die chinesische Führung dem WHO-Team absichtlich Daten vorenthalten hätte, vgl. Alex Wu: CCP Withheld Pandemic-Relevant Data From WHO, Leaked Documents Reveal, *Epoch Times* (US-Ausg.) vom 21.2.2021, https://www. theepochtimes.com/chinese-communist-regime-withheld-pandemic-data-from-who-leaked-documents-reveal_3704771.html?utm_source=morningbriefnoe&utm_medium=email&utm_campaign=mb-2021-02-22.

[99] Michael Klein: *ScienceFiles* vom 16.9.2020, Chinesischer Whistleblower: KPCh hat Sars-CoV-2 absichtlich freigesetzt, https://sciencefiles.org/2020/09/16/chinesischer-whistleblower-kpch-hat-sars-

Ich bin nicht der einzige, der solche Fragen gestellt hat. Wie zum Beweis erschien Mitte Februar 2021 eine Studie, die über die Pressestelle der Universität Hamburg in die Öffentlichkeit gelangte.[100] Diese Studie war von einem Hochschullehrer für Physik, Roland Wiesendanger, verfasst worden.[101] Sie trug den Titel: *Studie zum Ursprung der Pandemie.* Die Studie hat sofort unerhört Staub aufgewirbelt, obschon die vom Verfasser angebotene Alternative noch recht harmlos klingt: Herkunft des Virus vom Wildtiermarkt oder Herkunft aus dem Wuhan-Labor, wo es entfleucht ist.

Die in der Studie aufgezeigten Möglichkeiten deuten, wenn man nicht mutwillig die Augen verschließt, eindeutig auf die Variante der Herkunft aus dem Virenlabor von Wuhan hin. Es sind nicht nur die seit Dezember 2019 genau belegten Vertuschungsversuche, die auf diesen Weg führen, sondern auch weitere Indizien, an denen man kaum vorbeikommt. Daraus entsteht dann eine Beweiskette:

Die seit Jahren durchgeführten Experimente im fraglichen Labor mit Viren, die bevorzugt von der Fledermaus abstammen, sind in der Wissenschaftswelt kein Geheimnis. Eine beträchtliche Zahl von chinesischen und ausländischen Wissenschaftlern war an diesen Experimenten beteiligt und hat hierzu allein oder in Gruppen publiziert. Etliche der Publikationen fanden in renommierten wissenschaftlichen Zeitschriften statt und unterlagen zuvor einer Peer-Review. Hiermit nicht genug: Dieselben Wissenschaftler oder einzelne von

---

cov-2-absichtlich-freigesetzt/ [Abruf: 16.9.2020], hierzu am selben Tag Hadmut Danisch: Corona-Krieg?, *Hadmut* vom 16.9.2020, https://www.danisch.de/blog/2020/09/16/corona-krieg/ [Abruf: 17.9.2020]. Der Name der Überläuferin, die im *Fox-News*-Interview gezeigt wurde, war mit Li-Meng Yan angegeben, https://www.foxnews.com/world/chinese-virologist-coronavirus-cover-up-flee-hong-kong-whistleblower. Die Frau sagte zudem, dass das Virus künstlich erschaffen worden war.

[100] Universität Hamburg: Studie zum Ursprung der Pandemie veröffentlicht, Pressemitteilung vom 18.2.2021, https://www.uni-hanburg/newsroom/presse/2021/pm8.html [Abruf: 20.1.2021; Kopie im Arch. d. Verf.].

[101] Roland Wiesendanger: Studie zum Ursprung der Pandemie [Hamburg, Universität Hamburg, 2021 – als pdf-Kopie im Arch. d. Verf.].

diesen haben Virenexperimente durchgeführt und hierüber publiziert, wo es nicht nur um die Eigenschaften und die Handhabung der existenten Viren ging, sondern diese wurden künstlich verändert.

Diese gängige wissenschaftliche Methode heißt *gain-of-function-research*. Führende Forscher sind die Chinesin Zheng-li Shi[102] und der britische, in den USA tätige Zoologe Peter Daszak.[103] Diese Art der Forschung ist in Kreisen der einschlägigen Wissenschafts-Community und darüber hinaus äußerst umstritten. Es wird nicht nur die Zweckhaftigkeit der Forschung grundsätzlich in Frage gestellt, sondern darauf verwiesen, dass sie wegen unzulänglicher Sicherheitsvorrichtungen eine Gefahr für die gesamte Menschheit darstelle.

Die Zahl der Betriebsunfälle in den einschlägigen Labors sei Legion, merkt Wiesendanger an. Auch hierüber wird in der Studie akribisch berichtet. Es heißt zudem, dass die einschlägige Experimentaltätigkeit in den USA jahrelang an einem Institut in North Carolina stattgefunden habe, was aber wegen Sicherheitsmängeln zur Zeit der Obama-Regierung unterbunden worden sei. Diese Bedenken hätten dazu geführt, dass Interessenten aus allen westlichen Staaten und Firmen ihre Forschung nach China verlegt hätten. Das Labor in Wuhan sei für einschlägige Kreise eine bekannte Einrichtung, die auch entsprechend von den Interessenten finanziell und durch Manpower gestützt worden sei. Eine gewisse Zahl gegen diesen Zustand opponierender Veröffentlichungen aus dem Bereich der Wissenschaften thematisiere zudem, dass diese Virenforschung auch leicht als

---

[102] **Zheng-li Shi** (*26.5.1964), chinesische Virologin. Leitende Tätigkeit am Institut für Virologie in Wuhan. Fachliche Zusammenarbeit mit dem britischen Zoologen Peter Daszak.

[103] **Peter Daszak**, britischer Zoologe. In den USA tätig als Präsident einer Nichtregierungsorganisation und in einer Vielzahl von Gremien, einschließlich der WHO, als Berater für den Verlauf von Krankheiten tätig. Zugleich Spezialist für die Veränderung von Viren, dabei fachliche Zusammenarbeit mit der chinesischen Virologin Zheng-li Shi.

Grundlage für die Produktion biologischer Kampfstoffe zu missbrauchen sei.

Bevor wir bei der Wiesendanger-Studie fortfahren schnell ein ergänzender Blick auf Peter Daszak: Das ist der britische Zoologe, der zwischen New York und Wuhan die Viren-Strippen zieht. Was tut er eigentlich den ganzen Tag, wenn er nicht damit beschäftigt ist, den Virus-Ausbruch aus dem Labor in Wuhan zu leugnen? Daszak ist – vermutlich im Hauptamt – Präsident einer NGO mit dem Namen *EcoHealth Alliance*. Alles wohltätig, alles profitlos, aber mit einem enormen Budget. Allein aus den US-Bundesbehörden flossen im Zeitraum 2004-2020 61.491.186,00 US-Dollar an EcoHealth.[104] Um was zu tun? Nun, diese Gesundheitsschützer kümmern sich um *gain-of-function-research*, zu deutsch: die aktive Veränderung von Viren im Labor.

Dieses Tun ist dem US Department of Defense (DoD)[105] im Zeitraum zwischen 2013 und 2020 39 Millionen US-Dollar wert gewesen.[106] Von dort, so wird berichtet, ging das Geld nach Wuhan. Wir repetieren: Es geht um die Zeit, in der die entsprechende Forschung in den USA wegen der offensichtlichen Nicht-Beherrschbarkeit der Gefahrenquellen eingestellt worden war. Man muss wohl genauer formulieren: angeblich eingestellt. Es war ein Umweg gesucht und auch gefunden worden. Dass man nach China auswich, wirft ein seltsames Licht auf das, was die US-Amerikaner für gewöhnlich die Sicherheitsinteressen der USA nennen. Wenn's um Biowaffen geht, geht's auch anders?

---

[104] Die Zahlen wurden durch Anfragen bei US-Dienststellen nach dem Freedom of Information Act durch Sam Husseini ermittelt: Peter Daszak's EcoHealth Alliance Has Hidden Almost $40 Million In Pentagon Funding And Militarized Pandemic Science [Peter Daszaks EcoHealth Alliance hat knapp 40 Millionen US-Dollar aus dem Pentagon und die militärische Pandemieforschung verborgen], *Independent Science News* vom 16.12.2020, https://www.independentsciencenews.org/news/peter-daszaks-ecohealth-alliance-has-hidden-almost-40-million-in-pentagon-funding/ [Abruf: 1.3.2020; Kopie im Arch. d. Verf.].

[105] DoD = US-Verteidigungsministerium = Pentagon.

[106] Zahlen nach Husseini, ebd. (vorletzte Fn.).

Man versteht deswegen, dass Daszak kein Interesse daran hat, dass jemand auf den Gedanken verfällt, das Virus, welches als Sars-CoV-2 Weltkarriere gemacht hat, menschengemacht und aus dem Wuhan-Labor entsprungen sein könnte. Um dem einen Riegel vorzuschieben hat er bereits am 1. März 2020 zusammen mit 26 anderen Wissenschaftlern im renommierten Magazin *The Lancet* ein Schreiben veröffentlichen lassen, das diese Möglichkeit in Abrede stellt und ins Reich der Verschwörungsphantasien verweist.[107]

Den deutschen Leser mag interessieren, dass zu den Unterzeichnern der Charité-Virologe Christian Drosten gehört, der augenscheinlich mit den Wuhan-Forschern um Daszak und Zeng-li Shi bestens vernetzt ist – wäre ich boshaft, hätte ich formuliert: unter einer Decke steckt. Ergänzend sei außerdem noch erwähnt, dass in Deutschland die Dual-Use-Forschung an Substanzen, die auch der Produktion von Biowaffen dienen können, rigoros verboten und unter Strafe gestellt ist.[108]

Zurück zu Wiesendanger: Ein besonderer Abschnitt seiner Studie befasst sich mit Analysedaten von erkrankten Patienten, die nach Ausbruch der Krise gewonnen worden waren und zu dem Ergebnis gelangen, dass das Sars-CoV-2-Virus eine Struktur aufweise, die nicht aufgrund von natürlicher Mutation schon vorhandener Viren, sondern nur im Labor, also durch menschliches Handeln entstanden sein könnte. So beispielsweise äußerte sich der französische Virenforscher

---

[107] Hierzu ausführlich und unter Wiedergabe der einschlägigen Dokumente Michael Klein: Corona-Korruption. Der Einsatz von Millionen US-Dollar und Leben, *ScienceFiles* vom 1.3.2021, https://sciencefiles.org/2021/03/01/corona-korruption-der-einsatz-millionen-us-dollar-und-leben/ [Abruf: 1.3.2021; Kopie im Arch. d. Verf.].
[108] Die einschlägige Norm des Strafgesetzbuchs ist § 328 „Unerlaubter Umgang mit radioaktiven Stoffen und anderen gefährlichen Stoffen und Gütern" in Verbindung mit § 18 Kriegswaffenkontrollgesetz: „Es ist verboten,
1. biologische oder chemische Waffen zu entwickeln, herzustellen, mit ihnen Handel zu treiben, von einem anderen zu erwerben oder einem anderen zu überlassen, einzuführen, auszuführen ..."
2. eine in Nummer 1 bezeichnete Handlung zu fördern."

und Nobelpreisträger Luc Montagnier [109] bereits im April 2020.[110]

Forschungen in diese Richtung hatten zudem die Eigenschaften des Sars-CoV-2-Virus zum Gegenstand, wonach es so sein soll, dass das Virus – laienhaft ausgedrückt – weiterfliege und besondere Eigenschaften dafür besitze, leichter an menschliche Zellen anzudocken und in diese einzudringen. Der Ort solcher Forschungen sei das Labor von Wuhan.

Dass nicht sein kann, was nicht sein darf: Der Verfasser der Hochschulstudie, die zu dem Ergebnis kommt, dass das Sars-CoV-2-Virus aus dem Virenlabor von Wuhan stammt, der Physiker Prof. Roland Wiesendanger (Bild: Pressestelle Uni Hamburg, Sebastian Engels).

Die Studie von Wiesendanger betritt im Grunde kein Neuland, denn einzelne Behauptungen oder Behauptungsbündel sind bereits seit dem Frühjahr 2020 in der Öffentlichkeit aufgetaucht. Die jetzige Studie hat allerdings den Vorteil, dass sie ungewöhnlich gut belegt ist und jeder Leser ihren Inhalt verstehen und, wenn er es vermag, die angegebenen Belegstellen einer Überprüfung unterziehen kann.

Die Studie von Wiesendanger ist Lehrstück und Fundgrube zugleich. Sie ist Lehrstück, weil nach kurzem betretenem Schweigen die Phalanx der Mainstream-Medien über

---

[109] **Luc Montagnier** (*18.8.1932), französischer Virologe. 2008 für die Identifizierung des HIV-Virus mit dem Nobelpreis für Medizin ausgezeichnet.
[110] Mathias Bröckers: pLai3ΔenvLuc2 - Wurde mit HIV-Pseudovirus das Coronavirus für den Menschen gefährlich? bei *Telepolis*,
https://www.heise.de/tp/features/pLai3-envLuc2-Wurde-mit-HIV-Pseudovirus-das-Coronavirus-fuer-den-Menschen-gefaehrlich-4705632.html [Abruf: 22.2.2021].

den Autor den Stab brach. [111] Schludrig, unseriös, Panikmache, unwissenschaftlich, verschwörungstheoretisch, das waren noch die milderen Beurteilungen. Wieder einmal sind die Mainstreamer auf sich selbst hereingefallen. Wer es im biederen Bürgertum jetzt noch nicht mitgekriegt hat, dass da etwas Ungeheuerliches ans Licht der Öffentlichkeit getreten ist, dem ist wahrhaftig nicht mehr zu helfen.

Die Reaktionen auf die Studie zeigen mit der persönlichen Diffamierung ihres Verfassers vordergründig das übliche Bild. Doch nähern wir uns dem Inhaltlichen: Die Herkunft aus dem Labor, für die sehr vieles spricht, darf nach Mainstream einfach nicht sein. Warum eigentlich nicht? Es ist nicht der mögliche Unfall, ein Missgeschick oder die Schludrigkeit in dem Labor, die China und mit ihm die gesamte Mainstream-Welt in die höchste Alarmbereitschaft versetzt, sondern es ist die auf der Hand liegende Frage: Was zum Teufel tun diese Leute da eigentlich? Arbeiten sie an einer menschheitsbedrohenden Biowaffe?

Dämmert das den Leuten, dann ist der Weg zu notwendigen Anschlussfragen nicht weit: Wer unterstützt dies, was da passiert? Auch um hier zu einer Antwort vorzudringen, erweist sich die Studie von Wiesendanger als eine Fundgrube von bizarren Ausmaßen. Man nehme nur die Namen und die Institutionen, die hinter den Forschungsansätzen stehen – sie sind in der Studie Mann um Mann und Mann um Frau aufgezählt –, dann sieht man sie vor sich: Neben einigen Chinesen sind es bevorzugt Wissenschaftler der westlichen Welt, deren Forschungslabore und internationale Organisationen, die – dicht miteinander verquickt und persönlich und finanziell abhängig voneinander – mitwirken. Alles unter dem Schutzschirm des Wohls der Menschheit.

---

[111] Detailliert zu den Gegenargumenten: Michael Klein: 99% Laborursprung: Wiesendanger enttarnt die Dilettanten bei ARD ..., *ScienceFiles* vom 23.2.2021, https://sciencefiles.org /2021/02/23/99-laborursprung-wiesendanger-enttarnt-die-dilettanten-bei-ard-uebermedien-und-deutscher-welle/ [Abruf: 23.2.2021; Kopie im Arch. d. Verf.].

Man kann nicht so tun, als sei China nur ein weiterer großer Mitspieler. Es ist der größte Mitspieler in der Geschichte der Menschheit.
(Lee Kuan Yew, 1994)[112]

10. Kapitel
Luftschloss mit Bodenpersonal: Das Weltwirtschaftsforum WEF, seine Sitzung im Januar 2020 und die Phantasien der Angela Dorothea Merkel vom Großen Sprung

Wenn ich hier im weiteren Auftaktgeschehen vor der in diesem Buch gleich folgenden Chronik der Corona-Krise auf das Weltwirtschaftsforum und sein Treffen im Januar 2020 zu sprechen komme, so gibt es hierfür mehrere Gründe. Es handelt sich sozusagen um die letzte Corona-freie Veranstaltung vor dem Großen Wahnsinn. Es handelt sich zudem um einen Zusammenstoß der feindlichen Herrschaftskräfte dieser Welt, es handelt sich um eine irrwitzige programmatische Rede der deutschen Kanzlerin, und es handelt sich schlussendlich um einen grandiosen Irrtum, dem ich unterlegen bin, als diese Veranstaltung zu Ende war.

Nun der Reihe nach: Das Weltwirtschaftsforum, oder *World Economic Forum*–WEF, ist nichts weiter als eine zur Tat geronnene Geschäftsidee eines Deutschen namens Schwab. Dieser Mann hat ein Vermögen dadurch gemacht, dass er anderen Leuten erfolgreich suggeriert hat, dass es ohne sie nicht geht. Sie sind deswegen bereit, diesem Klaus Schwab eine Unmenge Geld zuzustecken, damit er sie in seinen Orden aufnimmt.

Nun kann nicht jeder, der meint, dass es ohne ihn nicht geht, im Schwab'schen Orden Mitglied werden, sondern er muss erst mal für würdig befunden werden. Würdig ist nur, wer von Schwab durch Einladung geadelt ist. Die Einladung

---

[112] **Lee Kuan Yew** (1923-2015), chinesischer Politiker, 1959-90 Premierminister von Singapur, danach bis 2004 Senior-Minister. Hier zit. nach Huntington: Kampf der Kulturen, S. 573.

bezieht sich auf das jährliche Treffen des Forums. Bis einschließlich 2020 war der Ort der großen Schwab-Gala Davos in der Schweiz mit seinen Nobelherbergen.

Treffen dieser Art, also das Zusammenkommen der Mächtigen und Reichen dieser Welt, sind kein Novum. Es gab und gibt eine Reihe von Parallelveranstaltungen, von denen das Treffen der Bilderberger zu den bekanntesten zählt, eingebettet in einem Knäuel von sonstigen mehr oder weniger obskuren Gruppen und Anlässen. Sie alle eint die Eigenreklame, ein Ort der Exklusivität und der Wichtigkeit zu sein, das Unter-sich-unter-Ausschluss-des-Pöbels. Auch liegt über all diesen Treffs der Hauch einer öffentlich gemachten Heimlichkeit. Man erfährt lediglich, was man soll. Wichtiger geht es kaum.

Schwabs Geschäftserfolg beruht auf der Suggestion, dass sich unter seinem Schirmdach nicht die Reichen und Superreichen treffen. Das reicht nicht, sondern diese müssen zugleich die *World Leader* sein. Führer der Welt wird man nicht, sondern man ist es. Man ist es aufgrund eigener Überzeugung. Es schmeichelt dieser Überzeugung außerordentlich, wenn andere diese Überzeugung teilen. Weil nun aber Treffen dieser Art – man sieht sich, man kennt sich, man tafelt miteinander – leicht schal werden bei einem Publikum, das gewohnt ist, extravagante Zerstreuung geboten zu bekommen, werden die Schwab-Treffen mit Personal aus Politik und Publizistik ausstaffiert. Jetzt, und man muss sagen: jetzt erst, bekommen die Veranstaltungen den Charme des Treffens von Leuten, die etwas zu sagen haben und etwas bewegen können.

In solchen Momenten wird weniger danach gefragt, wer hier durch wen zu irgendeinem Entschluss legitimiert ist. Nein, so kleinkariert geht es in diesen Kreisen nicht zu. Jeder gibt sein Bestes, wichtig zu sein. Ein seltsames Wir-Gefühl ist die Folge, denn es geht um so hehre Dinge wie die Fortexistenz der Menschheit. Und nicht nur das: Es geht um den ganzen Globus, den Weltenraum und was immer dahinterliegen mag. In solchen Momenten geht es um Vision und Wirklichkeit, aber nicht etwa darum, die Vision der Wirklichkeit anzupassen, sondern umgekehrt: Die Wirklichkeit soll der Vision weichen.

Das stimmt nicht, höre ich einwenden. Doch, es stimmt. Schwab hat es ungezählte Male zum Ausdruck gebracht. Er ist der Prophet dieser seltsamen Gemeinde, der er vorsitzt. Seine Visionen sind stets voller geschmeidiger Vokabeln. Seine Sätze hat er als Säulen deklariert, denen er Namen gegeben hat: Nachhaltigkeit, Gleichheit, Fairness, Gerechtigkeit. Man wird sich anstrengen müssen, dann wird alles gut. Die Erde wird nicht mehr dem Klimatod entgegeneiern, Kriege werden verschwinden, jedem wird das, was er benötigt, gegeben werden. Überall auf der Welt. Wir müssen uns nur ein bisschen mehr anstrengen.

Das ist die Lehre des selbst ernannten Propheten. Ein Heer seiner Adepten sorgt für die Verbreitung. Die Reichen und Superreichen spenden diskreten Beifall und harte Devisen, denn sie können sich treffen, ohne ein schlechtes Gewissen dabei zu haben. Nachhaltigkeit, Fairness und Gleichheit. Nichts einfacher als das. Die *Public Relations*-Onkels ihrer Vermögen werden es in die Tat umsetzen. Wer kauft heute noch Kaffee, der nicht fair gehandelt wurde, oder ein Brett vorm Kopf aus Echtholz?

Doch Spaß beiseite, die Veranstaltung 2020 erfuhr einen schrillen Missklang. Es war der US-Präsident Donald Trump, der hierfür sorgte. Darauf war seinerzeit mein Blick gerichtet, denn ich war dabei den Krimi, der sich mit dem Putsch des Establishments gegen Trump befasste, zu einem Abschluss zu bringen. Ich wiederhole hier den im Februar 2020 geschriebenen und einen Monat später publizierten kurzen Text, der das Buch abschließt – nicht aus Faulheit, sondern um zu zeigen, wie sehr ich mich irrte.

Durch nichts ist in letzter Zeit die Welt des Donald Trump besser illustriert worden als durch seine Rede auf dem sog. Weltwirtschaftsforum in Davos am 26. Januar 2020... Sein Ziel war und ist es, die US-amerikanische Binnenwirtschaft wiederherzustellen zum Wohle seiner Bewohner und auch zum Wohl aller Länder, die mit den USA Handel treiben wollen. Er, Trump, lehne es ab, den Katastrophenpropheten von vorgestern – gemeint waren, ohne sie expressis verbis anzusprechen, die Klima-Hysteriker – hinterherzulaufen. Die Welt hätte ganz andere Probleme, die wolle er lösen.[113]

Nach dem Auftritt des Störenfrieds von einem US-Präsidenten kehrte in Davos wieder die gewohnte Harmonie ein. Hierfür sorgte die deutsche Bundeskanzlerin. Sie gab in ihrem gewohnten Holperdeutsch einen Redetext zum Besten, der sie als brave Schwab-Adeptin auswies.

Ich gebe im Folgenden die wichtigsten Aussagen im Original-Wortlaut wieder, damit sich der Leser selbst ein Bild machen kann.

Die Frage der Erreichung der Ziele des Pariser Abkommens könnte eine Frage des Überlebens auch unseres Kontinents sein. Deshalb gibt es Handlungsdruck, weil wir ja wissen, dass wir die Ziele von Paris – vor allen Dingen das Ziel, dafür zu sorgen, dass die Erderwärmung 1,5 Grad nicht überschreitet – mit den jetzigen Verpflichtungen nicht erreichen werden ... Das bedeutet nämlich, dass die Welt gemeinsam handeln muss. – Das ist ein internationales Abkommen. Leider sind nicht mehr alle dabei, aber viele. – Und das bedeutet auch, dass jedes Land seinen Beitrag dazu leisten muss ...

Denn der Auftrag, bei einer Erderwärmung von weniger als 1,5 Grad gegenüber der Zeit vor der Industrialisierung zu bleiben, bedeutet ja zum Beispiel für uns in Europa nicht mehr und nicht weniger, als dass wir bis 2050 klimaneutral sein müssen ...

Europa will der erste Kontinent sein, der CO_2-frei, also emissionsfrei, lebt. Aber, meine Damen und Herren, das sind natürlich Transformationen von gigantischem, historischem Ausmaß. Diese Transformation bedeutet im Grunde, die gesamte Art des Wirtschaftens und des Lebens, wie wir es uns im Industriezeitalter angewöhnt haben, in den nächsten 30 Jahren zu verlassen – die ersten Schritte sind wir schon gegangen – und zu völlig neuen Wertschöpfungsformen zu kommen, die natürlich auch wieder eine industrielle Produktion enthalten und die vor allem

---

[113] Roewer: Spygate, S. 168; Text der Trump-Rede in offizieller deutscher Übersetzung auf https://de.usembassy.gov/de/weltwirtschaftsforum-davos/ [Abruf: 5.2.2020].

durch die Digitalisierung verändert worden sind. Wir haben ja eine zweite Riesentransformation zu bewältigen. Und wir hoffen, dass sich die Transformation zur CO_2-Emissionsfreiheit mit der Digitalisierung verstärken wird und die Digitalisierung das erleichtern kann ...

Wir haben in den letzten Jahren erstens die Entscheidung getroffen, bis 2022 aus der Kernenergie auszusteigen, wenn auch aus anderen Gründen der Nachhaltigkeit, nämlich weil wir glauben, dass das Abfallmanagement für die Kernenergie nicht nachhaltig ist und auch die Risiken zu groß sind. Zweitens haben wir uns entschieden, bis spätestens 2038 – wenn möglich bis 2035 – aus der Kohleenergieerzeugung auszusteigen ...

Jetzt bleiben wir einmal einen Augenblick beim Strom. Da haben wir uns vorgenommen, bis 2030 65 Prozent, also rund zwei Drittel, mit erneuerbaren Energien zu erzeugen. Das ist für ein Land, in dem die Sonne nicht so häufig scheint und der Wind auch recht unregelmäßig weht, recht viel. Das bedeutet, völlig neue Leitungsstrukturen aufzubauen, weil die Energieerzeugungsquellen natürlich zumeist woanders liegen und nicht am Ort des Energieverbrauchs. Außerdem haben wir uns vorgenommen, die CO_2-Emissionen bis 2030 um insgesamt 55 Prozent zu senken, um dann 2050 bei 95 Prozent – was man gemeinhin als Klimaneutralität bezeichnet – anzukommen ...

Dabei wird das Thema „grüner Wasserstoff" eine Riesenrolle spielen, obwohl wir technologieoffen an alles herangehen. Das wird auch völlig neue Verwebungen auf der Welt mit sich bringen, weil man „grünen Wasserstoff" an vielen anderen Stellen außerhalb Europas sehr viel besser erzeugen kann ...

Wie versöhnt man diejenigen, die an den Klimawandel einfach nicht glauben wollen und die so tun, als wäre das eine Glaubensfrage? Für mich aber ist das eine klassische Frage einer angesichts wissenschaftlicher Daten völlig klaren Evidenz. Aber da wir in einer Zeit leben, in der Fakten mit Emotionen konkurrieren, kann man immer versuchen, durch Emotionen eine Antifaktizität zu schaffen, die dann genauso wichtig ist. Das heißt also, wir müssen die Emotionen mit den Fakten versöhnen. Das ist vielleicht die größte gesellschaftliche Aufgabe. Um diese anzugehen, setzt zumindest voraus, dass man miteinander spricht. Die Unversöhnlichkeit und die Sprachlosigkeit, die zum Teil zwischen denen herrschen, die den Klimawandel leugnen, und denen, die ihn sehen und dafür kämpfen, dass wir ihn bewältigen, müssen überwunden werden.[114]

---

[114] Text zit. nach Bundeskanzleramt: Rede von Bundeskanzlerin Merkel beim 50. Jahrestreffen des Weltwirtschaftsforums am 23. Januar 2020 in Davos, https://www.bundesregierung.de/breg-de/aktuelles/rede-von-bundeskanzlerin-

Man muss es sich in Ruhe vorsagen, damit man nicht hernach in die Irre geht: So also spricht ein deutscher Bundeskanzler. Das deutsche Volk? Fehlanzeige. Es geht vielmehr um die Klimalüge in ungeschminkter Dreistigkeit und die vermeintliche Berechtigung, hieraus zur Großen Transformation zu schreiten. Es ist die plappernde Wiederholung von Allgemeinplätzen, was nicht weiter schlimm wäre, wenn sie nicht die Ansage enthielten, dem deutschen gewohnten Leben in überschaubarer Frist den Garaus zu machen.

Das, was da angekündigt wurde, die Große Transformation, ähnelt in fataler Weise dem Großen Sprung, wie ihn der weise Vorsitzende Mao Zedong dem chinesischen Volk verpasst hatte – ein Verbrechen, das ungezählte Millionen von Menschen das Leben kostete und dessen Auswirkungen Jahrzehnte danach noch zu spüren sind. Der Große Sprung, so muss man die Rede wohl verstehen. Damit ist die Vorstellung verbunden, dass dieser Frau noch genügend Zeit in ihrer zur Diktatur ausgebauten Regierung bleiben könnte, das umzusetzen, was sie da herausgestottert hat.

Diese Vorstellung ist so unerträglich, dass vernünftige Menschen nur ein Ziel haben dürften, nämlich diese Person aus ihrer Position zu entfernen.

Das war schon im Frühjahr 2020 klar. Heute ist es ein Faktum, dass dies ein weiteres Jahr nicht geschehen ist. Dieses weitere Jahr allerdings hatte es in sich. Es ist Merkel & Co gelungen, in einem beispiellosen Angriff auf die Lebensweise des von ihr beherrschten deutschen Volkes, ihrem 2020 in Davos angekündigten Großen Sprung auf bedenkliche Weise nahezukommen. Sie braucht nun nicht mehr die prognostizierten Jahrzehnte, sondern sie ist am Ziel angelangt. Das wird in den nun folgenden Teilen dieses Buches zu lesen sein.

---

merkel-beim-50-jahrestreffen-des-weltwirtschaftsforums-am-23-januar-2020-in-davos-1715534 [Abruf: 18.2.2021].

Wer meint,
,die Wahrheit ist dem
Menschen zuzumuten',
hat beide nicht verstanden.

Primum non nocere – zuvörderst nicht schaden.
(Hippokrates)

Dritter Teil
Der Wahnsinn als Methode – Deutschland
im Corona-Rausch

In diesem dritten Teil des Buches behandele ich in weitgehend chronologischer Form den Ablauf der Corona-Krise. Es geht hierbei im Wesentlichen um die Ereignisse von Anfang 2020 bis zum März 2021. Quellen dieses Buchtextes sind vor allem Meldungen aus den alternativen Medien, Aufzeichnungen aus meinen Tagebüchern, ungezählte Mailnachrichten, die mich erreichten, sowie Interviews, die ich geführt habe. Mainstream-Medien habe ich ergänzend benutzt, vor allem, wenn des darum ging, Desinformation namhaft zu machen, bzw. auszuloten, in welche Richtung die Bevölkerung durch Propaganda gedrängt werden sollte.

11. Kapitel
Was den Leuten am A***h vorbeigeht oder auch nicht: die Klorollen-Krise

Im Februar 2020 wird in Deutschland das Klopapier knapp. Bevor der März anbricht, ist es ganz aus den Regalen der Supermärkte verschwunden. Beim Aldi gibt es noch für ein paar Tage lang Küchenrollen aus Papier. Dann sind auch die weg. Ich gestehe ein, dass ich mich habe anstecken lassen, denn ich kaufte in der Metro auf den letzten Drücker eine Vorratspackung der gefragten Rollen, obwohl noch ein gewohnter, mäßig angegriffener 20-Rollen-Vorrat im Badezimmer Platz wegnahm.[115]

Es lässt sich nicht rekonstruieren, welches Gerücht den Leuten die Gewissheit vermittelte, dass das Klopapier knapp werden wird. Denn eines ist sicher: es gab und gibt keinen Klorollenmangel. Die leeren Regale sind vielmehr durch Hamsterkäufe entstanden. Das wird im Mai offensichtlich, als es wieder stapelweise Klorollen in den Kaufhallen gibt, die niemand kaufen will, weil jeder einen Übervorrat besitzt, den er erst einmal abarbeiten möchte.[116]

Aus der Klorollenkrise lassen sich einige Lebensweisheiten ableiten: Ein Versorgungsmangel kann sich blitzschnell aus einem Fehlverhalten der Bevölkerung entwickeln. Die Leute verhalten sich verrückt, weil sie irgendeinem Gerücht Glauben schenken und zu hamstern beginnen, sodass tatsächlich ein Mangel in der Fläche fühlbar wird. Danach ist dann kein Halten mehr.

Solange es sich nur um Klopapier handelt, ist die Sache nicht tragisch. Wenn das Hamstern auf überlebenswichtige

---

[115] Metro-Rechnung vom 7.3.2020 für den Verf. [im Arch. d. Verf.].
[116] Mein Eindruck wird Monate später in einem Interview mit dem Leiter der DM-Drogerie-Kette in Deutschland, Christoph Werner, bestätigt, vgl. Kathrin Sumpf: Corona: Einkaufen macht keinen Spaß mehr, Innenstädte sterben aus, *Epoch Times* (dt. Ausg.) vom 15.7.2020,
https://www.epochtimes.de/politik/deutschland/corona-einkaufen-macht-keinen-spass-mehr-innenstaedte-sterben-aus-a3290409.html [Abruf: 16.7.2020].

Güter überschlägt, wie Grundnahrungs- und Desinfektions-
mittel oder anderen akut notwendigen Schutzbedarf, wird die
Lage in kürzester Frist prekär. Sie wird es besonders dann,
wenn weder der Einzelne noch der Staat über ein Reservoir
verfügen, aus dem der Mangel überbrückt werden kann. Eine
solche Krisenbevorratung ist in Deutschland nicht existent,
genauer gesprochen: nicht mehr existent. Davon wird noch zu
reden sein. Auf einen speziellen Mangel, den an Masken,
werde ich im Zusammenhang mit dem Maskenkapitel geson-
dert zu sprechen kommen. Dort wird auch zu klären sein, ob
es sich um einen tatsächlichen oder nur herbeiadministrier-
ten Mangel gehandelt hat. Jedenfalls gab es die Masken nicht,
die plötzlich jeder tragen sollte.

Leider hinter der Pay-Wall,
aber total glaubwürdig:
„Regierung gibt Deutschen
Klopapier-Garantie!"
Aber jeder nur eine Rolle.

*Deutschland
– echt von
der Rolle:
Kommentar
aus der
Blackbox
2020 von
Stephan
Paetow*

Die Klorollenkrise hat auch andere Erkenntnisse zutage
gebracht, an die vorher niemand im Traum gedacht hat. Hierzu zähle ich ein nationales, ein länderspezifisches Phänomen.
In der weltweiten Wirklichkeit der Epidemie trat die Klorollenkrise nämlich nur in drei Ländern markant in Erscheinung: in Deutschland, in Österreich und in Australien. Dass es
in Deutschland und in Österreich in dieser speziellen
Angelegenheit keinen gravierenden Unterschied gab, wird
vermutlich die letzten überlebenden Freunde das Hauses
Habsburg mit Stolz erfüllen und auf deutschen Adelsbällen

besungen werden. Man hat halt in den letzten hundert Jahren gemeinsam viel durchgemacht. Sozusagen.

Aber was ist mit Australien? Ausgerechnet von dort kamen die ersten Mangelnachrichten ins winterliche Europa. Es war die Rede von Schlägereien, gar Schießereien und Polizeieinsätzen bei der Jagd nach der letzten Rolle. Während die deutsche Bundesregierung nach eigenen Bekundungen gut aufgestellt war,[117] schwappte durch den sechsten Kontinent das Faustrecht. Ich nehme an, dass uns die einschlägigen Nachrichten wie üblich verkürzt erreichten, denn die Klorolle war in Australien nur ein Artikel von vielen, die plötzlich knapp wurden. Das Land wurde von einer Hamsterwelle erfasst.[118] Es wurde von Kleinstkolonnen chinesischer Plünderer heimgesucht. Bevor die demokratisch biederen Australier sich versahen, waren ihre Kaufhäuser von Hygieneartikeln befreit, die sich im Dezember 2019 allmählich, ab Januar 2020 dann aber massiv auf den Seeweg nach China begeben hatten.

Wir behalten das im Auge, denn ein solches Absaugen ganzer Sortimente und deren Verschieben auf dem kostspieligen Seeweg geschieht nicht ohne ein Kommando – schon gar nicht nach China, das von einem Kommandosystem regiert wird.

Noch etwas bleibt aus den plötzlich auftretenden Versorgungsproblemen in Erinnerung: Während die Deutschen den

---

[117] Interview des Deutschlandfunks mit Gesundheitsminister Jens Spahn vom 11.3.2020, vgl. Presseagentur AFP vom selben Tag, https://www.24matins.de /topnews/eins/spahn-deutschland-bei-intensivmedizin-vergleichsweise-gut-aufgestellt-206081 [Abruf: 6.6.2020]. Die gute Aufstellung scheint bei Spahn eine beliebte Metapher zu sein, die er z.B. auch bei beim Kandidatenfeld für den CDU-Bundesvorsitz verwendete, vgl. https://www.faz.net/aktuell/politik/inland/jens-spahn-sieht-die-cdu-fuer-die-zeit-nach-merkel-gut-aufgestellt-15442347.html [Abruf: 6.6.2020].
[118] Einen ersten einschlägigen Hinweis habe ich auf dem Blog von Hadmut Danisch vom 24.11.2019 gefunden [https://www.danisch.de/blog/2019/11/24/china-und-australien/, zuletzt abgerufen am 6.6.2020]; hier erfolgte zwar noch nicht die korrekte Einordnung für den Anlass, dafür aber der Umstand selbst, das plötzliche Ausplündern, und zwar von Babynahrung.

Run auf das Klopapier antraten, fand in Frankreich und in Italien die Schlacht um die Weinreserven statt.

Die Pandemiepsychose eröffnet die Möglichkeit für die Herstellung einer neuen totalitären Weltordnung zur Rettung der Menschheit. Dass es größere Interessen gibt, einen Massenwahn zu erzeugen oder auch nur zu nutzen, das wird sofort als „Verschwörungstheorie" abgestraft. ... Die Virusangst muss nur längere Zeit geschürt werden, zum Beispiel durch Virusmutation oder „neue" Viren, sodass praktisch alle Notstandsgesetze fortdauern müssen. Mit der Infektions- und Todesangst werden jeder Protest und auch alle Gegenbeweise im Keime erstickt und alle schwerwiegenden Folgen, wie Arbeitslosigkeit, Insolvenz, Verarmung, soziale Not, schwere psychische und psychosoziale Erkrankungen, Gewalt, werden den Viren angelastet. Die politischen und ökonomischen Verhältnisse und Ursachen bleiben unangetastet.[119]

12. Kapitel
Der Geist aus der Flasche: Wie es zum ersten Lockdown kam

Der 13. März 2020 war ein Freitag. Er ist mir deswegen so gut in Erinnerung, weil ich an diesem Tag, zu einem Familienfest Nachbarn, Freunde und Verwandte zusammengetrommelt habe. Es wurde eine ausgelassene Fete. Alle waren vergnügt, von Corona redete kein Mensch. Oder doch: die anwesenden Schüler, nachdem sie Riesenportionen gegessen und ein kleineres Quantum dazu getrunken hatten, sprachen darüber, dass ihnen mittags mitgeteilt worden war, ab Montag blieben in Thüringen die Schulen geschlossen. So erklärte sich ihre auffallende Ausgelassenheit. Doch die Euphorie hat sich selbst bei den größten Schulschwänzern in den folgenden Monaten in Luft aufgelöst und ist dem Frust über das ungewisse Schicksal gewichen.

Am Montag, dem 16. März 2020, begann in Thüringen der Lockdown. Etwas Merkwürdiges war vorausgegangen: Es waren die deutschen Autobauer, die bereits am Monatsbe-

---

[119] Dr. **Joachim Maaz,** ehemaliger Chefarzt der Klinik für Psychotherapie und Psychosomatik in Halle sowie langjähriger Vorsitzender der Deutschen Gesellschaft für analytische Psychotherapie und Tiefenpsychologie, hier zit. nach Alexander Meschnig: Zur Pschodynamik einer Pandemie, Z vom 2.6.2020, https://www.achgut.com/artikel/zur_psychodynamik_einer_pandemie [Abruf: 13.3.2021].

ginn des März den Anfang mit Werksschließungen gemacht hatten. Volkswagen, Mercedes und BMW. In Pressemitteilungen wurde dann so getan, als ob die Schließungen eine Folge der sich ausbreitenden Seuche seien. Selten ist so dreist gelogen worden. Die Automobilbaukrise begann in Wahrheit viel früher.[120] Ihre Ursache ist nicht das Virus, sondern grüner Wahn.[121]

Zunächst einmal will ich den Leser in einen kurzen Rückblick der Ereignisse über den eigentlichen Beginn der Corona-Krise mitnehmen. Das fällt mir insofern leicht, als ich selbst ab Mitte März 2020 staunend die beiden vorangegangenen Monate seit Mitte Januar 2020 zu rekonstruieren versuchte, weil der Lockdown, so sagte ich mir, irgendeinen Vorlauf gehabt haben müsse, den ich nicht mitgekriegt hatte.[122] Zur Erläuterung hierzu: Ich hatte mich gegen äußere

---

[120] Vgl. z. B. die Artikelserie von Holger Douglas: Deutschland im Sinkflug, *Tichys Einblick* vom 18.9.2019, https://www.tichyseinblick.de/wirtschaft/industrie-arbeitsplaetze-deutschland-im-sinkflug/; vom 25.9.2019, https://www.tichyseinblick.de/wirtschaft/werkschliessungen-bei-continental-7-000-arbeitsplaetze-in-deutschland-betroffen/; vom 4.10.2019, https://www.tichyseinblick.de/wirtschaft/deutschland-im-sinkflug-volume-4/ [Abruf: 15.10.2019]; Egon W. Kreutzer: Monatsbericht Arbeitsplatzvernichtung in Deutschland, September 2019, *egon-w-kreutzer.de* vom 30.9.2019, https://egon-w-kreutzer.de/monatsbericht-arbeitsplatzvernichtung-september-2019 [Abruf: 15.10.2019].

[121] Eine gute Zusammenfassung findet sich bei Holger Douglas: Diesellüge, passim. Derselbe Autor schreibt die aus grünem Übermut erzeugte Auto-Krise laufend auf *Tichys Einblick* fort. Ergänzend nutze ich die Auto-Berichterstattung von Wolfgang Prabel auf *Prabels Blog* (dort zuletzt am 8.3.2021, https://www.prabelsblog.de /2021/03/auch-der-februar-ist-fuer-den-fahrzeugbau-ein-desaster/) und Egon Kreutzer auf *egon-w-kreutzer.de*.

[122] Nach meiner Tagebucheintragung vom 31.3.2020 lässt sich mein Versuch, wieder in die Gegenwart einzutauchen, so beschreiben: „Nun ist fast ein ganzer Monat an mir vorbeigerast. Die Schulen schlossen hierzulande wegen der Seuchen- bzw. der Ansteckungsgefahr. Es handelt sich um eine Virenseuche mit dem Corona-Virus, oder einer seiner Mutationen, die eine Atemwegserkrankung namens Covid-19 erzeugt. Die folgenden Wochen bis zum heutigen Tag waren von Hysterie gekennzeichnet. Die Leute beginnen um ihr Leben zu fürchten. Die Presse heizt die Stimmung jeden Tag neu an. Vor allem sind es Berichte aus Italien und Spanien, wo es angeblich oder tatsächlich drunter und drüber geht. Auffällig ist in jedem Fall, dass Leute, die versuchen, sich nüchtern mit dem Phänomen zu beschäftigen, öffentlich als Corona-Leugner verunglimpft werden. Ihre Beiträge in den Internet-Medien

Einflüsse strikt abgekapselt, um Tag und Nacht ein Buchmanuskript zu Ende zu bringen.[123]

Nun galt es, Versäumtes aus der Welt der Gegenwart nachzuholen. Ich wurde fündig: Es war Anfang Januar 2020 über alternative Medien durchgesickert, dass es in China, genauer gesagt: in der Stadt Wuhan und der umliegenden Provinz den Ausbruch einer Viren-Seuche gegeben hatte. Nachdem die WHO am 11. Januar 2020 zunächst unter Berufung auf offizielle Verlautbarungen aus China mitgeteilt hatte, dass das neue Virus, dem man zunächst den Namen 19.nCoV gab, nicht von Mensch zu Mensch übertragen werde, änderte sich diese Aussage nur 10 Tage später ins glatte Gegenteil. Eine Pandemie wurde ausgerufen, also das Auftreten einer weltweiten Seuche.

Nachdem dies geschehen war, veränderte sich die Nachrichtenlage bei den Mainstream-Medien schlagartig. Denn plötzlich rückte Italien in den Fokus einer Tag-für-Tag-Katastrophenberichterstattung. Mäßigendes wurde unterdrückt. [124] Stattdessen wurde der Fernsehkonsument mit

---

werden gelöscht. Kaum jemand ereifert sich darüber. Wie sollte er auch. Die Verblödung durch die Glotze nimmt ein ungeahntes Ausmaß an."
[123] Es handelte sich um das Buch Spygate, das dann am 31.3.2020 druckfrisch auf den Markt kam, wo es laut Verlagsabrechnung bis zum 31.12.2020 10.000 Käufer fand.
[124] Zum Beispiel der italienische Virologe Professor D. Giulio Tarro, der vor Ort anderes wahrnahm: „Daraus lässt sich ableiten, dass die Letalitätsrate von Covid 19 deutlich unter 1 % liegt: Dieser Befund wurde auch in eine Studie des Kollegen Anthony Fauci vom US National Institute of Allergy and Infectious Diseases aufgenommen, die auf einem Bericht basiert, der sich auf 1099 im Labor bestätigte Covid-19-Patienten aus 552 chinesischen Krankenhäusern konzentriert. Dies lässt vermuten, dass die klinischen Gesamtfolgen von Covid-19 letztlich ähnlich sein könnten wie die schwere saisonale Grippe, die eine Letalität von etwa 0,1 % aufweist, oder eine pandemische Grippe wie die von 1957 oder 1968, und nicht wie die von Sars oder MERS, die durch eine Letalität von 10 % bzw. 36 % gekennzeichnet sind und die, unglaublich zu sagen, keine Panikmache in unserem Land hervorgerufen haben", hier zit. nach https://www.new-swiss-journal.com/post/l%C3%BCgenpolitiker-verschweigen-130-fakten-lockdown-100-umsonst [Abruf zuletzt: 26.2.2021; Kopie im Arch. d. Verf.] oder der wissenschaftliche Berater des italienischen Gesundheitsministers Prof. Dr. Walter Ricciardi , der sagte, dass „Italiens Todesrate auch aufgrund der Art und Weise, wie Ärzte die Todesfälle melden, hoch sein kann. ... Eine Re-Evaluation des Nationalen Gesundheitsinstituts

Bildern überschwemmt, die den Eindruck vermittelten, dass in Norditalien ein Massensterben im Gange sei. Die Botschaften waren verpackt in Bilder von chaotischen Zuständen in Krankenhausfluren. Das Massensterben wurde durch Militärlastwagen belegt, welche angeblich oder tatsächlich Särge abtransportierten – durch ausgestorbene Straßen, irgendwo hin.

Von Norditalien nahm das Corona-Virus, dem mittlerweile der Name Killer-Virus zugemessen worden war, seinen Weg über Österreichs Skipisten nach Deutschland, bevorzugt ins noble südliche Bayernland. Der hämmernden Berichterstattung war eine Prise Häme beigemengt, denn schließlich: Wer drückt sich denn da Ende Januar auf den Skipisten herum, wenn andere Leute zur Arbeit müssen? Na, wer wohl! Mir ging eher die Frage durch den Kopf, wie und wo diese Leute wohl Ski laufen, denn an der frischen Luft hatten sie sich nach meinen vagen Vorstellungen von Vireninfektionen nicht angesteckt. Da fand ich es schon näherliegend, dass aus rheinischen Karnevalshochburgen Virus-Alarm gegeben wurde. Diese Hoch-Zeit der katholisch geduldeten Seitensprünge macht auch Virensprünge unschwer vorstellbar, wiewohl es aus heutiger Sicht wohl eher die dicht gedrängten Massenveranstaltungen in geschlossenen Räumen sind, die zu Ansteckungshochburgen werden können.

Unerwartet schafften es der Ort Heinsberg und der gleichnamige Landkreis in die Schlagzeilen. Diese suggerierten, dass dort ein Massenkollaps im Gange sei. Alles wurde behördlich dichtgemacht, und es regierte zum ersten Mal in dieser Krise das Notstandsregime eines Landrats. Was er genau machte und wie er das Sterben letztlich zum Stillstand brachte, blieb öffentlich unerörtert. Dafür allerdings füllte ganz unerwartet ein anderer Mann die Schlagzeilen. Mainstream-Medien wuss-

---

zeigte, dass nur 12 Prozent der Todeszertifikate einen direkten Zusammenhang zum Corona-Virus zeigten, während 88 Prozent der gestorbenen Patienten mindestens eine Vorerkrankung hatten – viele hatten zwei oder drei", ebd.

ten tagelang nicht, ob sie ihn als Robin Hood der Pandemie oder als durchgeknallten Professor portraitieren sollten. Es handelte sich um den Bonner Ordinarius für Virologie Hendrik Streeck.

Dieser Mann hatte etwas Unerhörtes gemacht: ein Team zusammengestellt, mit dem er in den Krisenkreis einreiste, um dort wissenschaftlich zu untersuchen, wie und auf welchen Wegen sich das Virus ausbreitete. So etwas tut man nicht, ohne quantitative Feststellungen zu treffen. Was dabei herauskam, passte weder ins Raster der Massenseuche und schon gar nicht in das des Massensterbens. Das wäre ja noch hingegangen, wenn Streeck diese Ergebnisse für sich behalten hätte, vielleicht nach dem Motto: Es ist noch zu früh, um eine fundierte Aussage zu treffen. Aber genau das tat er nicht. Ohne dem Virus die Gefährlichkeit der von ihm ausgelösten Krankheit (Covid-19) abzusprechen, schilderte er Fakten, die mit dem Presseraster der Massenseuche nicht übereinstimmten.[125] Nachdem er das getan hatte, war man sich einig: Dem Mann gehört keine öffentliche Bühne mehr. Dachte ich – auch das war ein Irrtum.[126]

---

[125] Streeck: „In Heinsberg etwa ist ein 78 Jahre alter Mann mit Vorerkrankungen an Herzversagen gestorben, und das ohne eine Lungenbeteiligung durch Sars-2. Da er infiziert war, taucht er natürlich in der Covid-19-Statistik auf. Die Frage ist aber, ob er nicht sowieso gestorben wäre, auch ohne Sars-2. In Deutschland sterben jeden Tag rund 2500 Menschen, bei bisher zwölf Toten gibt es in den vergangenen knapp drei Wochen eine Verbindung zu Sars-2. Natürlich werden noch Menschen sterben, aber ich lehne mich mal weit aus dem Fenster und sage: Es könnte durchaus sein, dass wir im Jahr 2020 zusammengerechnet nicht mehr Todesfälle haben werden als in jedem anderen Jahr", zit. nach https://www.new-swiss-journal.com/post/l%C3%BCgenpolitiker-ver-schweigen-130-fakten-lockdown-100-umsonst [Abruf: 26.2.2021; Kopie im Arch d. Verf.].

[126] Spätestens ein Jahr drauf tauchte er wieder auf, nunmehr avanciert zum Chef-Virus-Berater des zum Vorsitzenden der CDU ausgerufenen nordrhein-westfälischen Ministerpräsidenten Armin Laschet. Er kehrte in die Schlagzeilen zurück, weil sein Ehemann (!) im Februar 2021 als Unterabteilungsleiter ins Bundesgesundheitsministeriums berufen worden war. Dieser Paul Zubeil war Vize-Direktor in einer der UNO-Suborganisationen, und zwar der UNFPA. Diese steht für die Ziele des Club of Rome, durch Geburtenkontrolle – im Klartext durch Empfängnisverhütung, Schwangerschaftsabbruch und Sterilisation (in der Praxis der geförderten Staaten gern auch mal zwangsweise) – die Überbevölkerung der Welt zu beenden.

Doch weil das Virus offenbar ein Gesicht braucht, um weiterhin die Panik-Schlagzeilen zu füllen, betrat ein anderer Virologe die große Bühne. Das war der Direktor des einschlägigen Instituts am Berliner Großkrankenhaus Charité, Christian Drosten. Über ihn, seinen Berufsweg und seine vielfältigen Verknüpfungen mit dem Virus – um es einmal höflich zu formulieren – wird in diesem Buch noch zu lesen sein, denn er sollte im weiteren Verlaufe des Jahres 2020 für die einen zum Hauptfeind, für die anderen zum bewunderten Seher avancieren – Star im Fernsehen und bei Hofe.

Werfen wir nun endlich auch einen Blick auf die politischen Akteure vor der Ausrufung des Lockdowns. Nach dem vorübergehenden Auftritt des Landrats aus der Eifel betraten nunmehr die Bundespotenzen die Bühne. Hier ragten zunächst zwei Personen heraus, an die man sich mittlerweile gewöhnt hat, Bundesgesundheitsminister Jens Spahn und der Präsident des Robert Koch-Instituts Lothar Wieler. Wenn man zusammenklaubt, was diese beiden im Verlauf eines Jahres verkündet haben, gerät man ins Staunen.

Doch begnügen wir uns erst einmal mit dem, was im Vorfeld des Lockdowns aus diesen amtlichen Mündern kam. Frage: Ist es nicht sinnvoll, so wie in Asien Masken zu tragen? – Wissendes Lächeln: Nein, sicher nicht. Eher schädlich (Wieler). Frage: Wird es wie in Asien zu Bewegungs- und Reise-

---

Sie wird derzeit durch die Gates-Stiftung und (zumindest früher) die Clinton-Stiftung finanziert. Dass der Vorgang im Februar 2021 ruchbar wurde, lässt vermuten, dass es bei der Berufung übergangene Kandidaten und andere Bedienstete des BMG gab, die das Ergebnis stört, weil sie es für ein korruptes Schiebergeschäft halten. Vgl. zum Berufungs-Vorgang: Reinhard Werner: Streeck-Ehemann Zubeil künftig Unterabteilungsleiter in Spahns Ministerium, *Epoch Times* (dt. Ausg.) vom 6.2.2021, https://www.epochtimes.de /politik/deutschland /streeck-ehemann-zubeil-kuenftig-unterabteilungsleiter-im-spahns-ministerium-a3442181.html [Abruf: 6.2.2021]. Leserbrief-Reaktionen auf den Vorgang nahmen vor allem Anstoß, dass deutsche Politik immer offensichtlicher zu einem Deal aus persönlichen Motiven werde. Ich selbst finde den Umstand, dass ein ehemaliger Gates-Adlatus künftig die internationale Zusammenarbeit Deutschlands im Gesundheitswesen leitet, alarmierend.

verboten kommen. – Abwiegelnde Geste: Sicher nicht. Für Deutschland gilt: Wir sind gut aufgestellt (Spahn).

Die Fußballer-Antwort von Spahn hatte zwar mit der Frage nichts zu tun, aber sie klang halt gut für einen Mann, der vermutlich noch keine Zeit gefunden hatte, sich ins Krisenmanagement eines Staates einzuarbeiten. Muss man verstehen, denn Spahn hatte ganz andere Sorgen. Hauskauf für sich und seinen Ehemann. [127] Auch war er damit beschäftigt, sich als der große Konservative zu verkaufen. Sein Anlass: Er machte sich Hoffnungen, dereinst die Kanzlerin zu beerben. Künftiger CDU-Vorsitz = nächster Kanzler, so mag er geträumt haben.

Bei so viel Kanzler-Flausen mochte man fragen: Wo steckt eigentlich die Amtsinhaberin? Sie schien nach ihrem denkwürdigen Auftritt in Davos, wo sie den Deutschen und der Welt im Januar 2020 ihre Visionen vom Großen Sprung verkündet hatte, wie vom Erdboden verschluckt. Doch wenn man's genau bedenkt, ist dieses Abtauchen nichts Neues. Immer wenn die Dinge tatsächlich oder auch nur scheinbar aus dem Ruder liefen, war Merkel nicht zu sehen, so als wäre sie nicht an Bord.

Mit dieser scheinbar nebensächlichen Bemerkung sind wir beim Werkzeugkasten Merkel'scher Machtausübung angelangt. Sie veranlasst Randexistenzen ihres Hofes zu politi-

---

[127] Die Hauskaufsache von Spahn und sein Eheleben wurden in den alternativen Medien 2020/21 zur *never ending story*, vgl. z.B. den besonders ätzenden, zusammenfassenden Kommentar von Stephan Paetow in *Spaet-Nachrichten* vom 18.2.2021, https://www. spaet-nachrichten.de/2021/02/hansi-und-der-corona-kater-karl/ [Abruf: 18.2.2021]: Vielleicht hätte der Jens Spahn die Corona-Krise noch besser in den Griff bekommen, wenn er nicht ständig vor Gericht ziehen müsste wegen dieser Pressbengels, die in seinem Privatleben herumschnüffeln. Jedenfalls wird es nach der Entscheidung von Hamburger Richterinnen niemals die Frage bei Jauch geben: Wie viel hat Jens Spahn für seine Berliner Villa (Volksmund: Neuspahnstein), inkl. Tresorraum, gezahlt? A. 500.000? B. 1,5 Millionen? C. 4,35 Millionen D. Gar nix (war ein Geschenk der Westmünsterland Bank). Denn obwohl das Grundbuchamt den Kaufpreis seiner Villa in Berlin-Dahlem offiziell bestätigt hat und Spahn mit seiner Aussage „Hartz IV bedeutet keine Armut" ein besonderes Augenmerk auf seine eigenen Lebensverhältnisse gelenkt habe, entschieden die Richterinnen, der Kaufpreis müsse wieder geheim gehalten werden.

schen Aussagen, wenn Entscheidungen unausweichlich bevorstehen. Falls diese Herolde im Medienecho durchfallen, lässt auch sie die Handlanger fallen – illoyal und gnadenlos. Pendelt sich das Presse-Echo auf einen Standpunkt ein und nimmt es an Dringlichkeit unüberhörbar zu, bezieht auch Merkel Position, nämlich diese. Das hat den Effekt, dass die Presse ihr sogleich nach dem Maul redet. Man ist wechselseitig geschmeichelt. Das ist menschlich.

Bei dieser Wechselbeziehung zwischen Mainstream und Regierungshandeln Merkels müssen wir einen Moment verharren, denn es gilt den Komplex Corona-Krise gleich an dieser Stelle richtig einzuordnen. Die Frage lautet nämlich: Wann und warum begann die Mainstream-Presse die Corona-Krise zum Weltereignis hochzuschreiben? Vor allem aber: Welche Fakten waren es, welche Corona plötzlich auf Rang eins der Berichterstattung rückten? Ich rege an, dass sich der Leser an meine Bemerkungen zur Übung *Event 201* erinnert. Die dort am Tisch sitzenden One-Worlder hoben hervor, dass es darauf ankomme, die Bevölkerung durch Informationslawinen zu lenken, damit für Abweichendes kein Platz bleibe. Das müsse über vertrauenswürdige Medien umgesetzt werden. Was zentral als richtig ausgegeben werde, müsse kaskadenartig durch alle verbreitet werden, damit jeder wisse, was er wissen müsse.

Übertragen auf das reale Virus Sars-CoV-2-Virus fand genau das Vorausgeplante statt. Damit wird nicht gesagt, dass es das Virus gar nicht gab. Ganz im Gegenteil, es erfreute sich, wenn man so will, der besten Gesundheit. Es war nicht die Existenz, sondern die Ausbreitung und seine Gefährlichkeit, die einen eigenwilligen Weg nahmen. Hier klafften Medien-Berichterstattung und Realität um Meilen auseinander. Der Medien-Wirklichkeit folgte die Politik und dieser wiederum die Medien-Wirklichkeit. Beide verschmolzen zu einem ununterscheidbaren Ganzen.

Noch einmal: Anfangs hatten wir die Phase da-ist-nix. Diese Phase war zeitlich identisch mit dem Seuchengeschehen in China. Dann wurde der Schalter auf Weltkatastrophe umgelegt. Es war der Moment, als das Virus in Europa, speziell in Italien, und in Nordamerika ankam. In den USA war es die Westküste, dort der Bundesstaat Washington. Amerikabeobachtern fiel auf, dass es sich um dieselbe Region handelte, in der etwas früher Antifa-Krawalle das öffentliche Leben bis zum Stillstand beeinträchtigt hatten. Eine Verbindung zwischen beiden Phänomenen mochte zu diesem Zeitpunkt niemand in Erwägung ziehen. Das kam erst erheblich später.

Die Panik-Erzeugung wurde in dem Maße schriller, als sich das Virus in den USA auf die gesamte Westküste und von dort mit einem Sprung an die nördliche Ostküste, vor allem auf New York City und den Staat New York, ausdehnte. Auch Europa, mit Ausnahme der osteuropäischen Staaten, wurde bald vom Virus betroffen. Jetzt schalteten die Medien erneut um. Es war nicht mehr nur die reine Panik-Berichterstattung, sondern wie aus dem Nichts wurde debattiert, warum es in China, im Gegensatz zu Europa und Nordamerika, so vortrefflich gelungen sei, das Virus unter Kontrolle zu bringen.

Die Lösung, die aus dem Hut gezaubert wurde, hieß Lockdown. Es wurde so getan, als ob dies der Stein der Weisen sei: Leute einsperren und, schwupps, ist das Virus weg. Niemand machte sich in diesem Stadium die Mühe, einmal nachzufragen, wieso es einen solch spektakulären Bekämpfungserfolg in einem Lande gäbe, von dem es noch Tage zuvor geheißen hatte, dass Berichte über einen Virenausbruch nichts als antichinesische Propaganda seien. Die Medien verhielten sich programmgemäß: Neue Wahrheit = neue Lawine, die alles zuvor Dagewesene oder Abweichende unter sich begrub.

Das Verhalten der Politik gab diesem Vorgehen recht. Lockdown wurde das Mittel der Wahl in der gesamten westlichen Welt. Abweichendes wurde diffamiert oder totgeschwiegen oder durch Desinformation konterkariert. Hierzu ein paar Beispiele:

(1) Diffamierung: Kristallisationsfigur für Diffamierendes wurde der amtierende US-Präsident Donald Trump. Was immer er zu dem Virus im Verlauf des Jahres 2020/21 sagte, wurde als Idiotenkram bezeichnet. Unterschwellig bis offen wurde er bezichtigt, für die Verbreitung des Virus die Verantwortung zu tragen.[128] Von Heilmethoden, auf die er hinwies, wurde mit Empörung abgeraten. Wir werden das im Einzelnen noch aus der Nähe erleben, nachdem er sich selbst infiziert hatte. Auch die deutschen Mainstream-Medien scheuten vor keiner Beleidigung zurück. Ihnen wurde dabei durch die Exponenten der deutschen politischen Parteien assistiert. Ob diese elenden Gestalten zugleich das deutsche Verhältnis zu den USA auf einen Tiefpunkt brachten, war ihnen offensichtlich gleichgültig.

(2) Totschweigen: Es hat bereits in der Auftaktphase der allgemeinen Corona-Panik eine ganze Reihe von Stimmen gegeben, die mit ernsten Worten darauf hinwiesen, dass Nüchternheit und nicht Panik gefragt sei, um mit dem Phänomen eines neuen Virus, das Ansteckungskrankheiten

---

[128] Hierüber berichtet Dirk Pohlmann: Ein Virus als Waffe, *Free21* vom 20.6.2020, S. 1-6 [Artikel vom Autor; Kopie im Arch. d. Verf.].

erzeuge, umzugehen. Ich werde diese Stimmen noch zu Wort kommen lassen, wenn es um die einzelnen Elemente der Seuche geht. Hier gilt es auf die Struktur des Propagandafeldzugs hinzuweisen. Genau wie es in der Übung *Event 201* gefordert worden war, wurde vorgegangen: Abweichendes wurde durch Informationslawinen überrollt. Und immer dort, wo sich eine widersprechende Stimme gezeigt hatte, wurde sie in den Mainstream-Medien totgeschwiegen. Nach dem Motto: Worüber wir nicht reden, das ist auch nicht vorhanden.

Das hätte perfekt funktionieren können, wenn es die alternativen Medien nicht gäbe. Wie Pilze nach einem Regen zeigten sich diese Abweichler mit zum Teil so überzeugenden Argumenten, dass ihnen gegenüber andere Saiten aufgezogen werden mussten, um die Meinungsherrschaft von Mainstream aufrechtzuerhalten. Auch für solche Maßnahmen war *Event 201* hilfreich. Dort war, wenn auch unter Ausschluss der Öffentlichkeit, diskutiert worden, dass es notwendig sein könnte, die alternativen Medien, welche sich nicht gutwillig dem Diktat der einzig wahren Meinung beugen würden, durch technische Maßnahmen zum Schweigen zu bringen.

Genau das ist geschehen. Die *Big Tech*-Unternehmen Facebook, Apple, [129] Google, Microsoft, Twitter und später auch Amazon waren sich einig, dass Abweichendes einfach dadurch bekämpft werden kann, dass man es abschaltet.[130]

---

[129] Die Verstrickung von Apple in China ist in den USA erst ab 2017 ein Thema geworden, nachdem die Bedrohung der USA durch China in die amerikanischen Schlagzeilen gerückt war, vgl. z.B. die Verquickung des Apple-Chefs Tim Cook mit chinesischen Instanzen bei Eva Fu: Apple CEO Appointed Chair of Board at Top Chinese University With Close Ties to Beijing, *Epoch Times* (US-Ausg.) vom 21.10.2019, https://www.theepochtimes.com /apple-ceo-appointed-chair-of-board-at-top-chinese-university-with-close-ties-to-beijing_3123297.html [Abruf: 22.10.2019].

[130] Zum Abschalten von *YouTube*-Beiträgen, die mit der Meinung der WHO nicht übereinstimmen, Dan Sanchez: YouTube to Ban Content That Contradicts WHO on Covid-19, *Epoch Times* (US-Ausg.) vom 7.5.2020, https://www.theepochtimes.com/youtube-to-ban-content-that-contradicts-who-on-covid-19_3332845.html [Abruf: 27.5.2020, Kopie im Arch. d. Verf.].

Wer dafür ein Beispiel sucht, hier ist es: Der praktizierende Arzt Dr. Bodo Schiffmann, der in Sinsheim eine Schwindelambulanz betreibt, ist aus eigenem Sendungsbewusstsein ein YouTuber. In dicht aufeinander folgenden Sendungen, die er ins Netz stellte, sprach er, an dem Schreibtisch seiner Praxis sitzend, über das Virus, seine Gefährlichkeit und was zu unternehmen sei, um es zu bekämpfen.[131] Der regierungsamtliche und von Mainstream kaskadenartig geforderte Lockdown spielte hierbei nicht die selig machende Rolle. Stattdessen war viel vom normalen Leben und von der Hygiene bei ansteckenden Krankheiten die Rede. Bis es irgendwem zu viel wurde, da wurden Beiträge von Schiffmann gelöscht.[132] Einfach so. Wenn überhaupt, wurde dem Betroffenen mitgeteilt, er habe gegen die Gemeinschaftsstandards verstoßen. Welche Gemeinschaft? Und was für Standards mögen das sein? Keine Ahnung, jedenfalls irgendwas, was dem *YouTube*-Eigentümer Google nicht passt. *YouTube* eine freie Plattform zum Austausch von Meinungen unter freien Bürgern? Das ist Blödsinn. Es handelt sich vielmehr um eine Propagandafloskel der Inhaber eines Meinungsmonopols. Dieser Monopolist heißt Google.[133] Einfach, aber wirksam.

(3) Konterkarieren: Nur ein einziges Land in Europa folgte den Vorgaben von Mainstream nicht. Das war Schweden.[134] Es setzte darauf, den Einwohnern des Landes deutlich zu machen, dass man die üblichen Ansteckungsherde wie bei jeder anderen ansteckenden Krankheit meiden solle. Dies wurde als Empfehlung an mündige Bürger formuliert. Im Übrigen wurde diesen angeraten, etwas für die Stärkung ihres

---

[131] Z.B. https://youtu.be/tMZw55SSafE.
[132] Rundmail von Siegfried von Hohenau vom 27.8.2020 [im Arch. d. Verf.].
[133] Informativ: Ingo Dachwitz/Alexander Fanta: Medienmäzen Google, passim.
[134] Zur Einwohnerzahl Schwedens von ca. 10 Millionen, vgl. https://de.statista.com/statistik/daten/studie/19316/umfrage/gesamtbevoelkerung-von-schweden/ [Abruf: 15.10.2019].

Immunsystems zu tun, wozu ausdrücklich der Aufenthalt im Freien gerechnet wurde.

Es ist klar, dass sich Mainstream mit diesem offensichtlichen Abweichen von der Linie nicht abfinden mochte. Deshalb wurde, wenn denn das Wort Schweden nicht zu umgehen war, mit Horrormeldungen nicht gegeizt. [135] Regelmäßig wurde eine fassungslos machende Übersterblichkeit[136] für Schweden erwähnt. Nachdem das lange genug verkündet worden war, kam zur allgemeinen Erleichterung zutage, dass die uneinsichtigen Schweden angeblich eingelenkt und sich den europäischen Standards angepasst hätten.

Für Otto Normale hatte das zur Konsequenz, dass er sich um Schweden keine Sorgen mehr machen musste. Schweden verschwand aus dem Fokus der Aufmerksamkeit. Hätte man sich von den Falschmeldungen nicht irreführen lassen, so wäre bemerkt worden, dass die Schweden ums Verrecken nicht daran dachten, von ihrer Offenhaltungspraxis abzurücken. Ganz im Gegenteil, das jüngste einschlägige Seuchengesetz in dem nordischen Königreich stammt vom Januar 2021. Schweden im Lockdown dank europäischem Vorbild? Das kann man getrost vergessen – auch jene bedauerlichen

---

[135] Meldungen wie diese suchte man in deutschen Medien allerdings vergebens: „Am Stockholmer Karolinska Krankenhaus ist die Situation in der Corona-Intensivstation deutlich ruhiger geworden". Immer mehr Patienten würden derzeit aus der Klinik entlassen. Und von den vor allem Alten und Schwerkranken, die mit lebensgefährlichen Symptomen eingeliefert wurden, hätten deutlich über 80 Prozent überlebt. 177 Intensivstationskrankenplätze waren am Wochenende frei für neue Patienten. „Es gibt viele freie Plätze in den Intensivstationen in allen Stockholmer Krankenhäusern". Derzeit kümmere sich der Oberarzt noch um 127 Corona-Patienten. Täglich kämen nur um die sechs bis zwölf Patienten mit schwereren Symptomen hinzu. „Wir nähern uns der Abflachung der Erkrankungskurve". Interview mit dem Stockholmer Oberarzt David Konrad gegenüber dem öffentlich-rechtlichen TV-Sender SVT, hier zit. nach https://www.new-swiss-journal.com/post/l%C3%BCgenpolitiker-verschweigen-130-fakten-lockdown-100-umsonst [Abruf: 26.2.2021; Kopie im Arch. d. Verf.].

[136] Mit der Übersterblichkeit wird ein neuer Begriff in die Debatte eingeführt, der sich bald zum Totschlagsargument mausert. Er bedeutet ziemlich schlicht, dass mehr Menschen sterben, als die statische Wahrscheinlichkeit es will.

Übersterblichkeitstoten, die bislang kein Mensch gesehen hat.

Also viel Geschrei um Nichts und das Schießen mit Mainstream-Kanonen auf Spatzen? Das kann man so nicht sagen. Die geschilderte Informationspolitik ist darauf angewiesen, dass abweichende Stimmen rigoros unterdrückt werden. Nur so lässt sich das Lockdown-Heilsmodell am Leben erhalten. Jede abweichende Meinung enthält für die jetzt Herrschenden eine tödliche Gefahr. Es besteht nämlich die unschöne Möglichkeit, dass die durch den Lockdown Gebeutelten anfangen, die Mosaiksteinchen aus dem chaotischen Informationsmüllhaufen zusammenzuklauben und aneinanderzufügen. Es mag sein, dass dann ein ganz anderes Bild entsteht. Dieses Bild könnte so aussehen:

In Wuhan, im chinesischen Großreich, wird ein neues ansteckendes Virus freigesetzt. Ob dies durch Fahrlässigkeit oder absichtlich geschah, sei einmal dahingestellt. Es bleibt jedoch hängen, dass man dortzulande mit solchen, die Menschheit bedrohenden Dingen, herumspielt. Auf die schlimme Nachricht reagiert die chinesische Diktatur praktisch im Tagestakt. Sie schottet die Provinz um Wuhan gegen das übrige chinesische Reich ab. Gleichzeitig leugnet sie die Existenz des Virus. Ebenso gleichzeitig ermöglicht sie, dass China gegen den Rest der Welt nicht abgeschirmt wird. Nachbarstaaten, wie das feindliche Formosa, werden mit allen propagandistischen Mitteln angegriffen, nachdem die Politlenker dort die Vorgänge in Wuhan weltöffentlich gemacht und den Grenzverkehr zu China unterbunden haben. Völlig ungehindert und in den Empfängerländern praktisch ohne Vorwarnung reist das Virus bevorzugt mit dem Flugzeug nach Europa und Nordamerika ein.

Die Eintrefforte des Virus sind – was kein Zufall ist – identisch mit den Gegenden Italiens und der amerikanischen Westküste, in denen intensive Wirtschaftsbeziehungen zu China gepflegt werden. Dort angelandet, verbreitet sich das Virus und springt dann auf andere Länder des nordamerikanischen und des europäischen Kontinents weiter. Die USA und die europäischen Staaten reagieren in entgegengesetzter Weise auf den Ausbruch der Seuche. Die USA unter Trump verhängen Einreiseverbote. Die europäischen Staaten tun eine gute Weile nichts dergleichen, sondern spezialisieren sich auf eine Lockdown-Politik, die bevorzugt die eigene Bevölkerung trifft. Deutschland setzt noch eins drauf, indem es an der Migrationspolitik aus Asien und Afrika festhält. Wie sich das dann auswirkt, wird noch zu schildern sein. Doch jetzt soll es erst einmal um das gehen, was hätte geschehen müssen.

Nach einer neuen Studie des RKI ist diese Reproduktionszahl – die sie nannten, die angibt, wie viele neue Personen ein Infizierter ansteckt – ist vor dem Lockdown auf unter 1 gefallen. ... Wenn man sich die Graphik anschaut, dann sieht man ... am 20. März ungefähr sinkt sie unter 1. Drei Tage später dann erst kam der Lockdown. Das war der 23. März. Und wenn man jetzt weiter schaut, dann sieht man, die Kurve bleibt mit kleineren Schwankungen so unter 1. Es ist nicht so, dass nach dem Lockdown die Kurve weiter runtergeht. Man kann deshalb zweierlei daraus schließen: 1. Der Lockdown war nicht nötig, weil er [Reproduktionsfaktor, Reproduktionszahl] schon unter 1 war, und 2. war der Lockdown auch nicht wirksam, weil er [Reproduktionsfaktor, Reproduktionszahl] durch den Lockdown nicht weiter gefallen ist.[137]

13. Kapitel
Alternativlos: Der Lockdown wird programmiert und Lösungen, die ein Gebot der Vernunft sind, werden verworfen

Es gehört zum diktatorischen Regierungsstil der Angela Merkel, dass Entscheidungen – mögen sie auch noch so unbedeutend sein – als alternativlos apostrophiert werden. So soll Kritik unterbunden werden, denn wenn etwas ohne Alternative angeordnet und sodann durchgesetzt wird, ist jede Diskussion fehl am Platze, weil es nur diese eine Möglichkeit gibt. Wer es anders will, ist nicht bei Trost.

Dieses Konzept ist auch beim Lockdown zur Anwendung gebracht worden. Es war schon im März 2020 falsch. An diesem Zustand hat sich bis heute nichts geändert. Nun schätzt der Leser diejenigen nicht, die es immer schon gewusst haben wollen. Damit stimme ich zu 100 Prozent überein. Der Das-habe-ich-schon-immer-gesagt-Schwätzer stört jedes ernsthafte Gespräch und vermag zur Sache selbst nichts beizutragen. Um nicht in diesen Topf hineingerührt zu werden, habe ich in meinen Aufzeichnungen ein wenig zu-

---

[137] Prof. Dr. **Stefan Homburg**, Universität Hannover, hier zit. nach https://www.new-swiss-journal.com/post/l%C3%BCgenpolitiker-verschweigen-130-fakten-lockdown-100-umsonst [Abruf: 26.2.2021; Kopie im Arch. d. Verf.].

rückgeblättert und bin dabei auf eine Epistel gestoßen, die ich am 17. März 2020 an Freunde und Bekannte versandt habe.[138] Hier ist sie in Auszügen:

Im richtigen Moment das Falsche tun: Zwei miteinander unvereinbare Strategien, die Corona-Krise zu überwinden

In den folgenden Ausführungen möchte ich mich auf wenige Grundgedanken beschränken, die helfen mögen, das Problem zu beschreiben, das vom Corona-Virus ausgelöst worden ist, und danach auf die möglichen Strategien zu sprechen kommen, wie man mit dem Problem fertig wird. Es ist ein bis dato unbekanntes Virus aufgetreten, das im normalen Umgang von Mensch zu Mensch ansteckend ist. In einer bislang umstrittenen Zahl von Fällen verläuft die so ausgelöste Krankheit (Covid-19, vulgo Corona) tödlich. Ein zur Bekämpfung dieses Virus geeignetes Medikament ist nicht vorhanden.

Das Problems lautet nun: Wie kriege ich die Situation so in den Griff, dass nicht zusätzlich Schäden entstehen, die weit über das hinausreichen, was an Schäden durch das Virus unmittelbar ausgelöst wird? Mit andern Worten: Ich muss bei der Bekämpfung darauf zielen, dass durch die Bekämpfungsmaßnahmen nicht mehr Menschen geschädigt werden oder sogar zu Tode kommen als durch die Erkrankung infolge des Virus selbst.

An dieser Kernfrage werden sich bereits die Geister scheiden. Ich bin kein Mediziner, geschweige denn ein Virologe oder Epidemiologe, aber ich kann Sachdarstellungen auf ihre Plausibilität hin untersuchen und dann zu einer Entscheidung der Kategorie akzeptabel/nicht akzeptabel kommen. Ich weiß, dass dieser Entscheidungsmodus unbeliebt ist, denn er geht davon aus, dass Schäden unabwendbar sind, wobei ich lediglich die Wahl habe, welche Art Schäden ich in Kauf nehmen will und welche nicht.

Virologen beschreiben den möglichen Schadensverlauf der Virus-Infektion auf zwei unterschiedliche Arten: Ich nenne sie hier mit meinen Worten (1) Abriegelung, (2) Durchseuchung.

(1) Das Abriegelungsmodell besagt, dass es gelingen könnte, mit strikter Quarantäne der gesamten Bevölkerung die Ausbreitung des Virus entscheidend zu verlangsamen, die Todesfälle zu reduzieren und die warme Jahreszeit zu erreichen. Unausgesprochen steht hinter

---

[138] Es gibt einen Stamm von etwa 300 Personen, die ich mit kurzen, thematisch geordneten Updates über meine Schreibarbeiten versorge. Von hieraus finden diese, von mir als Episteln bezeichneten Beiträge in aller Regel ins Internet auf diverse Plattformen, welche, wenn sie höflich sind, bei mir um Abdruckerlaubnis nachsuchen. Diesen Weg nach nahm auch die vorliegende Epistel.

diesem Modell, dass a) die Weiterverbreitung im Sommer von selbst stoppt und b) dass es gelingen werde, in absehbarer Zeit ein wirksames medizinisches Gegenmittel zu entwickeln und anzuwenden.

(2) Das Durchseuchungsmodell besagt, dass man das Virus nur stoppen könne, wenn möglichst breite Teile der Bevölkerung infiziert würden. Die Rede ist von 60-70 Prozent. In diesem Fall würde eine Selbst-Immunisierung der Bevölkerung eintreten. Die hierbei auftretenden Todesfälle seien – wie bei jeder anderen Viren- oder Bakterien-Seuche auch – in Kauf zu nehmen. Die Zahl der zu erwartenden Toten sei überschaubar, da das Virus nur bei denjenigen tödlich wirke, die bereits wegen ihres geschädigten Immunsystems gegen keinerlei Gesundheitsherausforderung mehr gewappnet seien. Die Zahl der hiervon betroffenen Personen läge im Zehntel-Promille-Bereich der bislang Infizierten oder sogar noch darunter. Hinter diesem Modell steht die Vorstellung, dass die erfolgreich überstandene Infizierung eine Selbst-Immunisierung bewirke.

Macht alles dicht – das Modell der Quarantäne in der politischen Praxis: Wir erleben im Augenblick, wie die Staaten der westlichen Welt das Quarantänemodell in die politische Praxis umsetzen. Hierzu gehört die Schließung der Staatsgrenzen – nur Deutschland beteiligt sich nicht konsequent (denn die Kanzlerin will das nicht). So können, während ich diese Zeilen schreibe, Willkommensbürger aus dem Corona-Risikostaat Iran weiterhin ungehindert via Frankfurt am Main ins gelobte Land einreisen.

Zumindest ist es aber so, dass seit Tagen schon die Grenzen für eine Ausreise aus Deutschland durch die Anrainerstaaten dichtgemacht worden sind. Diese Ausreisesperre gilt auch für Nordamerika und von außerhalb der EU in die Union hinein. Ob dieses Einreiseverbot in die EU auch für die sogenannten Flüchtlinge gilt, habe ich nicht herausfinden können. Vermutlich sucht die Kommission in Zusammenarbeit mit der deutschen Kanzlerin noch nach einer europäischen Lösung, wobei im Moment die Tendenz erkennbar ist, dass außer Deutschland und Luxemburg niemand mehr weitere Einreisen wünscht.

Die Staatenquarantäne hat riesige Löcher, denn überall erlauben es die verschiedenen Nationalstaaten ihren Staatsangehörigen, in die Heimatländer zurückzukehren. Das entbehrt nicht der Komik, denn – wie man erfahren musste – ist das Virus ein gelehriger Schüler der *One World*-Ideologie, das heißt, es hat keinen Pass und hält sich nicht an Nationalitäten. So reisen denn die Infizierten als Boten des Virus in ihre bislang verschonten Heimatländer zurück. Was wie ein schlechter Witz klingt, ist indessen Realität, denn es sind besonders die Arbeitnehmer aus dem grauen Arbeitsmarkt, die aus Deutschland plötzlich und unerwartet verschwinden, obwohl sie von niemandem hierzu aufgefordert worden sind. Was der eine oder andere begrüßen mag, ist nicht zu

Ende gedacht, denn ein empfindlicher Mangel im privaten Pflegebereich ist aktuell die Folge.

Die Staatenquarantäne wirkt sich zum Beispiel unmittelbar auf den Tourismus aus. Was man belächeln mag, wird handfeste Folgen zeigen. Ich gehe davon aus, dass weite Teile der Tourismus-Branche im In- und Ausland in die Knie gehen werden. Zu deutsch: Sie machen Pleite: Reisebüros und -veranstalter, Busunternehmen, Fluglinien, Flughäfen. Es folgen auf dem Fuße Hotelausstatter, Bus- und Flugzeughersteller. Das ist nur eine und zudem eine kleine Branche. Es werden alsbald die deutschen Exportweltmeister nachziehen: Auto, Chemie, Maschinenbau. Das Produzieren auf Halde können sich nur diejenigen Unternehmen leisten, die zu groß sind, um zu sterben.

Die Staatenquarantäne hat auch ihr Gutes, was nicht verschwiegen werden soll. Der Nationalstaat ist am ehesten in der Lage, katastrophalen Binnenlagen durch rigorose Maßnahmen zu begegnen. Er besitzt in aller Regel die Autorität, die sich im Bedarfsfall auf Zwangsmittel stützt. Er besitzt noch etwas anderes, was in Deutschland – und eigentlich nur dort – seit Jahr und Tag verteufelt worden ist: Er besitzt die Möglichkeit, an den nationalen Gemeinsinn zu appellieren. Überall rundum in der westlichen Welt vernehmen wir solche Töne. Nun, wir Deutschen haben halt das Pech, dass wir eine Kanzlerin haben, die das Zittern überfällt, wenn die Nationalhymne ertönt, und einen Bundespräsidenten, dem der Antifaschismus so sehr ans Herz gewachsen ist, dass er nicht weiß, dass es auch normale Deutsche gibt.

Neben der Staatenquarantäne sehen wir nun, dass in Deutschland (und anderen Nationalstaaten) die Binnenquarantäne ausgerufen wird. Dies wird mit dem Hinweis flankiert, dass die Leute sich nicht gegenseitig anstecken, sondern von zu Hause aus ihrer Arbeit nachgehen sollen. Dieses Modell beinhaltet einen Denkfehler: Es gibt Arbeiten, die man von zu Hause aus nicht erledigen kann. Wer's nicht glauben will, lese wenigstens die Pressemitteilung von VW, das Werk Wolfsburg und andere dichtzumachen. Ich habe keine Ahnung, ob sich unsere Politlenker vorstellen, man könne VWs von zu Hause aus bauen. Ich habe auch keine Ahnung, ob sie die Vorstellungskraft besitzen, was das bedeutet, wenn VW dicht macht. VW ist einer der Riesen, die zu groß sind, um zu sterben. Aber Hunderte von Zulieferern, mit Zehntausenden von Arbeitern sind es nicht. Sie können und werden nicht auf Halde produzieren, sondern sie werden pleitegehen.

Das Interessante wird sein: Ist es möglich, eine zum Stillstand gebrachte Erwerbsgesellschaft wie einen abgeschalteten Computer wieder hochzufahren? Kein Mensch weiß das. Auch weiß keiner, wann das geschehen soll. Während ich diese Zeilen schreibe (17. März 2020), verkündet der Neu-Guru, der Leiter des Robert Koch-Instituts (ehedem Bundesgesundheitsamt), dass er von einer Quarantäne-Lösung von mindestens zwei Jahren ausgehe. Das mag immunologisch prächtig sein, realistisch ist dies nicht – unter keinem denkbaren Gesichtspunkt.

Nach meiner Einschätzung steht spätestens in einem Monat die Abriegelungslösung auf dem Prüfstand des wirklichen Lebens. Unternimmt die Politik dann nichts Praxisverwertbares, wird ihr die Entscheidungs-Vorherrschaft aus der Hand genommen. Im allergünstigsten Falle werden die wenigen verbliebenen Unternehmungslustigen in unserm Land die Sache selbst in die Hand nehmen und auf das Gros der Reglementierungen pfeifen. Sie werden dann bald willige Mitmacher finden, denen das Hemd näher ist als der Rock. Eine offene Frage ist, ob die Vernunftbegabten das Wiederanfahren der produktiven Gesellschaft mit Gewalt erzwingen werden. Ich nehme es an.

Man sieht schon: Nicht alles, was mir im März 2020 durch den Kopf ging, ist dann auch so eingetroffen. Vor allem habe ich falsch eingeschätzt, wie lange unser Land den Lockdown aushält. Aber immerhin: Das Denken in Alternativen, was die Entscheidungsgrundlagen und die später zu treffende Entscheidung selbst anlangt, war vor einem Jahr nicht falsch und ist es heute, nachdem viele weitere Fakten bekannt sind, schon gar nicht.

Apocalypse Now: Die Propheten des Untergangs und ihr Werkzeug des Worst Case-Szenarios

Damals wusste ich nicht, dass der Entscheidungsprozess innerhalb der Bundesregierung einen Weg nahm, der wegen seiner Lächerlichkeit mit dem Wort Satire nicht richtig zu beschreiben ist. Die Einzelheiten, die hierüber in zwei Schüben in die Öffentlichkeit gelangten, sind so haarsträubend, dass man zunächst geneigt ist, sie für böswillige Erfindungen zu halten.

In der Bundesregierung fiel im März 2020 die Entscheidung für die chinesische Lösung,[139] also den Lockdown. Das

---

[139] Chinesische Lösung: Der Begriff hat im deutschen Politjargon eine eigenartige Wandlung vom absolut Negativen ins Positive durchgemacht. DDR-Oppositionelle, von denen der Begriff herstammt, bezeichneten damit die befürchtete Möglichkeit, dass die SED-Führung auf das Volk schießen lassen würde, so wie es die Pekinger

Bundesinnenministerium (BMI) wurde beauftragt, die Begründung für diese Lösung herbeizuschaffen. Der Leser merkt an, dass dies die falsche Reihenfolge sei. Erst komme die Faktensammlung, dann die Möglichkeiten-Diskussion und sodann die Entscheidung. Das stimmt, doch hier war es anders – wieder einmal in der Kanzlerschaft der Angela M.

Nach dem Motto Von-China-lernen-heißt-siegen-lernen wurde auf die Lockdown-Methode gesetzt, von der niemand bis heute weiß, ob sie die behauptete Wirkung im Reich der Mitte überhaupt gehabt hat, denn von Chinas Interna bekam die übrige Welt nur mit, was die dortigen Herrscher für mitteilenswert hielten. Der WHO blieb das Land selbstverständlich verschlossen. Erst im Januar 2021, also über ein Jahr nach den vermuteten Ereignissen von Wuhan, durften die ersten Offiziellen der WHO zur Inspektion in die chinesische Provinz einreisen. Was sie dort angeblich feststellten, habe ich weiter vorn in diesem Buch geschildert.

Zurück nach Berlin: Nachdem dort Anfang März 2020 die Grundendscheidung für den Lockdown gefallen war, erhielt das BMI den Auftrag, einen an diese Entscheidung angepasste Lagebeschreibung zu fabrizieren.[140] Die zuständigen Beamten[141] hatten offensichtlich kein gutes Gefühl hierbei, denn sie beauftragten stattdessen sog. wissenschaftliche Instanzen, die notwendigen Argumente anzuliefern – und zwar genau für das

---

Führung im Sommer 1989 gerade vorexerziert hatte. Im politischen Neusprech der Gegenwart ist die chinesische Lösung hingegen positiv gemeint, sie bedeutet, sich an den erfolgreichen chinesischen Maßnahmen ein Beispiel zu nehmen.

[140] Die bekannt gewordenen Fakten lassen keinen anderen Schluss zu, als dass die sachangemessene Risikoanalyse unterblieb, wie sie den Vorgaben derselben Behörde, nämlich des Bundesinnenministeriums, entsprochen hätte, vgl. hierzu Bericht des BMI zum Bevölkerungsschutz 2012, abgedr. Bundestags-Drs. 17/12051 vom 1.3.2013.

[141] Nach einem Bericht der Tageszeitung *Die Welt* war einer der Staatssekretäre des BMI, Markus Kerber, federführend bei dem nur als hanebüchen zu bezeichnenden Verfahren, vgl. Reinhard Werner: Seehofer bestellte wissenschaftliche Rechtfertigung für harten Lockdown, *Epoch Times* (dt. Ausg.) vom 8.2.2021, https://www.epochtimes.de/politik/deutschland/seehofer-bestellte-wissenschaftliche-Rechtfertigung-fuer-harten-Lockdown [Abruf: 8.2.2021; Kopie im Arch. d. Verf.].

vorformulierte Ergebnis.[142] Also auch hier: Man stellte den normalen Entscheidungsablauf auf den Kopf.

Nicht jedem gefiel das. Und ausgerechnet der zuständige Referent für die Bearbeitung von republikweiten, länderübergreifenden Notlagen widersprach der angeordneten Methode.[143] Er listete in einem umfangreichen Aktenvermerk auf, was jetzt, in dieser konkreten Phase, zu unternehmen sei. Zu seinen Hinweisen gehörte ziemlich genau das, was auch ich im selben Monat zur Lagebeurteilung zu Papier gebracht hatte,[144] nämlich eine auf Fakten gestützte Güterabwägung zwischen dem zu erwartenden Schaden durch Zwangsmaßnahmen und dem erwarteten Schaden durch den Angriff des Virus.

Dieses Ergebnis muss im Ministerium starkes Missvergnügen erzeugt haben, denn der Aktenvermerk widersprach in einer Breitseite von Argumenten der angestrebten Politik des Lockdowns, der wiederum auf einem *Worst Case*-Szenario (schlimmster anzunehmender Ausgang der Sache) beruhte.

In dem für die weiteren Aktionen der Bundesregierung zugrunde liegenden *Worst Case*-Szenario wurden über 50 Millionen Infizierte mit mehr als einer Million Toter zugrunde gelegt. Der Leser wird mit gutem Grund fragen: Wer kommt auf sowas? Aus der Phalanx der prophetischen Wunderdoktoren ist in der fraglichen Zeit einer besonders hervorgetreten. Es handelt sich um Neil Ferguson vom Royal College

---

[142] Reinhard Werner: Seehofer bestellte wissenschaftliche Rechtfertigung für harten Lockdown, *Epoch Times* (dt. Ausg.) vom 8.2.2021, https://www.epochtimes.de /politik/deutschland/seehofer-bestellte-wissenschaftliche-Rechtfertigung-fuer-harten-Lockdown [Abruf: 8.2.2021; Kopie im Arch. d. Verf.].

[143] Es handelt sich um den Oberregierungsrat Stephan Kohn, vgl. *Prabels Blog* vom 14.5.2020, https://www.prabelsblog.de/2020/05/oberregierungsrat-kohn-ist-kein-koronaleugner/ [Abruf zuletzt: 19.1.2021; Kopie im Arch. d. Verf.].

[144] Ich erwähne diese Übereinstimmung nicht, um ihm oder mir selbst zu schmeicheln, sondern weil ich der Überzeugung bin, dass dies die logisch und fachlich gebotene Methode war.

in Großbritannien. Seine lautstark verbreiteten Prognosen[145] für sein Land, für Europa, für Nordamerika[146] und die ganze Welt waren furchterregend. Sein Einfluss auf die sodann stattfindenden politischen Entscheidungen ist kaum zu überschätzen.

Zahlen, Kurven, Hexerei: Der britische Mathematiker Neil Ferguson vom Royal College hält die Welt seit etlichen Jahren mit Seuchen-Modellierungen, die sich im Nachhinein als abenteuerliche Fehlprognosen erweisen, in Atem. Seine Corona-Prophetien stellen alles bisher Dagewesene in den Schatten (Bild: Royal College).

Der Einfluss, den man Ferguson einräumte, ist mit nüchternem Verstand kaum nachzuvollziehen. Ganz im Gegenteil, die zahlreichen Prophetien von Ferguson, die er in der Vergangenheit verkündet hat, hätten allen Anlass geboten, dem Manne zutiefst zu misstrauen. Hier ein paar Beispiele aus Fergusons Absurditäten-Katalog:

* Rinderwahn (Mad Cow Disease): 2002 Vorhersage von bis zu 50.000 Toten allein in Großbritannien durch den Genuss von Rindfleisch. In Wirklichkeit starben 177 Personen an BSE.

* Vogelgrippe: 2005 sagte Ferguson den Tod von bis zu 200 Millionen Menschen voraus. In Wirklichkeit starben

---

[145] Z.B. Report 9: Impact of non-pharmaceutical interventions (NPIs) to reduce Covid-19 mortality and healthcare demand, vom 16.3.2020 (https://doi.org/10.25561/77482).
[146] Für die USA prognostizierte Ferguson 2,2 Mio. Tote, wenn nicht sogleich ein Lockdown verfügt werde, vgl. J.B. Handley/Rubikon-Weltredaktion: Der Lockdown-Irrsinn, www./rubikon.news/artikel/der-lockdown-irrsinn [Abruf: 11.11.2020; Kopie im Arch. d. Vef.].

zwischen 2003 und 2009 weltweit 282 Menschen an dieser Krankheit.

* Schweinegrippe: 2009 begnügte sich Ferguson mit Angaben zur Todesrate nach dem Ausbruch der Krankheit. Er konstruierte ein *Worst Case*-Szenario, das, wenn man es in Kopfzahlen umrechnet, den Tod von 65.000 Menschen allein in Großbritannien bedeutet hätte. In Wirklichkeit starben genau 457 Personen.[147]

Es hat nicht an Kritikern gefehlt, die sich mit Fergusons Zahlen auseinandergesetzt haben. So der ehemalige Chef-Wissenschaftler des Europäischen Zentrums für Krankheitsbekämpfung und Präventionen, Johan Giesecke. Er nannte die Arbeiten Fergusons die einflussreichsten, die es je gegeben habe, und leider auch die falschesten. Vor allem die Fehlprognosen zur Schweinegrippe verursachten eine Art Vorspiel zur Corona-Panik. Deswegen warnten etliche Fachleute 2020 unverzüglich vor einem da capo.[148] Es war vergeblich.

Auch in Deutschland regte sich recht schnell argumentativer Widerspruch gegen die Lockdown-Ambitionen der Regierung. Diese Widerworte stammten nicht etwa von irgendwelchen selbsternannten Gurus aus dem anscheinend unbegrenzten Himmel alternativer Lebensweise, sondern von ganz handfesten Ärzten, wie dem Seuchen-Sachverständigen mit einer Unzahl an praktischen Berufsjahren, Dr. Wolfgang Wodarg.[149] Auch er musste es erleben, nachdem die Main-

---

[147] Zahlen nach J.B. Handley/Rubikon-Weltredaktion: Der Lockdown-Irrsinn, Rubikon vom 26.6.2020, www./rubikon.news/artikel/der-lockdown-irrsinn [Abruf: 11.11.2020; Kopie im Arch. d. Verf.].

[148] So Professor Dr. Ulrich Keil, Epidemiologe von der Universität Münster und ehemaliger Berater der WHO: „Das ist heute vergessen, da nach der ausgebliebenen Katastrophe hierzulande nicht aufgearbeitet wurde, welche Irrtümer bei der Bewertung der H1N1-Grippevirus-Infektion begangen wurden. Die Gefährlichkeit der ‚Schweinegrippe' wurde völlig überschätzt", hier zit. nach https://www.new-swiss-journal.com/post/l%C3%BCgenpolitiker-verschweigen-130-fakten-lockdown-100-umsonst [Abruf: 26.2.2021; Kopie im Arch. d. Verf.].

[149] Dr. **Wolfgang Wodarg**, Internist, Lungenarzt, Facharzt für Hygiene und Umweltmedizin. Mitglied des Deutschen Bundestages von 1994 bis 2009,

stream-Medien sich in den Lockdown-Rausch hineinge-
steigert hatten, dass er als Spinner abgetan oder in den Bereich der Unpersonen abgeschoben wurde.

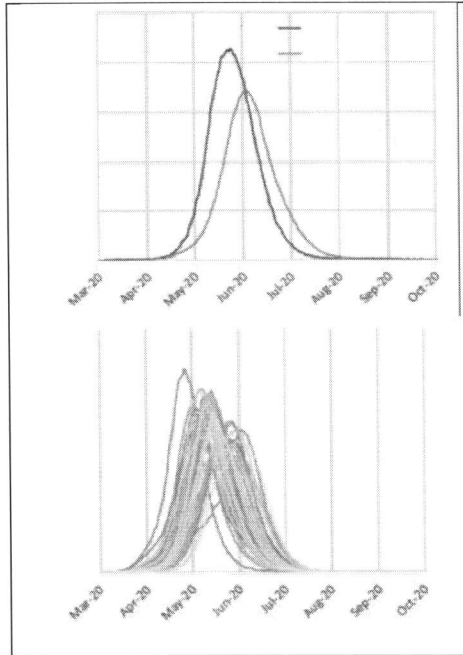

*Hokuspokus als Prinzip,
oder: Man sieht, dass man
nichts sieht: Eine der sog.
Modellierungen der pro-
gnostizierten Sterblichkeit
bei Neil Ferguson vom
Royal College, die Länder
Großbritannien und USA
betreffend – ohne und mit
Berücksichtigung der
Maßnahmen des Meisters,
veröffentlicht am
16.3.2020
(https://doi.org/10.25561
/77482). Prophetien auf
diesem Niveau dienten als
Hauptquelle für die
Begründung des
Lockdowns in den Staaten
der westlichen Welt.*

Der springende Punkt bei all den Szenarien, die durch die
wissenschaftliche Literatur geistern, ist der, dass es sich um
Modellrechnungen handelt, also um Annahmen, wie sich was
wie und wann entwickeln werde. Das möchte vielleicht noch
hingehen, wenn nicht die Zahlen, die diesen Modellrechnungen zugrunde liegen, ebenfalls auf puren Annahmen
beruhten. In Summa: Es sind Kopfgeburten, an denen nichts
real ist, nicht einmal die Ausgangszahlen. Es sind halt so

---

https://www.new-swiss-journal.com/post/l%C3%BCgenpolitiker-verschweigen-
130-fakten-lockdown-100-umsonst [Abruf: 26.2.2021; Kopie im Arch. d. Verf.].

Ansichten und weiter nichts. Was daran wissenschaftlich sein soll, außer den mathematischen Formeln, die verwendet werden, um das Publikum zu beeindrucken, das mag der Teufel wissen.

Bleibt an dieser Stelle abschließend die Bemerkung, dass die Bundesregierung, wie sich aus dem Schriftwechsel des BMI vom März 2020 ergibt, statt die Bevölkerung sachgerecht aufzuklären, gezielt auf Panikerzeugung mit Hilfe des *Worst Case*-Szenarios setzte.[150] Man muss ihr attestieren, dass sie wenigstens insofern sehr erfolgreich handelte.

Ich vertrete dezidiert, dass die aus dem Nichts stammenden Modellrechnungen Scharlatanerie sind. Ich füge hinzu, dass sie sich in zahlreichen Sparten der Prognostik durchgesetzt haben, fast immer zum Schaden des von den Ergebnissen betroffenen Publikums. Ein besonders markantes Beispiel bildet die sogenannte Klimaforschung, nach deren einschlägigen Modellrechnungen die Welt längst von einer Großkatastrophe in die nächste hätte taumeln müssen. Aktuell erwarten wir den Hitzetod. Während ich diese Zeilen schreibe (Februar 2021), liegt bei eiseskalten Temperaturen der Schnee hochgetürmt vor dem Haus.

Bleibt am Ende dieses Kapitels die Doppelfrage: Warum entwerfen Experten für gewöhnlich Horrorszenarien? Und warum hält sich die Politik so oft an solche Vorgaben? Die Antwort ist unerfreulich. Durch ein *Worst Case*-Szenario wird zunächst die Möglichkeit eröffnet, beliebige Einschränkungen zu verordnen. Egal, ob die Einschränkungen im beabsichtigten Sinne etwas bewirken oder nicht, es lässt sich stets behaupten, dass es ohne sie noch viel schlimmer gekommen wäre. *Worst Case*-Szenarien sind deswegen bei Gutachtern und Entscheidern äußerst beliebt. In jedem Fall

---

[150] Vgl. die Details bei Reinhard Werner: Seehofer bestellte wissenschaftliche Rechtfertigung für harten Lockdown, *Epoch Times* (dt. Ausg.) vom 7.2.2021, https://www.epochtimes.de/politik/deutschland/seehofer-bestellte-wissenschaftliche-Rechtfertigung-fuer-harten-Lockdown [Abruf: 8.2.2021: Kopie im Arch. d. Verf.].

kann man behaupten, das Schlimmste verhindert zu haben. Niemand kann das Gegenteil beweisen.

Dieses Modell hat nur eine einzige Schwachstelle: Die wird sichtbar, wenn sich eine genau überschaubare Gruppe nicht an die Vorgaben hält. Dann lässt sich mit peinlicher Genauigkeit nachrechnen, ob die scheinbar unausweichlichen Maßnahmen etwas gebracht haben oder ob alles nur Schein und Trug war. Zum Ärger der Lockdown-Gurus und ihrer willigen Exekutoren ist dieser unerwünschte Ausreißerfall 2020/21 eingetreten.

Es sind die Schweden, die den Vorgaben nicht gefolgt sind. Ferguson & Co waren leichtfertig genug, den Skandinaviern auszumalen, was das bedeuten würde. Sie drohten mit 400.000 Toten bis zum 1. Mai 2020 und weiteren 100.000 Opfern für den Folgemonat. Das stimmt erneut, wie schon bei der Schweinepest, der Vogelgrippe und dem Rinderwahn mit der rauen und, wie man hinzufügen muss, unspektakulären Wirklichkeit nicht überein, denn in Schweden gab es im fraglichen Zeitraum, soweit man weiß, 2.854 Todesfälle mit Sars-CoV-2.[151]

Die Herden-Erzählung: Immun oder nicht immun, das ist hier die Frage, oder ist es ein Geheimnis der dunklen Mächte?

In diesem Zwischenkapitel soll es um einige Aspekte der Herdenimmunität gehen. Das Wort bedeutet, dass eine Seuche in sich zusammenfällt, wenn so viele Mitglieder einer Gesellschaft infiziert waren und Abwehrstoffe gebildet haben, dass der Erreger der Seuche keinen neuen nicht-infizierten Wirt mehr findet. Die Angaben schwanken, bei wie viel Prozent der Mitglieder einer Gesellschaft das der Fall ist. Je schneller dies der Fall ist, desto besser für die Gesellschaft. Es

---

[151] Zahlen nach J. B. Handley/Rubikon-Weltredaktion: Der Lockdown-Irrsinn, Rubikon vom 26.6.2020, www./rubikon.news/artikel/der-lockdown-irrsinn [Abruf: 11.11.2020; Kopie im Arch. d. Verf.].

versteht sich wie von selbst, dass das Dringen auf eine Herdenimmunität der Gegenentwurf zu Lockdown-Maßnahmen ist.

So viel zur Theorie. In der Praxis hat die Herdenimmunität mehrere Pferdefüße. (1) Die spezielle Epidemie richtet eine Verwüstung innerhalb der Bevölkerung an. In Sachen Covid-19 ist genau das anhand von *Worst Case*-Szenarien immer wieder behauptet worden. (2) Der aktuell infrage stehende spezielle Erreger hinterlässt nach der Infizierung keine bleibende Immunität gegen die erneute Infizierung. Auch diese Behauptung kommt im Sommer 2020 auf. Am 28. Juni 2020 notierte ich am Morgen in mein Tagebuch:

In China ist angeblich eine wissenschaftliche Studie zur Frage der Autoimmunisierung von Covid-19-Infizierten, die schwache oder gar keine Symptome gezeigt hatten, erstellt und veröffentlicht worden.[152] Inhalt dieses Versuches an den Testpersonen sei, dass diese nur schwache Anzeichen für die Bildung von Antikörpern gehabt hätten, die überdies bei etlichen Personen nach einer gewissen Zeit wieder ganz verschwunden seien. Stimmt dies, stellt es die These von der Herdenimmunität in Frage, weil es bedeuten könnte, dass die bereits einmal Infizierten sich erneut anstecken können. Eine logische Folgerung wäre, dass die Erstellung von Immunitätsausweisen aufgrund von Antikörpertests Unsinn wäre.

---

[152] Christina Spirk: Studie – Covid-19-Antikörper im Blut nur von kurzer Dauer, *Epoch Times* (dt. Ausg.) vom 26.6.2020, https://www.epochtimes.de/wissen/forschung/studie-covid-19-antikoerper-im-blut-nur-von-kurzer-dauer-a3276378.html [Abruf: 28.6.2020, Kopie im Arch. d. Verf.]. Dieser Artikel nimmt Bezug auf eine Veröffentlichung von 18 namentlich genannten Chinesen, Quan-Xin Long u.a.: Clinical and immunological assessment of asymptomatic Sars-CoV-2 infections, natur medicin vom 18.6.2020, https://www.nature.com/articles/s41591-020-0965-6 [Abruf: 28.6.2020, Kopie als PDF im Arch. d. Verf.]. Veröffentlichungsort und Verlag sprechen nicht gegen die Seriosität dieser Publikation, denn der herausgebende Springer Verlag [nicht zu verwechseln mit dem gleichnamigen Berliner Verlag, der die Verantwortung für *Bild* und andere Produkte von zweifelhaftem Ruf trägt] ist ein renommiertes Verlagshaus für wissenschaftliche Medizin-Publikationen. Das besagt, wie man jüngst im Covod-19-Umfeld bei anderen als seriös geltenden Herausgebern feststellen musste, zwar allein genommen nichts, aber es bedeutet für den Laien immerhin, dass hier normalerweise Ernstzunehmendes ans Licht der Öffentlichkeit gelangt.

Im Laufe der nächsten Tage versuchte ich, die Meldung in ihre überprüfbaren Einzelteile zu zerpflücken. Hier sind die Ergebnisse: Nun haben die einschlägigen Tests – zu den Testmethoden werde ich im nächsten Kapitel das Notwendige sagen – etwas Erstaunliches zutage gefördert, nämlich dass eine sogenannte Infizierung auch bei Personen festzustellen ist, die keinerlei Anzeichen für die mit dem Virus verknüpften Krankheitsbilder zeigen, und daneben selbstredend Personen, die infiziert sind und Symptome auf einer Skala von Unwohlsein bis lebensbedrohender Erkrankung aufweisen. Das passt mit den Wünschen und Annahmen der deutschen Politik natürlich unter keinen Hut, denn zu deren Lieblingsprojekten gehörte im Mai/Juni 2020 die Einführung von Immunitätsausweisen.

Immunitätsausweise liegen dann zwar ab Mitte Juni 2020 formal auf Eis, doch haben sie bereits praktisch, quasi durch die Hintertür, Bedeutung erlangt, weil Urlaubsregionen im Sommer 2020 von Touristen, die sich einquartieren wollten und aus sog. Corona-Hotspots stammten, ärztliche Bescheinigungen verlangten, die dem Immunitätsausweis sehr ähnlich sind. Es bedarf kaum der Diskussion, dass derartige Bescheinigungen nur wenig hilfreich sein können, weil nicht zusammenpassende Voraussetzungen miteinander verglichen werden, denn das Vorhandensein oder Nichtvorhandensein von Antikörpern hat mit der Frage, ob einer aktuell und ansteckend infiziert sei, nichts zu tun.[153]

---

[153] So deute ich die Aussagen des Lübecker medizinischen Mikrobiologen Werner Solbach nach Äußerungen gegenüber dem Redaktionsnetzwerk Deutschland, über die am 26.6.2020 in der *Epoch Times* (dt. Ausg.) berichtet wird, N.N.: Mikrobiologe gegen Immunitätsausweis: „Wir wissen nicht, ob der Mensch, der Antikörper hat, wirklich geschützt ist", https://www.epochtimes.de/politik/deutschland /mikrobiologe-gegen-immunitaetsausweis-a3276194.html [Abruf: 28.6.2020]. Für die Aufmachung der Nachricht beim SPD-nahen RDN ist die Spitze gegen den Bundesgesundheitsminister (CDU) offensichtlich. Das muss nicht bedeuten, dass die Aussagen des Lübecker Emeritus Solbach unseriös wären; sie verstärken lediglich den Eindruck, dass Infektion und Antikörperbildung nicht parallel verlaufen. Die Presseberichte beziehen sich auf die Studie von Werner Solbach [Universität Lübeck]/Julia Schiffner [Gesundheitsamt Lübeck]/Insa Backhaus/David Burger

Nun kommt hinzu, dass einer sehr wohl infiziert gewesen sein kann und die dagegen gebildeten Antikörper zwischenzeitlich verloren hat.

Noch einmal mit anderen Worten: Es gibt offensichtlich – ausgelöst durch unterschiedliche Diagnosemethoden – unterschiedliche Ergebnisse in der Diagnostik: (1) gesund, nichts feststellbar, (2) gesund, aber positiv getestet, (3) gesund, aber infiziert, (4) infiziert, schwach (5) infiziert, schwerkrank (6) ehemals infiziert mit nachweisbaren Antikörpern, (7) ehemals infiziert ohne den Nachweis von Antikörpern. Zu allen sieben Ergebnissen wäre die Kategorie ansteckend/nicht ansteckend zu ergänzen. Bei diesem Befund stellt sich die Frage, welche diagnostische Methode eigentlich die Feststellung der Infizierung plus Ansteckungsgefahr rechtfertigt. Der Antikörper-Test als Solist kann es nicht sein, denn dieses Verfahren würde nicht erlauben, die Infektion bei Personen festzustellen, die keine Antikörper gebildet haben, bzw. gebildet haben können.

Stimmt diese Aussage, so ist eine Vielzahl der Auseinandersetzungen unter Medizinern, Virologen und Pharmazeuten nicht zu verstehen, im schlimmeren Fall unschlüssig und im noch schlimmeren Fall Spökenkiekerei. Denn eines ist ein Gebot der Logik: Der Antikörpertest lässt nur zwei Aussagen zu: Antikörper vorhanden oder nicht vorhanden – und sonst nichts.[154]

[Hansestadt Lübeck]: Antibody profiling of Covid-19 patients in an urban low-incidence region in Northern Germany, Lübeck, Juni 2020, https://www.researchgate.net/publication/341835209_ Antibody _profiling_of_Covid-19_patients_in_an_urban_low-incidence_region_in_ Northern_Germany [Abruf: 28.6.2020].

[154] Zum Stand der Antikörpertest-Herstellung und -Zulassung siehe z.B. Ralf L. Schlenger: PCR-Tests auf Sars-CoV-2: Ergebnisse richtig interpretieren, *Deutsches Ärzteblatt* 2020, 117 (24), https://www.aerzteblatt.de/archiv/214370/PCR-Tests-auf-Sars-CoV-2-Ergebnisse-richtig-interpretieren [Abruf: 1.7.2020], dort auf S. 2 des Blogs, sowie vor allem a.a.O. https://www.aerzteblatt.de/archiv/ 214379 [Abruf: 1.7.2020]): Nadine Eckert: Covid-19: Was Antikörper aussagen können: „Tests auf Antikörper zum Nachweis einer durchgemachten Sars-CoV-2-Infektion werden zunehmend nachgefragt. Doch es mangelt noch an wissenschaftlicher Evidenz für

Der Leser stellt an dieser Stelle vielleicht die Frage, was mich eigentlich berechtigt, solche Ausführungen zu machen. Das am wenigsten stichhaltige Argument gegen meine Einwendung dürfte sein, dass ich, der Verfasser, von diesen Dingen nichts verstehe. Das trifft für die Fachgebiete der Medizin, Biochemie, Pharmazie, Epidemiologie, Virologie und manches andere uneingeschränkt zu. Ich behaupte auch weder, ein Heilmittel zu besitzen – sei es ein Medikament, sei es ein Impfstoff –, und schon gar nicht behaupte ich, eine unumstößliche Nachweismethode zu kennen. Aber ich denke, die Beteiligten sollten sich in den Bahnen des Nachvollziehbaren bewegen. Das gilt vor allem dann, wenn ihre Expertise in Vorschriften für das Tag-für-Tag-Leben und erst recht in allgemeinverbindliche Politik einmündet.

Es gibt eine Vielzahl von Einfalltoren, durch welche sich Virologen und andere im Frühsommer 2020 bedenkenlos hindurchgedrängelt haben. Manche von ihnen auch nolens volens, weil hilflose Politiker sie dazu genötigt haben. In den vorderen Kapiteln dieses Buches ist davon bereits die Rede gewesen. Doch sei an dieser Stelle an jene erinnert, die sich offenbar aus eigenem Antrieb geäußert haben – und keineswegs immer klug.

Als die Frage aufkam, warum ausgerechnet in Deutschland eine sowohl absolut wie auch relativ niedrige Corona-Fallzahl im Vergleich zu anderen Ländern zu verzeichnen war, hätte es genügt zu sagen, man wisse es nicht. Doch so waren weder Aufmerksamkeit noch Ehre zu erlangen. Den Anfang der Absurditäten verdanken wir der *New York Times (NYT)*.[155] Bevor man in der *NYT* auch nur eine Zeile liest, sollte man sich klarmachen, dass diese amerikanische Tageszeitung – weltweit eine der größten und von altehrwürdigem Ruf – seit

---

die Schlussfolgerung, dass das Vorliegen von Antikörpern mit Immunität einhergeht. Fraglich ist auch die Zuverlässigkeit der mittlerweile kommerziell verfügbaren Tests." Zur Autorin (*1979): Vermutliche Selbstauskunft vom 27.2.2013, https://www.wissenschaft.de/allgemein/nadine-eckert/ [Abruf: 2.7.2020].
[155] *NYT*, Meldung vom 6.5.2020: Germany and US on Divergent Paths.

Jahren zum Kampfblatt des Ostküsten-Establishments verkommen ist. Nach meinem Eindruck gab es bis zum Jahreswechsel 2020/21 ein zentrales Thema: Wir müssen diesen Trump zu Fall bringen.[156]

Dem selbstgewählten Kampfauftrag wurden in den USA andere Themen untergeordnet, selbst wenn das Ergebnis lächerlich klang. Nun also zum Corona-Vergleich von Deutschland und Amerika. Nichts lag der *NYT* näher als ein Vergleich der *leader* (Führer), um zum gewünschten Erfolg zu gelangen: Trump–miserabel = Fallzahl hoch // Merkel–genial = Fallzahl moderat. Eine einfache Erklärung, idiotisch einfach oder, wenn man so will, einfach idiotisch.

Dunkle Materie: Der Neurowissenschafter und Mathematiker Karl Friston von der University of London äußerte statistische Bedenken gegen die Annahme, dass alle Menschen einer Gesellschaft sich am Corona-Virus infizieren könnten. Er setzte dagegen, dass 80 % not even susceptible (nicht einmal anfällig) seien (Bild: Screenshot des Verfasser von Serious Science auf YouTube, https://www.youtube.com/watch?v= RXTizOtvsE8 [29.6.2020]).

---

[156] In dem Buch *Spygate* habe ich diese Rolle der *New York Times* ausführlich beschrieben. Die plumpe Anti-Trump-Propaganda hat sich bis in die jüngste Zeit unvermindert fortgesetzt, z.B. mit der absurden Berichterstattung über angebliche russische Kopfgeldzahlungen an die afghanischen Taliban, damit diese US-Soldaten gezielt töte, was Trump gewusst, wo nicht gebilligt habe; der Vorgang ist unter Quellennennung geschildert bei Tyler Durden: Russia Gate's Last Gasp, zerohedge vom 30.6.2020, https.www.geopolitics/russia-gates-last-gasp [als pdf im Arch. d. Verf.].

Scheinbar Kurioses kam zusätzlich aus London. Der Mathematiker Karl Friston, der in Großbritannien forscht, indem er menschliche Gehirnströme in mathematische Formeln übersetzt, äußerte sich zu zwei unterschiedlichen Themen, die später miteinander vermengt wurden: (1) zum unterschiedlichen Infektionsgeschehen in Deutschland und in den USA und (2) zum statistischen Infektionsgeschehen ganz allgemein.

(1) Die offenbar weniger infizierten Deutschen, so Friston, lebten weitgehend ethnisch unberührt – ich übersetze das mal mit: reinrassig.[157] Das wäre ja ein Ding, wenn es so wäre, eine Art deutsches Wesen, an dem zwar nicht die Welt, aber diesmal sie selbst genesen würden. Er äußerte zudem einen nicht gerade auf der Hand liegenden Gedanken,[158] dass es dunkle Mächte gäbe. Da mochte eine deutsche Virologin nicht mitspielen, Melanie Brinkmann.[159] Sie wird wie folgt zitiert:

Dunkle Materie kann alles Mögliche sein – eigentlich heißt es ja nichts anderes, als dass es Dinge gibt, die wir bislang nicht kennen und erklären können. Das ist bestimmt so. [Es ist aber eher wahrscheinlich,

---

[157] Dass ich von den Rassentheorien, die in der ersten Hälfte des 20. Jahrhunderts in Europa und Nordamerika in Mode waren, nichts halte, erwähne ich an dieser Stelle nur der Vollständigkeit halber. Überrascht hat mich, dass deutsche Gesundheits-Spezialisten Anfang März 2021 einräumten, die Masse schwerer Covod-19-Verläufe in Deutschland treffe nicht Deutsche, sondern überproportional in Deutschland lebende Türken und andere Mohammedaner. Nicht überrascht hat mich das Eingeständnis, man habe mit dieser Aussage nicht an die Öffentlichkeit gewollt, um nicht des Rassismus bezichtigt zu werden.
[158] Laura Spinney: Covid-19 expert Karl Friston: „Germany may have more immunological ‚dark matter‘", [Interview von Laura Spinney mit Karl Friston], The Guardian vom 31.5.2020, https://www.theguardian.com/world/2020/may/31/covid-19-expert-karl-friston-germany-may-have-more-immunological-dark-matter [Abruf: 29.6.2020].
[159] Dr. rer. nat. **Melanie Brinkmann** (* ca. 1974), Biologin. 1993 Abitur. Nach anfänglichem Studium der Anglistik und Soziologie Wechsel zur Biologie, dort Abschluss und durchgängig Wissenschaftslaufbahn als Virologin, mit Forschungsaufenthalten in GB und USA. Schwerpunkt: Forschung zum Herpes-Virus. Seit Juli 2018 Professorin an der TU Braunschweig. Lebenslaufdaten nach https://www.robert-koch-stiftung.de/index.php?article_id=53&clang=0 [Abruf: 29.6.2020].

dass] frühzeitige Tests und zügiges und entschlossenes Handeln einen Unterschied gemacht haben.[160]

Das ist nicht nur grammatisch fragwürdig, sondern auch inhaltlich nicht ohne Reiz, denn eine Verbindung von frühzeitigen Tests und Ausbreitung der Seuche drängt sich bestenfalls auf, wenn beim ersten Auftreten der Seuche in Deutschland administrativ etwas geschehen wäre, was von anderen Ländern signifikant abwich.

Das war aber bis Mitte März 2020 nicht der Fall. Eher könnte man mit dem Finger auf das lange Zögern der Bundesregierung hindeuten, von den Länderregierungen ganz zu schweigen. Zu Brinkmann ergänzend: Sie gehört, soweit ich ihre Äußerungen verstehe, zu den Lockdown-Hardlinern.[161]

(2) Doch noch einmal zurück zu Karl Friston,[162] und zwar zu seiner eigentlich bedeutsamen Aussage. Er führte aus, als Statistiker wollte er sagen, es stimme die Grundbehauptung über die generelle Ansteckungsmöglichkeit mit Sars-CoV-2 nicht mit den statistisch zu erfassenden Daten überein. Während die landläufige Grundannahme offenbar die ist, dass sich jedermann in einer Gesellschaft mit dem Virus infizieren kann, ist die Wirklichkeit, so wie sie sich aus der Statistik aufdrängt, eine andere. Nach Friston stecken sich 80 Prozent einer Gesellschaft eben nicht an, und zwar grundsätzlich nicht (not even susceptible = nicht einmal anfällig), wobei unbekannt ist, woran das liegt.

---

[160] Christina Spirk: Neurowissenschaftler: Immunologische „Dunkle Materie" Grund für geringe Covid-19 Todeszahl in Deutschland, *Epoch Times* (dt. Ausgabe) vom 6.6.2020, https://www.epochtimes.de/wissen/neurowissenschaftler-immunologische-dunkle-materie-grund-fuer-geringe-covid-19-todeszahl-in-deutschland-a3257958.html [Abruf: 29.6.2020].

[161] N.N.: Top German virologist slams government for easing lockdown rules, Daily Mail vom 25./26.4.2020, https://www.dailymail.co.uk/news/article-8257013/Germany-police-arrest-100-protesters-Berlin-demonstrating-against-lockdown-measures.html [Abruf: 29.6.2020].

[162] Zur Beurteilung von Friston und seinen Aussagen, blam [Ps.]: Karl Friston: Up To 80 % Not Even Susceptible To Covid-19, Free Republik vom 5.6.2020, https://www.freerepublic.com/focus/f-bloggers/3852227/posts [Abruf: 29.6.2020].

Falls er recht hat, bedeutet dies, dass das generelle Herunterfahren ganzer Gesellschaften dummes Zeug war, denn vier Fünftel der Gesellschaft waren niemals gefährdet, und beim Rest verlief die Seuche so, wie Seuchen normalerweise mehr oder weniger heftig verlaufen. Lassen wir das einmal im Raum stehen. Ich kenne den Einwand der Lockdowner: Das sei eine Ex-post-Sicht. Doch das ist nicht einmal die halbe Wahrheit, denn einige Monate später, während ich dieses Buch zu Ende schreibe, sind nunmehr zwei Faktoren zu berücksichtigen: Fristons Annahmen erweisen sich immer noch als zutreffend und (!) der Lockdown besteht Monate später trotzdem weiter. Das sollte zu denken geben.

Nicht alle Schachfiguren sind Springer: Warum nur einige Virus-Träger gefährlich im Sinne der Ausbreitung einer Seuche sind, sowie eine Abschweifung zur Frage, wer hier eigentlich nach den Gesetzen des Rechtsstaats der Störer ist

Die soeben beschriebenen Erwägungen von Karl Friston haben den Blick dafür geöffnet, dass es unter Umständen einen gewaltigen Unterschied zwischen der Gesamtbevölkerung und den Infizierbaren gibt. Letztere sind nur eine Teilmenge – mitunter eine eher kleine. Dieses Problem ist nur eine der beiden Seiten, um die Ausbreitungsgefahr einer Seuche zu beschreiben: die Nicht-Infizierbaren als ein passiver Teil des Problems. Daneben gibt es einen aktiven Teil: Dieser speist sich aus der Tatsache, dass nur ein bestimmter Anteil der Menschen, die Träger des Seuchen-Virus sind, dieses auch weiterzugeben vermögen.

Es liegt auf der Hand, dass man diejenigen, welche den Erreger weitergeben können, erst mit zeitlicher Verzögerung im Verlauf der Seuche erkennen kann. Voraussetzung ist, dass man das Vorliegen einer Seuche erkannt hat und dass man den Erreger erkannt hat. Diese simple Wahrheit gilt auch für das Virus mit dem Namen Sars-CoV-2. Ich rede hier – um das vorab klarzustellen – von der Weitergabe des Virus von Mensch zu Mensch, und nur hiervon.[163]

Covid-19 ist eine Infektionskrankheit, deren Erreger von Mensch zu Mensch weitergegeben wird. Soweit ich das bislang sehen konnte, wird das durch niemanden ernsthaft infrage gestellt, sodass diese Erkenntnis einen Rattenschwanz menschlicher Abwehrmaßnahmen auslöste. Schaut man sich diese Abwehrmaßnahmen näher an, so beruhen sie auf der Vorstellung, dass jeder jeden anstecken kann. Das stimmt bereits hinsichtlich der Ansteckbaren nicht, aber ebenso wenig hinsichtlich derjenigen, die selber anstecken können. Davon muss nun die Rede sein.[164]

Während der Behandlung einer Frau im Frühjahr 2020 in einem chinesischen Krankenhaus wegen akuter Herzprobleme fanden die Ärzte, ohne gezielt hiernach zu suchen, heraus, dass die Patientin mit Corona infiziert war, ohne irgendwelche einschlägigen Symptome zu zeigen. Die Ärzte und die Gesundheitsbehörden nahmen dies zum Anlass, alle Kontaktpersonen dieser Frau zu isolieren und auf das Corona-Virus zu testen. Das Ergebnis war verblüffend, denn niemand hatte sich bei ihr angesteckt. Das galt sowohl für ihr häusliches Umfeld als auch für das gegenwärtige Krankenhauspersonal.

Beim untersuchten Klinikpersonal war die Nichtansteckung besonders bemerkenswert, da diese Personen in ge-

---

[163] Breits beim Vorgänger-Virus, dem ab Herbst 2002 aufgetretenen Sars-CoV, war die Herkunft des Virus aus Schleichkatzen diskutiert worden, vgl. Pschyrembel, S. 1615 f. Beim Auftauchen von Sars-CoV-2 im Spätherbst 2019 wurde die Herkunft des Virus aus Tieren breit diskutiert, später kam die Diskussion von Haustieren hinzu, bevorzug von Katzen, vgl. Tim Sumpf: Studie: Katzen können sich mit Sars-CoV-2 infizieren und übertragen – zeigen aber keine Symptome, *Epoch Times* (dt. Ausg.) vom 15.5.2020, https://www.epochtimes.de/gesundheit/studie-katzen-koennen-sich-mit-sars-cov-2-infizieren-und-uebertragen-zeigen-aber-keine-symptome-a3240340.html [Abruf: 1.7.2020]. Zur Diskussion um die Übertragung von und auf Schlachtvieh siehe Kap. 20.

[164] Es handelt sich um einen Aufsatz in *Nature Medicine*, vom 18.6.2020: Quan-Xin Long u.a. [siehe Quellenverz.]: Clinical and immunological assessment of asymptomatic Sars-CoV-2 infections, *Nature Medicine* vom 18.6.2020, https://www.nature.com/articles/s41591-020-0965-6 [Abruf: 29.6.2020, als PDF Kop. im Arch. d. Verf.].

schlossenen Räumen tagelang engen Kontakt zur Patientin gehabt hatten und bei diesen Kontakten keinerlei seuchen-typische Schutzmaßnahmen getroffen worden waren. Man hätte also annehmen können, gerade unter diesen auch min-destens einige infizierte Personen zu finden, doch das war nicht der Fall.

Die chinesischen Forscher sahen sich veranlasst, die Basis für diese erstaunliche Erkenntnis zu verbreitern, und taten dies durch die Untersuchung von weiteren Infizierten ohne Erkrankungs-Symptome.[165] Das Ergebnis war dasselbe. Noch einmal, falls das Ergebnis stimmt und verallgemeinerungs-fähig ist, heißt das: Infizierte mit Sars-CoV-2, die selbst keine Symptome für eine Erkrankung an Covid-19 zeigen, sind nicht ansteckend.

Dieses Ergebnis widerspricht aller landläufigen Erkennt-nis, die ich aus den öffentlichen Verlautbarungen in unserm Land glaube herauslesen zu können, nämlich dass ein an-steckender Erreger halt ansteckend ist, wo immer er gerade im angesteckten Menschen zu Hause ist, und was er dort gerade tut. Nur die Wirklichkeit scheint dies nicht abzubil-den. Ich nehme an, dass ich aus diesem schlichten Grund, den man nach dem Motto das-darf-doch-nicht-wahr-sein zusam-menfassen könnte, in der Berichterstattung diese Sensation nicht breit diskutiert finden konnte. Würde man die soeben vorgetragenen chinesischen Erkenntnisse ernst nehmen, wäre dies Anlass, viele der Behauptungen über die Verbrei-tung des Corona-Erregers zu revidieren.

Als Laie kann ich nicht beurteilen, ob die chinesischen Angaben zutreffen. Das müssten wohl andere erledigen. Zumindest jedoch kann ich die Zielsetzung der chinesischen Arbeiten deutlich sehen. Sie bestand darin, den Unterschied im Ansteckungsgrad zwischen dem Erkrankten und dem nicht-symptomatischen Verlauf auch nachzuweisen.[166] Das

---

[165] Quan-Xin Long u.a.; a.a.O.
[166] Quan-Xin Long u.a.; a.a.O., beispielsweise auf S. 10 f. (pdf).

bedeutet: Infiziert ist nicht automatsch infektiös. Nimmt man das ernst, könnte man auf die Idee kommen, dass die bis jetzt eingeführten Tests nicht gerade optimal zu nennen sind, weil sie ein wesentliches Merkmal der Infektion nicht abzudecken vermögen, nämlich infiziert und ansteckend vs. infiziert und nicht ansteckend. Das wäre wohl einen Extra-Gedanken wert. Auf ein weiteres Problem der Tests – nämlich ob sie überhaupt eine Infektion messen können – werde ich im jetzt folgenden Kapitel eingehen.

An dieser Stelle bleibt festzuhalten, dass die Nichtunterscheidung von infiziert und infektiös zu unsinnigen Maßnahmen führen muss. In die spröden Worte eines Verwaltungsjuristen übertragen, werden Störer (= die Infektiösen) mit den Nicht-Störern (= Nicht-Infektiöse) in einen Topf geworfen. In diesem Topf befinden sich letztlich Nicht-Infizierte und Infizierte, bei den Letztgenannten sowohl Nicht-Infektiöse und Infektiöse. Es gehört zum Schulbuchwissen des Juristen, dass das Vorgehen gegen Nicht-Störer erst zulässig ist, wenn das Vorgehen gegen den Störer aussichtslos ist.

Diese simple Regel entspricht nicht dem, was wir bei den jetzigen Maßnahmen erleben und zu erdulden haben. Es ist die in diesem Buch an mehreren Stellen besprochene und beanstandete Rasenmäher-Methode, die den Staat und seine Organe veranlassen, gegen jedermann vorzugehen, um sich vor der Entscheidung drücken zu können, wer da in Wirklichkeit das Zusammenleben stört.

Inneres Motiv für diese offensichtliche staatliche und gesellschaftliche Fehlentwicklung ist das Anbeten des Gleichheitsprinzips. Es hindert den Entscheider daran, die notwendigen Unterscheidungen zu treffen. Stimmt nicht? Der Leser mache die Probe aufs Exempel und popularisiere die folgende Aussage: Das staatliche Vorgehen gegen den Bürger ist nur zulässig, wo dieser als Störer des Gemeinwohls auftritt. Störer in diesem Sinne ist bei der Corona-Seuche ausschließlich der an Covid-19 Erkrankte, der zudem infektiös ist. Und sonst niemand.

215 schwangere Frauen ... wurden bei der Aufnahme [in die Klinik] auf Symptome von Covid-19 untersucht. Vier Frauen (1,9%) hatten bei der Aufnahme Fieber oder andere Symptome von Covid-19, und alle vier Frauen wurden positiv auf Sars-CoV-2 getestet. Von den 211 Frauen ohne Symptome waren alle bei der Aufnahme fieberfrei. Von 210 der 211 Frauen (99,5%), die keine Symptome von Covid-19 aufwiesen, wurden Nasen-Rachen-Abstriche entnommen; von diesen Frauen waren 29 (13,7%) positiv für Sars-CoV-2. Somit wiesen 29 der 33 Patienten, die bei der Aufnahme positiv für Sars-CoV-2 waren (87,9%), bei der Präsentation keine Symptome von Covid-19 auf.[167]

14. Kapitel
Im Innern eines Ungeheuers von winzigen Ausmaßen: Was man von Tests glauben soll, und was man wissen sollte

„Virusausbrüche sorgen für Beunruhigung", so titelte der Nachrichtensender *NTV* am 24. Juni 2020 und ließ den Doktor Specht zu Wort kommen, der den Zuschauern als Experte präsentiert wurde.[168] Nüchtern könnte man auch so formulieren: Der sogenannte Nachrichtensender versuchte, für Beunruhigung unter einer Meldungs-Überschrift zu sorgen, zu der ein parallel laufender Kommentar nicht passen mochte, denn der Doktor-Experte sagte dieses hier:

Das Corona-Virus hält uns weiterhin in Atem. Ständig tauchen neue Fragen auf, leider auch viele Falschinformationen und panikfördernde Überschriften. Häufig handelt es dabei um aus dem Zusammenhang

---

[167] Dr. Desmond Sutton, Dr. Karin Fuchs, Dr. Mary D'Alton, Dr. Dena Goffman, Columbia University Irving Medical Center, New York, NY, hier zit. nach https://www.new-swiss-journal.com/post/l%C3%BCgenpolitiker-verschweigen-130-fakten-lockdown-100-umsonst [Abruf: 26.2.2021; Kopie im Arch. d. Verf.].
[168] Dr. med. **Christoph Specht** ist nach Eigenangaben Arzt und Medienkorrespondent. Spätestens seit dem 2.3.2020 ist Specht in Sachen Corona als Fachmann im Fernsehen tätig, vgl. ZDF vom 2.3.2020, https://www.zdf.de/verbraucher/volle-kanne/corona-update-100.html [Abruf: 26.6.2020]. Wie damit die zitierte Corona-Eigeneinschätzung von Specht zu vereinbaren ist, erscheint erörterungsbedürftig, http://www.doktor-specht.de/blog/page/2/ [Abruf: 24.6.2020].

gerissene Zitate von Fachleuten, die niemals diesen panischen Unterton beabsichtigt haben.[169]

Wie gesagt, man denkt, man hat sich verhört, denn die eigentliche Nachricht, zu der dieser Kommentar passen soll, sah ganz anders aus.

Fürchtet euch: Der Doktor-Experte als Dauergast im Fernsehen, hier: NTV am 24.6.2020 (Bild: Screenshot durch den Verf.).

Spätestens die verwirrenden Meldungen im Fall Rheda-Wiedenbrück – hierzu gibt es weiter hinten im Buch ein eigenes Kapitel – haben mich veranlasst, das zu tun, wovor ich mich wochenlang gedrückt habe, nämlich die Geheimnisse um das Test-Gerede und die einschlägig genannten Fallzahlen zu erforschen. Wie sehr ich damit auf schwankenden Boden vorgedrungen bin und durch eigenes Unvermögen mit dem größten Blödsinn Zeit vertan habe, mag meine Tagebuchnotiz vom 27. Juni 2020 belegen:

Den gestrigen Tag habe ich vergeblich damit zugebracht, die Seriosität von Covid-19-Tests zu hinterfragen. Eine Anregung gab ein Aufsatz in der *Epoch Times* vom 24./25.6., den ich gewohnheitsgemäß in seine Bestandteile zerlegt hatte, um die einzelnen Tatsachenbehauptungen einer Kontrolle zu unterwerfen.[170] Gleich das erste Element erwies sich als Flopp.

---

[169] http://www.doktor-specht.de/blog/page/2/ [Abruf: 24.6.2020].

[170] Steffen Rabe: Covid-19: Statistik für Fortgeschrittene – Arzt: „Je mehr Tests, desto weniger Grundrechte" + „Tönnies"-Update, *Epoch Times* (dt. Ausg.) vom 24./25.6.2020, https://www.epochtimes.de/meinung/gastkommentar/covid-19-

Was also ist mit dem gestrigen verplemperten Tag zu tun? Die Sache einfach fallen lassen oder den Autor anschreiben? Das ist ein Münchner Arzt, der offensichtlich die Öffentlichkeit sucht, weil er ein Pharma-Industrie-Gegner ist. Sein Schlachtruf ist: Keine Einladungen annehmen. Das klingt respektabel, aber wenn er für sein Tun Falsch-informationen nutzt, verdient er kein Lob.

Zwischenergebnis des morgendlichen Nachdenkens: Der Corona-Fall besteht aus ungeheuer vielen winzigen Einzelsträngen. Ich werde mich disziplinieren müssen, mich nicht in den Fäden zu verheddern.

Ich habe dann schließlich an der Sache weitergearbeitet, indem ich den Münchner Arzt Steffen Rabe anschrieb und um Auskunft zu seinen Quellen bat. Die Antwort kam innerhalb von Minuten, und sie war so kryptisch, dass ich erst mal meinen Ärger runterschlucken musste. Dann ging ich zu Werke und wurde fündig.

Gradlinig wie eine Achterbahn: Behauptungen und Wirklichkeit rund ums Testgeschehen

Der Ausgangspunkt jeder Prognostik für gescheite Seuchen-bekämpfung ist die Frage, wer krank ist und wer nicht. So dachte ich jedenfalls bis vor Kurzem. Dann belehrten mich zwei Dinge eines Besseren. Zum einen handelt es sich um die Änderung der entsprechenden Richtlinie der WHO aus dem Jahr 2009, über die ich bereits berichtet habe: Die Welt-seuchen-Definition wurde um das Merkmal des Krankseins amputiert, sodass es jetzt nur noch auf die Verbreitung der Erreger ankommen soll. Im Extremfall bedeutet dies, dass eine Seuche auch dann vorliegen kann, wenn niemand an dem Erreger erkrankt. Das klingt nicht sonderlich stringent.

Zum andern ist es die bundesdeutsche Wirklichkeit, die mindestens ebenso unbegreiflich ist. Ich rede von der Durch-führung von Test, die ermitteln sollen – ja, was eigentlich?

---

statistik-fuer-fortgeschrittene-arzt-je-mehr-tests-desto-weniger-grundrechte-a3266183.html [Abruf: 25.6.2020, Kopie im Arch. d. Verf.].

Hilfreich ist ein Blick ins Bundesinfektionsschutzgesetz. Dort steht das Entscheidende im § 2:

> Eine Infektion ist die Aufnahme eines Krankheitserregers und seine nachfolgende Entwicklung oder Vermehrung im menschlichen Organismus.

Das ist ziemlich eindeutig, also zur Aufnahme des Erregers muss ein zweiter (!) Tatbestand hinzutreten, nämlich die Entwicklung oder die Vermehrung dieses Erregers im menschlichen Organismus. Passiert genau das, so liegt eine Infektion vor. Sonst nicht.

Man kann diese schlichte Regelung auch so lesen: Liegt keine Infektion vor, kommt die Anwendung von Regeln, die das Gesetz für den Fall der Infektion vorrätig hält, nicht in Frage. Die Gretchenfrage ist demnach: Liegt eine Infektion vor? Vergleicht man hiermit die Praxis, die darüber entscheidet, ob eine Infektion angeblich oder tatsächlich vorliegt, so gerät man – milde formuliert – ins Staunen.

Bei den nun folgenden Erörterungen über das Testgeschehen, wie es sich in Wirklichkeit abspielt, darf man sich nicht durch Nebenkriegsschauplätze ablenken lassen, so zum Beispiel durch die Einwendung, das ganze Geschehen sei total komplex und Ähnliches.

Es ist vielmehr die Forderung des Gesetzes und des gesunden Menschenverstandes im Auge zu behalten, dass jegliche Testung, die Infektionsmaßnahmen auslöst, zwei Dinge eindeutig beantworten muss: (1) Krankheitserreger vorhanden, (2) er entwickelt oder vermehrt sich in der Testperson. Das und nur das ist das Gebot der Stunde.

Im Trüben fischen: Der PCR-Test als Entscheidungsgrundlage bei der Corona-Bekämpfung

Die jetzt in der Praxis angewendeten Tests entsprechen den soeben erörterten Maßstäben in so gut wie keinem Fall. Die

Geschichte, die sich vor dem Auge des Lesers jetzt abspielt, ist in der Tat komplex, aber sie sollte erzählt werden, um die zahlreichen Illusionen, die in diesem Zusammenhang auf das Publikum ausgestreut wurden, zu korrigieren.

Ausgangspunkt der jetzt folgenden Erörterung ist der sog. Drosten-Test. Er ist zwar nur einer unter mehreren, jedoch in so vielen Details symptomatisch für das gesamte Testgeschehen, dass er hier als Pars pro Toto herhalten soll. Die Benennung des Tests nach dem Virologen Christian Drosten erweckt – obschon von diesem vermutlich nicht beabsichtigt – den unrichtigen Eindruck, als sei dieser sein Erfinder. Das ist nicht der Fall, wie sogleich zu zeigen sein wird.

Der Drosten-Test ist ein PCR-Test. Ich hielt ihn, als ich das erste Mal im Zusammenhang mit der Corona-Krise davon hörte, für etwas grundlegend Neues. Doch das ist nicht so. Der PCR-Test wurde von Kary Mullis[171] erfunden, der 1993 hierfür mit dem Nobelpreis ausgezeichnet wurde. Man sollte bereits an dieser Stelle ergänzen, dass der Erfinder sehr wohl wusste, was er tat. Er fasste das in die ironischen Worte:

> PCR ist ein Prozess, der aus etwas eine ganze Menge macht. Er sagt Ihnen nicht, dass Sie krank sind. Und er sagt nicht, dass das Ding, das man findet, Ihnen Schaden zugefügt hätte. Der mögliche Missbrauch des Verfahrens wäre die Behauptung, „dass die gefundenen Resultate von Bedeutung wären".

Noch einmal: Eine Hauptidentifizierungsmethode zur Feststellung der Covid-19-Infektion bei einem einzelnen Menschen ist bis Ende des Jahres 2020 die RT–PCR-Methode.[172]

---

[171] **Kary Banks Mullis** (28.12.1944 Lenoir/North Carolina/USA-7.12.2019 Newport Beach/California/USA), Chemiker, Nobelpreisträger.

[172] Lexikon der Biologie – [Stichwort] RT-PCR: „Abk. für *reverse transcription-polymerase chain reaction*, molekularbiologische Methode, bei der im ersten Schritt eine reverse Transkription und anschließend eine PCR durchgeführt wird (Polymerase Kettenreaktion). RT-PCR dient nicht nur qualitativen Analysen, wie z.B. dem Nachweis bestimmter RNA-Viren, sondern kann auch eingesetzt werden, um quantitativ z.B. den Anteil eines bestimmten Transkripts innerhalb einer RNA-Probe

Diese Methode beruht darauf, ein RNA-Biopolymer [173] durch Auslösen einer Kettenreaktion in einer Probesubstanz zu identifizieren. Ein solches Verfahren – ganz unabhängig davon, wie man seine Zuverlässigkeit einschätzt – kann nur funktionieren, wenn man den Bauplan des nachzuweisenden Moleküls zuvor entschlüsselt hat. Diese Entschlüsselung hat im Falle von Covid-19 angeblich im Januar 2020 stattgefunden. Die einschlägige Veröffentlichung durch die US-amerikanische Biosubstanzen-Analysebehörde NCBI sollte dies ausweisen. [174] Das ist, wie ich an anderer Stelle ausgeführt habe, in Fachkreisen umstritten.

Trotz allen Lexikonwissens blieb mir unklar, warum man das Nachweismaterial vervielfältigen muss, wie es beim PCR-Test geschieht. Ich fragte daher einen Fachmann, was der Grund für diese Hexerei sei. Ich fasse die Antwort [175] mit meinen Worten zusammen: Der PCR-Test dient dem Nach-

---

zu ermitteln", zit. nach https://www. spektrum.de/lexikon/biologie/rt-pcr/57724 [Abruf: 28.6.2020].

[173] RNA = engl. Abk. für ribonucleid acid, dt. RNS = Ribonuleinsäure. Biopolymer aus Ribonucleideinheiten, das in allen Organismen und in Viren vorkommt, vgl. Pschyrembel, Stichwort RNA, S. 1591.

[174] https://www.ncbi.nlm.nih.gov/nuccore/LR757998.1?report=graph [Abruf: 26.6.2020]).

[175] Mail von Dieter Böhme aus Gera an den Verf. vom 11.2.2021, im Arch. d. Verf.: „Die beim PCR-Test anfänglich sehr kleine Menge der für das Virus als spezifisch gehaltenen Moleküle (Nukleotide) ist zu klein, um sie nachweisen zu können. Die Menge liegt anfänglich unterhalb der Nachweisgrenze. Der Nachweis erfolgt über eine leuchtende Farbreaktion, Fluoreszenz genannt. Erst wenn genügend „Ausgangsmaterial" durch die exponentiell wirkenden Zyklen „vervielfältigt" ist und die Menge damit signifikant über der Nachweisgrenze liegt, kann der Nachweis mittels Fluoreszenz erfolgen. Liegt anfänglich eine sehr kleine Menge (unbedeutende Virenlast, oder eine Verunreinigung, ggf. durch ein Staubkorn mit „einer anhaftenden völlig belanglosen Virus-Last" vor, so muss man diese nur oft genug durch die Zyklen vervielfältigen, und kann damit jedes Molekül zu einer Menge vervielfältigen, bis man eine Farb-Fluoreszenz-Reaktion erhält. Durch die Eigenschaft der Exponentialfunktion zur Basis zwei kann die Menge leicht abgeschätzt werden. Bei je 10 Zyklen gibt es eine Verstärkung um den Faktor 1000 (genauer 1024). Man braucht dann einfach je 10 Zyklen den Faktor 1000 hinzu zu multiplizieren. 50 Zyklen würden dann verstärken um (ich setze das „*"-Zeichen hier als Multiplikations-Zeichen): 50 Zyklen = 1000 * 1000 * 1000 * 1000 * 1000 = 1 Mio. Millon Milliarden Vervielfältigung. Da bekommt jedes Staubkorn „leuchtende Augen" = Fluoreszenz."

weis von Substanzen, die wegen ihrer geringen Größe unterhalb der Nachweisgrenze des Tests liegen und deswegen exponentiell vergrößert werden.

Diese Methode führt allerdings dazu, dass bei beliebig vielen Durchläufen eine Vergrößerung eintritt, der im Ergebnis ebenfalls Beliebigkeit anhaftet. Damit ist niemandem gedient. Es kommt also darauf an, dass die Messenden sich auf eine maximale Durchlaufzahl fachlich verständigen. Für alle diejenigen, die bisher an die Naturwissenschaften als exakte Wissenschaften glaubten, ist das ein befremdendes Ergebnis. Doch wie dem auch sei: Diese Verständigung der Fachleute auf eine bestimmte Durchlaufzahl ist bis heute nicht erfolgt, obschon der Test seit über einem Jahr in Gebrauch ist. Seit Januar 2021 reden die Leute davon, dass 30 Durchläufe das absolute Maximum seien. Danach käme die Beliebigkeit.

Im jetzt folgenden Text werde ich nur unter Bezugnahme auf den Test eine Chronologie versuchen, die zeigen mag, wie komplex, um nicht zu sagen: unausgegoren, das gesamte Problem ist – eine zweite Chronologie wird der Leser, speziell zugeschnitten auf den Virologen Christian Drosten, weiter hinten im Buch finden:

* Irgendwo (in Wuhan in China), irgendwann (Ende 2019) erkranken oder sterben Leute an einer Lungenkrankheit. Auslöser ist eine Vireninfektion. Das ist nichts Neues und nichts Ungewöhnliches. Diesmal, im Dezember 2019, kommt jemand auf den Gedanken, es könne sich um eines neues, bislang nicht aufgetretenes Virus handeln. Die Entdecker sagen: Oh, ein neues Virus – Sars-CoV-2.

* Die Entdecker oder Dritte veröffentlichen im Januar 2020 einen Steckbrief dieses Virus in den einschlägigen Online-Portalen, die für jedermann zugänglich sind. Bald tritt ein Problem auf: Es wird bestritten, dass dieser Steckbrief die Realität wiedergibt, es handele sich vielmehr um eine Modellierung, niemand habe das Virus bisher isolieren können.

* Im Januar 2020 veröffentlichen Drosten et al. Angaben über einen PCR-Test zur Identifizierung dieses Virus, der beim Menschen angewendet werden soll. In der Fachwelt wird sehr bald die Fachlichkeit dieses Testes und die seiner Veröffentlichung infrage gestellt. Vor allem wird bestritten, dass der Test, selbst wenn seine Ergebnisse richtig wären, überhaupt das leisten könne, was man im Gesundheitswesen braucht, nämlich eine Infizierung im Einzelfall festzustellen.

Die Vertreter dieser Kritik heben vor allem darauf ab, die schlichte Feststellung eines Krankheitserregers bedeute im Sinne einer Infektion nichts, vielmehr müsse sich dieser festgestellte Erreger im betreffenden menschlichen Organismus entwickeln oder vermehren. Speziell zu diesen letztgenannten Tatbestandsmerkmalen könne der Test objektiv nichts aussagen, er sei nicht einmal in der Lage, das Vorhandensein eines Krankheitserregers eindeutig nachzuweisen.

* In der Folgezeit wird nichts Erkennbares unternommen, um den Test zu verifizieren. Die sonst üblichen nationalen und internationalen Prüfungs- und Zulassungsschritte bei Mitteln und Gegenständen, welche die Humanmedizin betreffen, kann ich nicht finden.

* Dennoch wird der Test von der WHO noch im Januar 2020 als wirksames Diagnoseinstrument empfohlen. Erst im Dezember 2020 nimmt die WHO von dieser uneingeschränkten Empfehlung wieder Abstand. Ab da wird der Test nur noch als ein Hilfsmittel nach (!) klinischen Befunden empfohlen. Das ist ein völlig anderer Anwendungsbereich: Vorhandene Symptome für eine Viruserkrankung sollen nun ggf. bestätigt oder falsifiziert werden.[176]

---

[176] Meiling Lee: WHO Changes CCP-Virus Test Criteria in Attempt to Reduce False Positives, *Epoch Times* (US-Ausg.) vom 23.1.2021, https://www.theepochtimes. com/ who-changes-ccp-virus-test-criteria-in-attempt-to-reduce-false-positives_3668064.html; siehe auch N.N.: WHO aktualisiert Covid-19-Testkriterien, *Epoch Times* (dt. Ausg.) vom 21.1.2021, https://www.epochtimes.de/gesundheit/ who-aktualisiert-covid-19-testrichtlinien-eine-stunde-nach-bidens-amtseinfuehrung-a3429681.html [Abruf: 22.1.2021]; das geänderte WHO-

* Zwischen der Empfehlung der WHO und dem Wiederabrücken und auch noch danach wird der Test als Standardmethode benutzt, um angebliche Infektionszahlen nachzuweisen, obwohl dies unmöglich ist. Diese Zahlen sind die Grundlage für die von der Politik ausgerufenen Seuchenmaßnahmen. Hieran hat sich bis zum heutigen Tag nichts geändert. Es sind zum PCR-Test lediglich weitere, konkurrierende Tests hinzugekommen.

Das Ergebnis dieser Chronologie ist so unglaublich, dass ich versucht habe herauszufinden, wo der Fehler stecken könnte. Ja, wo? Das Ergebnis bedeutet nämlich, dass die Entscheider der Politik sich auf Daten stützen, die so unvollständig und fragwürdig sind, dass man Mühe hat, nicht von absichtlich falsch zu sprechen. Wer einen Vergleich braucht: Die Entscheider verhalten sich so, als würden sie bei jedem vorbeifahrenden Polizeiauto rufen: Oh, schon wieder ein tödlicher Unfall, lasst uns die Straße sperren.

Man wird mir zustimmen, dass im Beispiel weder die Schlussfolgerung, geschweige denn die angeordnete Maßnahme Hand und Fuß haben. Warum die Gesetze der Logik und des zielgerichteten Verwaltungshandelns ausgerechnet in der Seuchenbekämpfung außer Kraft gesetzt werden, hat mir noch niemand erklären können.

Mit diesen Feststellungen enden die Probleme nicht – ganz im Gegenteil. Jetzt gehen sie erst richtig los, denn es ist nicht nur unklar, was der Test eigentlich misst, sondern wir müssen auch fragen: Wie genau ist denn das, was uns Tag für Tag aufgetischt wird und bis in die dritte Stelle hinter dem Komma angeblich unwiderlegliche Aussagekraft besitzt? Ich lade den Leser ein, an meiner weiteren Irrfahrt durch den Corona-Dschungel teilzunehmen.

Merkblatt: https://www.who.int/news/item/20-01-2021-who-information-notice-for-ivd-users-2020-05 [Abruf zuletzt: 21.3.2021].

Who is who: Getestete, Infizierte und Kranke, das Einfalltor für Horrormeldungen aller Art

Geht man unbedarft – so wie ich zunächst – an die im täglichen Einerlei gemeldeten Testergebnisse heran, so folgert man, dass die Positiv-Getesteten den Erkrankten entsprechen. Nichts könnte falscher sein. Richtig ist vielmehr: Nicht jeder positiv Getestete ist auch an Covid-19 erkrankt, und nicht jeder negativ Getestete ist nicht an Covid-19 erkrankt. Das liegt nicht nur daran, dass die Tests, wie ich oben beschrieben habe, gar keine Infizierung messen, weil sie das nicht können, sondern weil sie selbst für das, was sie können – nämlich das Vorhandensein oder Nichtvorhandensein von Teilen der Erreger zu messen – eine immanente Ungenauigkeit besitzen. Als Laie – so wie ich einer bin – staunt man dann, wenn man sich in die Problematik einliest.

Sensitivität und Spezifität: Unter Medizinern und Pharmakologen werden diese Begriffe wie selbstverständlich benutzt. Hinter ihnen verbergen sich Aussagen, die Abweichungen des Tests vom formalen Ergebnis (positiv/negativ) beschreiben. (1) Die Sensitivität setzt die Anzahl positiver Testergebnisse zur Summe der richtigen positiven Test plus der zu unrecht als negativ qualifizierten Tests in Beziehung. Anders ausgedrückt: Es wird die Menge der positiven Testergebnisse mit derjenigen der tatsächlich Kranken bzw. Infizierten (egal, ob positiv oder negativ getestet) verglichen. (2) Die Spezifität bezieht sich auf die negativen Testergebnisse, die mit der Summe aus zu Unrecht positiv getesteten Personen plus der zu Recht negativ getesteten Personen verglichen werden. Anders ausgedrückt: Es wird die Summe der als negativ Getesteten mit allen getesteten gesunden Personen verglichen, egal, wie deren Testergebnis war.

Aus diesem üblichen virologischen Vorgehen erfährt der Laie zu seinem Erstaunen, dass es offenbar fachlich normal ist, dass Tests die Wirklichkeit nur unvollkommen abbilden. Die Frage ist indessen, wie ungenau sie sind. Nehmen wir den in

Deutschland üblichen PCR-Test. Der basiert auf einem Rachenabstrich, der auf Corona-Viren untersucht wird. Fachliche Aussagen über die Genauigkeit dieses Tests sind so unterschiedlich, dass es schwerfällt, sich ein Urteil zu bilden. Ein deutsches, an den Testen beteiligtes Institut[177] nennt die Sensitivität (Genauigkeit der Tests) 99,3 %. [178] Dasselbe Verfahren wird durch die Johns-Hopkins-Universität nur auf ca. 70 % Genauigkeit eingeschätzt.[179]

Ich sagte es bereits am Eingang dieses Kapitels, diese Aussagen weckten bei mir die stärksten Zweifel an der Seriosität der sie verbreitenden Quelle. Ich hatte nämlich versucht, die in jenem Aufsatz angegebenen Quellen zu verifizieren, was zunächst nicht gelingen wollte (dazu gleich mehr). Deswegen wählte ich den Weg, die Angaben mit anderen allgemeinverständlichen Publikationen zu vergleichen. Das wurde ein Flopp. Ich habe nämlich – ziemlich willkürlich[180] – die für Laien bestimmte Publikation *Besser gesund Leben* ausgewählt, um mich einzulesen.[181]

---

[177] *Institut für Qualitätssicherung in der Virusdiagnostik* unter der Leitung von Prof. Zeichhardt. Diese Aussage kann ich nicht nachvollziehen. https://www.fli.de/de/institute/institut-fuer-virusdiagnostik-ivd/ [Abruf: 26.6.2020].

[178] Zahlenangaben nach Steffen Rabe: Covid-19: Statistik für Fortgeschrittene – Arzt: „Je mehr Tests, desto weniger Grundrechte" + „Tönnies"-Update, *Epoch Times* (dt. Ausg.) vom 24./25.6.2020, https://www.epochtimes.de/meinung/gastkommentar /covid-19-statistik-fuer-fortgeschrittene-arzt-je-mehr-tests-desto-weniger-grundrechte-a3266183.html [Abruf: 25.6.2020, Kopie im Arch. d. Verf.].

[179] Die Zahlenangaben werden wiederholt bei Ralf L. Schlenger: PCR-Tests auf Sars-CoV-2: Ergebnisse richtig interpretieren, *Deutsches Ärzteblatt* 2020, 117 (24), https://www. aerzteblatt.de/archiv/214370/PCR-Tests-auf-Sars-CoV-2-Ergebnisse-richtig-interpretie-ren [Abruf: 1.7.2020]. Dieser Aufsatz ist auch insofern aufschlussreich, als er das Dilemma ärztlicher Entscheidungen aufgrund ungenauer Tests, die mit verschwommenen, von Fremdwörtern strotzenden Formeln kaschiert werden, zutreffend problematisiert.

[180] Bei der Frage nach dem „PCR-Test" über meine Suchmaschine erschien der Artikel frühzeitig nach den diversen Wikipedia-Notaten, die ich aus Prinzip nicht ansteuere, weil ich deren Beiträge für zweckorientierte Teil- oder Falschinformationen halte.

[181] N.N.: Wie funktioniert der Corona-PCR-Test?, Besser gesund Leben vom 21.5.2020, https://bessergesundleben.de/wie-funktioniert-der-corona-pcr-test/ [Abruf: 26.6.2020, Kopie im Arch d. Verf.].

Der Artikel beginnt mit dem Hinweis, dass die WHO den in Frage stehenden Test empfehle. Aha. Doch auch hier trat die wenig vertrauenerweckende Tatsache in den Weg einer besseren Erkenntnis, dass gleich der erste zu dieser Behauptung eingesetzte Link zu einem irritierenden Dokument führt, nämlich einer Handlungsempfehlung aus dem Jahre 2015 (!) für Tests beim Auftreten von MERS/CoV (und zwar auf Spanisch)[182] und nicht, wie behauptet, zu Sars-CoV-2. Man fragt wie von selbst: Wusste das der Autor, und wollte er womöglich desinformieren?

Zutreffend ist indessen in deutschen Medien wiedergegeben, dass die US-Zentralbehörde für biotechnische Information bereits im Januar 2020 für sich in Anspruch genommen hat, das für Covid-19 verantwortliche Corona-Virus entschlüsselt und die Daten veröffentlicht zu haben.[183] Das Vorliegen dieses Datensatzes ist die Voraussetzung dafür, einen spezifischen Test herzustellen. Das sei gelungen, behaupten etliche Publikationen. Doch genau das ist die Frage – die Korrektheit beider Aussagen (Entschlüsselung und wirksamer Test) wird vielmehr ebenso oft bestritten.

Unter diesen merkwürdigen Startbedingungen entschloss ich mich, dem Autor des Ursprungsartikels[184] auf den Zahn zu fühlen. Es handelt sich um den Münchner Kinderarzt Dr. Steffen Rabe. Ich schrieb ihm, wie schon gesagt, eine E-Mail unter Schilderung meiner Quellenprobleme. Er antwortete binnen Minuten mit einem eher lakonischen Text: „Das ist der INSTAND-Ringversuch der PCR-Tests, den das RKI auf

---

[182] Weltgesundheitsorganisation (WHO): Dokument MERS/LAB/15.1 vom Juni 2015, https://apps.who.int/iris/bitstream/handle/10665/188247/WHO_MERS_LAB_15.1_spa.pdf;jsessionid=9552E389F52F9032F650452DC194EFF2?sequence=1
[183] https://www.ncbi.nlm.nih.gov/ nuccore/ LR757998.1?report=graph [Abruf: 26.6.2020].
[184] Steffen Rabe: Covid-19: Statistik für Fortgeschrittene – Arzt: „Je mehr Tests, desto weniger Grundrechte“ + „Tönnies“-Update, Epoch Times (dt. Ausg.) vom 24./25.6.2020, https://www.epochtimes.de/meinung/gastkommentar/covid-19-statistik-fuer-fortgeschrittene-arzt-je-mehr-tests-desto-weniger-grundrechte-a3266183.html [Abruf: 25.6.2020, Kopie im Arch. d. Verf.].

Anfrage verschickt." Immerhin schloss er „mit herzlichem Gruß".[185] Bevor ich noch richtig ärgerlich werden konnte, wurde ich fündig[186] – und mehr als das. Über mich ergoss sich ein Füllhorn an Informationen, die mich für die nächsten Stunden und Tage in Anspruch nahmen.

Ich komprimiere die Neuigkeiten auf ein notwendiges und hoffentlich verständliches Maß. Es existiert in der Tat ein Papier von 51 Seiten Umfang mit der Bezeichnung Kommentar zum Extra Ringversuch Gruppe 340 Virusgenom-Nachweis – Sars-CoV-2. Verfasser sind zwei Mediziner, Prof. Dr. Heinz Zeichhardt und Dr. Martin Kammel. Der Herausgeber des Papiers ist eine Gesellschaft zur Förderung der Qualitätssicherung in medizinischen Laboratorien e.V. Dieser Verein firmiert auch unter dem Namen INSTAND.[187] Als Vereinssitz ist Düsseldorf angegeben. In den jetzt folgenden Zeilen werde ich einigen Fragen nachgehen:

Vorab: Was ist ein Ringversuch?

Worum geht es hier?

Wer ist hier tätig geworden?

Was sind die Ergebnisse?

Was bedeuten die Ergebnisse für die Praxis der Seuchenbekämpfung?

* Vorab: Was ist ein Ringversuch? Ich übernehme hier eine Definition, die ich bei einer privaten Firma[188] entlehnt habe, die so etwas organisiert: „Ein Ringversuch (Round-Robin-Test) besteht darin, dieselben Proben von verschiedenen Laboratorien zu testen und die Ergebnisse zu vergleichen. Es

---

185 E-Mail-Austausch zwischen dem Verf. und Dr. Steffen Rabe, München, am 29.6.2020 [im Arch. d. Verf.].

186 Heinz Zeichhardt/Martin Kammel: Kommentar zum Extra Ringversuch Gruppe 340 Virusgenom-Nachweis – Sars-CoV-2. Hg von: INSTAND, Gesellschaft zur Förderung der Qualitätssicherung in medizinischen Laboratorien e.V. Düsseldorf/Berlin 02.05.2020, aktualisiert 03.06.2020 (Aktualisierungen sind [rot] hervorgehoben). [PDF (51 S.), Kopie im Arch. d. Verf.].

187 Vgl. Instand: Historie, https://www.instand-ev.de/fileadmin/uploads/Ueber_INSTAND/Historie_04.pdf [Abruf: 1.7.2020].

188 CompaLab, vgl. deren Webseite, https://www.compalab.org/de/seiten/was-ist-compalab/was-compalab-macht.html [Abruf: 2.7.2020].

können drei verschiedene Ziele verfolgt werden: eine Test-
methode validieren und die Unsicherheit der Ergebnisse bestimmen, die Eigenschaften eines Produkts bestimmen, das
als Referenzmaterial verwendet werden soll, die Zuverlässigkeit der Testergebnisse der teilnehmenden Labors be-
werten."[189]

* Worum geht es überhaupt? Das hier interessierende
Papier ist betitelt als Kommentar zu einem Ringversuch zum
Nachweis des Corona-Virus Sars-CoV-2, also des Erregers der
Seuche Covid-19. Man muss es wohl, nach Durchsicht des
Gesamtpapiers etwas genauer fassen: Es geht um die
Beschreibung von einschlägigen, jedoch aus unterschied-
licher Herstellung stammenden Testverfahren durch eine
Vielzahl von Testlabors sowie die Auswertung der ver-
sandten und sodann wieder eingesammelten Tests durch ein
virologisches Expertenteam und die Vergabe von Zertifikaten
für zutreffend erfolgte Testierungen.

Der Gesamtvorgang ist vermutlich ein Eigengewächs des
Instand e.V., das sich an jüngsten Vorgaben der Bundesärztekammer orientiert.[190] Diese Orientierung sei notwendig, weil
einschlägige Vorgaben für das hier interessierende Virus nicht
vorhanden seien. Die Durchführung des Verfahrens erfolgte
aufgrund einer Ausschreibung. Die Teilnahme der Testlabors
erfolgte aus diesem Grunde vermutlich freiwillig. Das ist eine
Abweichung zur üblichen Praxis, die von der Prüfungs-
zuständigkeit des Instand e.V. dominiert wird, der insofern
hoheitlich als staatlich Beliehener tätig wird.[191] Vorliegend

---

[189] CompaLab: Was ist ein Ringversuch (RV), https://www.compalab.org/de/seiten/
was-ist-ein-ringversuch/ [Abruf: 2.7.2020].
[190] Der hier besprochene Ringversuch ist nicht (!) Gegenstand der Richtlinie der
Bundesärztekammer zur Qualitätssicherung laboratoriumsmedizinischer Unter-
suchungen vom 18.10.2019, bekannt gemacht im *Bundesärzteblatt* vom Dez. 2019,
sodass diese nur entsprechend angewendet wurde, https://www.bundesaerzte
kammer.de/ fileadmin/user_upload/downloads/pdf-Ordner/QS/Rili_BAEK
_Qualitaetssicherg_laboratoriumsmedUntersuchungen_2019.pdf [Abruf: 1.7.2020].
[191] Vgl. Instand e.V.: [Selbstdarstellung], https://www.instand-ev.de/ringversuche/
rili-baek/ [Abruf: 1.7.2020].

kann deswegen nicht von einer Verbindlichkeit der Ergebnisse ausgegangen werden. Es ist aus dem veröffentlichten Protokoll nicht einmal klar ersichtlich, ob es sich überhaupt um eine Arbeit des Instand e.V. oder nur um eine des Hauptautors handelt.

Die Frage, welches Labor die Verfahren welches Herstellers anwendete und warum dies geschah, lässt sich aus dem Kommentar nicht ohne Weiteres ableiten. Dieser Hinweis erscheint nützlich, da es zwischen den Ergebnissen verschiedener Hersteller Unterschiede gibt. Auch ist mir aufgefallen, dass die Auswerter der Tests und gleichzeitigen Bewerter der Ergebnisse offenbar auch selbst mit eigenen Produkten teilgenommen haben. Ich kann nicht sagen, ob das bei medizinischen Testverfahren üblich ist, oder sogar vielleicht aus fachlichen Gesichtspunkten notwendig. Die allgemeine Lebenserfahrung lehrt indessen, dass es sinnvoll ist, die Schiedsrichter von den Wettbewerbern personell und institutionell zu trennen.

* Wer ist hier eigentlich tätig geworden? Die Zentralfigur des Verfahrens ist offenbar der Hauptautor des Kommentars, zugleich Leiter des Versuchs, Prof. Dr. Heinz Zeichhardt, ein Emeritus der Charité, der darüber hinaus auch als Leiter des Instituts für Qualitätssicherung in der Virusdiagnostik (IQVD) GmbH in Berlin tätig ist. Ich nehme an, dass Zeichhardt auch mit eigenen Verfahren am Versuch teilgenommen hat bzw. andere Labore hat teilnehmen lassen. Als „besonders wertvoll" – und zweimal im Gutachten expressis verbis erwähnt – wird die Mitwirkung von Prof. Dr. Christian Drosten und seinem Team bezeichnet. Drosten ist der Chefvirologe der Charité und, wie ich vermute, einer der Amtsnachfolger von Zeichhardt.

Die Ausführungen im Kommentar ergeben keinen konkreten Hinweis, ob Drosten im gesamten Verfahren mit eigenen Produkten vertreten gewesen ist und, falls ja, wie die Ergebnisse waren, und wer sie ermittelte. Diese fehlenden Angaben ziehen sich auch in den Bereich der für den Instant e.V. mitwirkenden Instant-Spezial-Laboratorien, deren Anschriften mit denen von diversen Universitätslabors weitgehend identisch sind. Unter diesen auch das Institut von Drosten in Berlin.

* Was sind die Ergebnisse des Ringversuchs? Die Ergebnisse des Ringversuchs sind mit Masse in Zahlentabellen enthalten. Erläuternder Text fehlt weitgehend. Ich vermag nicht zu beurteilen, ob dies in medizinischen Tests üblich ist. Auf jeden Fall sticht ins Auge, dass der Testbericht für Außenstehende ohne Übersetzungen ins Allgemeinverständliche kaum zu begreifen ist. Ich wage zu bezweifeln, ob dieser Mangel an Erklärendem vom gewöhnlichen Mitarbeiter eines Gesundheitsamtes oder einen normalen praktizierenden Arzt befriedigend überbrückt werden kann. Falls eine solche Aufklärung nicht beabsichtigt war, stellt sich mithin die Frage, warum das Robert Koch-Institut diesen Text auf Anforderung an Ärzte und Gesundheitsbehörden herausgibt bzw. darauf Bezug nimmt.

Schiebt man diesen Vorbehalt beiseite und sieht die im Text abgedruckten Tabellen durch, so fällt auf, dass hinsichtlich der bei den Tests erwarteten und vermutlich auch erreichbaren Ergebnisse die 100 %-Marge häufig verfehlt wurde. Zahlreiche Angaben bewegen sich im Bereich 95-99 %, einige auch signifikant darunter. Wie schon gesagt, entbehrt der Kommentar für mich nachvollziehbarer Aussagen dazu, was das für Folgen hat.

* Was bedeuten die Feststellungen im Kommentar für die Praxis der Seuchenbekämpfung bei Covid-19? Geht es nach dem Robert Koch-Institut, so wurde nachgewiesen, dass die in Deutschland verwendeten Tests zur Virus-Identifizierung mit einer hohen Trefferquote, nämlich zu 99,3 %, funktionieren. Das klingt erfreulich, ist es aber keineswegs. Erstes Manko: Die 99,3 % kann ich nicht nachvollziehen. Ich bin aber freundlich und gehe im Folgenden mal von einem Durchschnittswert von 97 % Richtig-Testaten aus.

Um nunmehr berechtigte Zweifel zu entwickeln, genügen einfache Dreisatzaufgaben. Bei 100.000 Testpersonen bedeutet eine Abweichung von 3 % vom tatsächlichen Ergebnis Folgendes: In einer Gruppe von 100.000 Gesunden werden bei dieser Art Testungenauigkeit ohne Federlesens 3.000 Personen als Corona-infiziert getestet, obwohl sie es gar nicht sind. Bei 300.000 durchgeführten Tests, wie im Fall des angeblichen Corona-Ausbruchs im Landkreis Rheda-Wiedenbrück durchgeführt, könnten sich demnach bereits 9.000 Personen befinden, denen nichts fehlt außer das ihnen gebührende negative Testergebnis. Man sieht also einen fatalen Nebeneffekt: Je größer die Zahl der Getesteten, desto höher eine beliebige Horrorzahl von angeblich Infizierten. Ich habe noch nichts darüber gelesen, wie sich die verantwortlichen Gesundheitsbehörden hiervor schützen wollen. Ich hoffe allerdings, dass sie das wollen.

Können die Menschen in diesem Lande nicht begreifen, dass sie verführt werden durch Menschen ohne jegliche Qualifikation? [Der Präsident de Robert Koch-Instituts] Wieler ist Tiermediziner, ohne Ausbildung in den Grundzügen der Infektiologie. Oder [der Bundes-Gesundheitsminister] Spahn, Bankkaufmann ohne Ahnung von Krankheit und deren Entstehung, geschweige denn von Leben und Tod? Von Drosten will ich nicht reden: Er hat in seinem Leben bestimmt kaum leidende Patienten gesehen oder behandelt. Und diese Menschen bestimmen, was wir dürfen und nicht dürfen? Und bedrohen uns, sodass jeder Widerspruch zur Straftat wird? Ich bin fassungslos. Deutschland wird 85 Jahre zurückgeworfen.[192]

15. Kapitel
Hofnarren, Büchsenspanner und Scharlatane: Das Personal zur Absicherung der Corona-Diktatur – Lauterbach, Drosten, Söder und der Bürger als Held der Anpassung

Jede Diktatur hat sie, die Hofnarren, die Büchsenspanner und die Scharlatane. Sie sind notwendiger Bestandteil, denn zwar kann sich einer Diktator nennen, doch allein wird wenig bewirken.

Die deutschen Diktaturen der Vergangenheit liefern hierfür überreiche Beispiele, doch wenden wir uns der Gegenwart zu. Die Nähe zum Geschehen lässt uns gleich ein Dutzend Namen durch den Kopf gehen. Doch die meisten ihrer Träger sind es nicht wert, dass man sie sich merkt, so überaus unterdurchschnittlich sind sie. Sie steigen auf und verschwinden wieder, so als wären sie nie dagewesen. Keine Angst, ihnen passiert nichts, wenn sie bei der Kanzlerin in Ungnade fallen. Für alle und jeden wird eine Pfründe beschafft – so lukrativ, dass sich die Paladine aus den beiden anderen Diktaturen alle Finger danach geleckt hätten.

---

[192] Prof. Dr. **Sucharit Bhakdi**, Facharzt für Mikrobiologie und Infektionsepidemiologie, ehemaliger Leiter des Instituts für Medizinische Mikrobiologie und Hygiene der Universität Mainz, hier zit. nach https://www.new-swiss-journal.com/post/ l%C3%BCgenpolitiker-verschweigen-130-fakten-lockdown-100-umsonst [zuletzt abgerufen: 26.2.2021, Kopie im Arch. d. Verf.].

So bleibt denn ein kleines Häuflein zu erwähnen, von dem heute niemand weiß, ob man morgen die Namen noch aufsagen kann. Beginnen wir mit den Hofnarren.

Handlanger 1: Karl Lauterbach

Auch nachdem er die Fliege abgelegt hat, ist Karl Lauterbach die unbestrittene Nummer eins.[193] Hiervon zeugt nicht nur sein Abo in den Fernsehanstalten Deutschlands, wo in den einschlägigen Stuhlkreisen die Katstrophe zelebriert wird, sondern es sind auch Lauterbachs Äußerungen selbst, die ihm das Anrecht auf die größte Narrenkappe geben. Am witzigsten ist, dass er die ganze Zeit als *der* Gesundheitsexperte gehandelt wird.

Zu Lauterbach gibt es vernichtende Kritiken.[194] Trotz alledem wird er in dichtem Takt dem Volk präsentiert. Die Namensnennung gemeinsam mit Professor-Doktor ist in diesem Zusammenhang obligatorisch. Bei den Doktorgraden handelt es sich um einen deutschen Dr. med.[195] und einen US-Doktor der Wissenschaften aus Harvard. Im erstgenannten ging es um das Verhalten mehrerer Sportler unter körperli-

---

[193] Prof. Sc.D. Dr.med. **Karl** Wilhelm **Lauterbach**, *1963 Birkesdorf b. Düren, Medizin-Ökonom, Politiker. 1982-89 Medizinstudium in Aachen, mit Unterbrechung 1987/88 in den USA. Sodann Studium der Gesundheitsökonomie an der Harvard School of Public Health in Boston/USA. 1992 Dr. med. in Düsseldorf. 1992-95 Fellowship in Harvard mit dem Abschluss als Scientiae Doctor (Sc.D.). 1998-2005 Direktor und Prof. des neu gegründeten Instituts für Gesundheitsökonomie und Klinische Epidemiologie an der Universität zu Köln. Sodann Mitglied des Bundestages, zugleich 2010 Erwerb der Approbation als Arzt.

[194] Ätzend z.B. Josef Kraus: Portrait eines medialen Guru-Artefakts: Karl Lauterbach, *Tichys Einblick* vom 1.6.2020, https://www.tichyseinblick.de/kolumnen/josef-kraus-lernen-und-bildung/portrait-eines-medialen-guru-artefakts-karl-lauterbach/ [Abruf: 2.6.2020; Kopie im Arch. d. Verf.]. Bemerkenswert sind auch die zahlreichen Leserzu-schriften von Medizinern zu diesem Artikel. Sie kulminieren durchweg in der Bewertung Lauterbachs als Dummschwätzer. Von ruppiger Deutlichkeit: Offener Brief von 36 Ärzten an Lauterbach vom 31.3.2021, bei *Tichys Einblick*, https://www.tichyseinblick.de/meinungen/aerzte-ueber-lauterbach-schuert-irrationale-und-extreme-angst/ [Abruf: 31.3.2021].

[195] Karl Lauterbach: Weiterentwicklung des Parametric Gammascopes auf der Grundlage von experimentellen und klinischen Studien. Med. Diss., Düsseldorf 1992.

cher Belastung,[196] im amerikanischen Doktorat um Gesundheitssysteme und Gerechtigkeit.[197]

Es liegt mir fern, hieran Kritik zu üben, nur lässt sich sagen, dass diese Leistungen nicht unbedingt darauf hindeuten, dass dieser Mann, so wie er sich öffentlich darstellt, eine Omnipotenz in medizinischen Spezialfragen besitzen könnte. Es sieht vielmehr so aus, als habe er nie als praktizierender Arzt gearbeitet. Das muss kein Nachteil sein – auch nicht für potenzielle Patienten. Stattdessen hat Lauterbach als eine Art Medizin-Manager seinen Lebensunterhalt verdient, nachdem er den Stipendiaten-Jahren entsprossen war. Dass ihn diese Vor-Berufskarriere mehrfach in die USA führte, wundert wenig. Dass dies auch auf Kosten der Konrad-Adenauer-Stiftung geschah, schon eher, denn Lauterbach gehört der SPD an, für die er im Bundestag sitzt. Allerdings war er bis 1998 Mitglied der CDU. Sein Wechsel zur SPD schoss ihn dann politisch nach oben.

Ein weiteres Detail in Lauerbachs Beraterkarriere lässt aufhorchen. 2019 – noch war von Corona nicht die Rede – forderte der Experte öffentlich mit erheblicher Resonanz die merkbare Reduzierung der Krankenhäuser in Deutschland. Gemeint waren vor allem die kleineren Häuser in öffentlicher Hand, denen er Unwirtschaftlichkeit unterstellte und, wie ich es lese, indirekt mangelhafte Fachlichkeit. Wie kommt einer auf so etwas? Nun, dann zum Beispiel, wenn er das reich belegte Brot großer Privatklinken isst.

Lauterbach gehörte nämlich 2001-2013 zum besoldeten Aufsichtsrat der Rhönkliniken, eines Privatbetriebs mit einem Milliardenumsatz, der heute als Aktiengesellschaft im Miteigentum von US-amerikanischen Investoren steht, die mit gutem Grund annahmen, dass man in Deutschland mit der Ware Gesundheit Geld verdienen kann. Zu diesem Befund

---

[196] Es handelte sich um die Kontrolle von verschiedenen Körperfunktionen von 18 männlichen und 7 weiblichen Sportlern auf dem Fahrradergometer.
[197] Der Titel der Arbeit lautet: Justice and the function of health care. Auf Deutsch in etwa: Gerechtigkeit und die Funktion des Gesundheitswesens.

gehört unter anderem auch, dass Lauterbachs Attacke gegen die Konkurrenz-Krankenhäuser im Verein mit der Bertelsmann-Stiftung geschah und dass auch deren große alte Lady im Aufsichtsrat der Rhönkliniken saß – hast du was, bist du was.[198]

Man hatte das Plattmach-Plädoyer noch im Ohr, als Lauterbachs wirklich große Stunde nahte. Das war Corona, was unsern Mann auf die vordersten Plätze der großen Bühne öffentlicher Aufmerksamkeit katapultierte. Es war, als hätte man einen Schalter umgelegt. Wo gestern noch von Kliniken die Rede war, die wegen mangelnder Wirtschaftlichkeit zu schließen waren, ging es heute um den Kollaps des Gesundheitswesens, das den Massenanfall von Sterbenskranken nicht zu stemmen vermochte. Fehlende Betten, mangelnde Fachkräfte, überlastetes Personal, keine Intensivbetten, Unterversorgung mit Sauerstoffgeräten, Hilflosigkeit vor Ort, Masken aller Bauarten, Heilmittel und Impfstoffe, Pandemielage örtlich, national und weltweit, Lockdown strengster Provenienz, Tests, Quarantäne, Ansteckung, Mortalität und Zahlen, Zahlen und nochmals Zahlen. Ich hoffe, ich habe nichts Wesentliches ausgelassen.

Was immer gerade gefragt war, Karl Lauterbach wusste es. Dabei wusste er nicht irgendwas, sondern immer genau das, was auch die Kanzlerin uns gerade verkündete oder ihr ins noch zu verkündende Konzept passte. Was er sagte, war so aktuell und stimmig, dass es schwer vorstellbar ist, dass hier einer ganz unabgesprochen handelte. Seine telegenen Auftritte erinnern an das Märchen von Hase und Igel: Wo immer man ankommt im weiten elektronischen Globus von Corona: Karl ist bereits da.

---

[198] **Elisabeth** („Liz") **Mohn**, geb. Beckmann (*14.6.1941 Wiedenbrück), Telefonistin, Unternehmenserbin. Eine außerhalb des Einflussbereichs des Bertelsmann-Konzerns entstandene Lebensbeschreibung findet sich in der in Erfurt erschienenen Samisdat-Zeitung Rundschau, Nr. 74, Dr. Georg Dimpsch: Liz Mohn und die Bertelsmann-Stiftung. Wie aus einer Telefonistin eine deutsche Medienmogulin und Kanzlerfreundin wurde [Kopie im Arch. d. Verf.].

Lauterbach ist durch seine Dauerberieselung zu einem zentralen Propagandafaktor der Merkel'schen Diktaturpolitik geworden. Soweit ich weiß, ist bislang noch niemand auf die Idee verfallen, den Klangteppich, den Lauterbach erzeugt, als Karl-Laberfeld zu bezeichnen.

Handlanger 2: Christian Drosten

Der zweite Mann, der hier erwähnt werden muss, ist der Leiter der Virologie im Berliner Großkrankenhaus Charité, Christian Drosten. Bei ihm bin ich mir nicht sicher, ob er in die Kategorie der Hofnarren oder der Scharlatane gehört. Er wurde in diesem Buch bereits mehrfach erwähnt. Hier ist nun der Ort, ihn im Zusammenhang zu schildern.

Drosten ist Virologe. Er gilt bei Hofe als die oberste Autorität in Sachen der Corona-Krise. Seine Schlagzahl bei Fernsehauftritten ist hoch, seine Aussagen sind seltsam. Manches Mal habe ich mich gefragt, ob er es nicht besser wissen müsste. So kann ihm nicht entgangen sein, dass der von ihm propagierte PCR-Test als Entscheidungsgrundlage für politisches Handeln nicht das Gelbe vom Ei sein kann.

Drosten hat – ebenso wie der britische Mathematiker Neil Ferguson – einen einschlägigen Falschprognose-Vorlauf. Falls es zutrifft, was in wenig wohlmeinenden Veröffentlichungen über ihn behauptet wird, dann verantwortet Drosten die in Deutschland 2005 ausgebrochene Schweinepest-Panik zumindest mit, die zum Ankauf riesiger Mengen Impfstoff führte, der nach dem Abblasen des Alarms auf dem Sondermüll landete. Geschätzter Schaden für den Steuerzahler: laut *Stern* 130 Millionen Euro.[199]

Der Corona-Test, der mit Drostens Namen in Verbindung gebracht wird, stellt alles Vorangegangene in den Schatten. Ich habe bislang noch keine gescheite Erklärung dafür gefunden,

---

[199] www.stern.de/panorama/wissen/mensch/schweinegrippe-impfstoff-wir-vernichtet-130-millionen-euro-landen-i,-brennofen-3442134.html.

wie es Drosten praktisch in Tagesfrist möglich war, ein Testverfahren für ein Virus zu entwickeln, dessen Existenz noch nicht feststand, und dessen Struktur angeblich bis heute nicht feststeht. Ebenso wenig ist mir erklärlich, wie die WHO auf den Gedanken verfallen konnte, in diesem Testverfahren das Heil der Welt zu erblicken.

Erklärlich finde ich hingegen, wie ihm die schnelle Veröffentlichung seiner Erfindung ohne Peer-Review gelingen konnte. Legt man den Umstand zugrunde, dass Autor und Mitherausgeber der Zeitschrift ein und dieselbe Person sind,[200] fallen mir die passende Begründungen ein.

Wenn man sich mit dem Drosten-Test befasst, sollte man zumindest gelesen haben, was seine Kritiker über dessen Entstehen schreiben.[201] Man muss in diesem Falle kein Virologe sein, um sich zu wundern. Es genügt vielmehr das Ansehen einer Chronologie. Ich habe mir erlaubt, die bei den Kritikern angegebenen Quellen so weit wie möglich zu überprüfen:

* 30.12.2019. Ein chinesischer Arzt aus Wuhan teilt Kollegen über WhatsApp mit, dass an seiner Klinik 7 Patienten an einem vermutlich unbekannten Virus erkrankt seien.

* 31.12.2019. Die chinesische Führung entsendet ein medizinisches Spezialisten-Team nach Wuhan.

* 1.1.2020. Drosten beginnt nach Eigenaussage mit der Entwicklung eines Testverfahrens zur Identifizierung des unbekannten Virus.

---

[200] Drosten und zahlreiche andere: Detection of 2019 novel coronavirus (2019-nCoV) by real-time RT-PCR, Eurosurveillance vom 23.1.2020, https://www.eurosur veillance.org/content/10.2807/1560-7917.ES.2020.25.3.2000045 [Abruf: 12.2.2021]. Bezeichnend für die schelle und nicht nach den üblichen Standards erfolgte Überprüfung (Peer-Review) mag sein, dass Drosten selbst Mitherausgeber dieser Publikation ist, vgl. https://www.eurosurveillance.org/board [Abruf: 12.2.2021].
[201] N.N. Der Wissenschaftsbetrug durch Prof. Christian Drosten, Corona_Fakten vom 10.7.2020, https://telegra.ph/Der-Wissenschaftsbetrug-durch-Prof-Christian-Drosten-07-10 [Abruf: 12.2.2021]; dieser Beitrag ist sehr detailliert und mit zahlreichen Quellen belegt.

* 21.1.2020. Die WHO veröffentlicht einen Hinweis auf den Drosten-Test, den sie zur Anwendung empfiehlt.[202]

* 23.1.2020. Drosten veröffentlicht Einzelheiten über die Entwicklung seines Testverfahrens. Er führt aus, dass dieses Verfahren auf der Annahme beruhe, dass es sich bei der in Wuhan über soziale Medien berichteten Lungenkrankheit um Sars in Verbindung mit einem Corona-Virus handele, das dem Virus von 2003 ähnlich sei.[203]

* 31.1.2020 ff. Chinesische Wissenschaftler veröffentlichen Hinweise, dass eine Isolierung des Virus bislang nicht gelungen ist.[204]

Fasst man diese Chronologie zu einer Aussage zusammen, kommt dabei heraus, dass Drosten & Co einen Test für etwas entwickelt haben, von dem sie nicht wissen, wie der Erreger aussieht, und andere nicht einmal wissen, ob es überhaupt ein Virus ist. Nun kenne ich mich in den Gepflogenheiten der Virologie nicht aus – wirklich nicht –, doch scheint mir die Annahme nicht ganz fernliegend, dass ein solches Vorgehen an Zauberei erinnert.

---

[202] Berichtet von N.N.: Diagnostika: Erster Test für neuartiges Corona-Virus entwickelt, Medica Magazin vom 21.1.2020, https://www.medica.de/de/News/Archiv/Diagnostika_erster_Test_f%C3%BCr_neuartiges_Coronavirus_entwickelt [Abruf: 21.2.2021].

[203] Drosten und zahlreiche andere: Detection of 2019 novel coronavirus (2019-nCoV) by real-time RT-PCR, Eurosurveillance vom 23.1.2020, https://www.eurosurveillance.org/content/10.2807/1560-7917.ES.2020.25.3.2000045 [Abruf: 12.2.2021]. Die erstaunliche Aussage, dass der Test nicht auf einer klinischen Studie, sondern auf einer Annahme beruht, befindet sich hier: „Im vorliegenden Fall von 2019-nCoV sind Virusisolate oder Proben von infizierten Patienten der internationalen Gemeinschaft für das öffentliche Gesundheitswesen bisher nicht zugänglich. Wir berichten hier über die Einrichtung und Validierung eines diagnostischen Arbeitsablaufs für das 2019-nCoV-Screening und die spezifische Bestätigung, der in Ermangelung verfügbarer Virusisolate oder Original-Patientenproben entwickelt wurde. Design und Validierung wurden durch die enge genetische Verwandtschaft mit dem Sars-CoV von 2003 ermöglicht und durch den Einsatz der synthetischen Nukleinsäuretechnologie unterstützt." (Übers. aus dem engl. Orig. Text).

[204] Ausführlich dokumentiert bei N.N.: Führende Corona-Forscher geben zu, dass sie keinen wissenschaftlichen Beweis für die Existenz eines Virus haben, Corona_Fakten vom 3.7.2020, https://telegra.ph/Alle-f%C3%BChrenden-Wissenschaftler-best%C3%A4tigen-Covid-19-existiert-nicht-07-03 [Abruf: 12.2.2921].

Unter diesen Bedingungen finde ich rätselhaft, warum dieser Mann bei Hofe die erste Geige spielt. Gründe, die in diesem Zusammenhang genannt werden, sind nicht schmeichelhaft, denn sie haben mit einer engen Verzahnung mit diversen Einflussnahme-Organisationen zu tun. Das liegt einfach zu nahe, um völlig abwegig zu sein.

Das Abseitige von Drostens Rolle fällt auch anderen auf. Während ich den Drosten-Text schreibe, entdecke ich am 11. Februar 2021 das hier:

> Kein klardenkender Mensch kann den Panikmacher Drosten für seriös halten. Er mag ein guter Laborvirologe sein, das kann ich nicht beurteilen. Als Ratgeber in epidemiologischen Fragen hat er nicht nur komplett versagt, er hat die Welt mit seinem unsinnigen Test in eine Katastrophe gejagt und wahrscheinlich Hunderttausende Menschenleben auf dem Gewissen. Natürlich nicht in einem strafrechtlichen Sinne, wohl aber in einem realistischen Sinne. Vom Größenwahn (Spiegel-Interview!) rede ich noch nicht einmal. – Ohne Drosten gäbe es die Corona-Hysterie gar nicht. Sondern nur – was zweifellos zutrifft – eine mittelschwere Grippepandemie, die nahezu ausschließlich Menschen 75-plus gefährdet. Also ein Problem, das von ernsthaften Menschen angegangen werden sollte.[205]

Das stammt nicht von irgendeinem dieser – na, Sie wissen schon –, sondern von einem leitenden Redakteur des Springer-Flaggschiffs *Die Welt*. Unnütz zu erwähnen, dass diese Philippika umgehend aus dem Online-Auftritt der Zeitung wieder gelöscht wurde. Der Autor übte Selbstkritik. Doch zum Glück gibt es für die Annalen der Lügenpresse den aufmerksamen Stephan Paetow, der die Sünden der Mainstream-Täter peinlich genau beobachtet und protokolliert. Aus dieser Quelle habe ich die Kunde.

Man kann Drosten für einen Hofnarren halten. Aber mit dieser Eingruppierung tut man dem Mann Unrecht. Er ist in Wirklichkeit seit einem Jahr der Stützpfeiler der Merkel-

---

[205] Zit. nach Stephan Paetow: *Spaet-Nachrichten* vom 11.2.2021, https://www.spaet-nachrichten.de/2021/02/von-birne-kohl-zu-abrissbirne-merkel-da-haben-wir-ganz-schoen-pech-gehabt/ [Abruf: 11.2.2021].

Diktatur. Er liefert die Stichworte und die Begründungen für eine nie zuvor dagewesene Unterdrückung des Volkes im Namen von Corona. Es ist eine Unterdrückung unter Anwendung von Scheinargumenten. Dazu ist das Notwendige im Kapitel über die Corona-Tests gesagt. Ist es so, dass Drosten genau weiß, was er da tut, dann ist er ein Scharlatan der Sonderklasse. Er kommt Merkel und der Diktatur-Clique wie gerufen. Er ist ihr Hauptstützpfeiler.

Es gibt Kritiker dieses Mannes, die noch wesentlich weiter gehen. Sie behaupten, Drosten werde aus China fremdgesteuert. Unzweifelhafte Belege hierfür habe ich nicht gefunden.

Handlanger 3: Markus Söder

Nach Lauterbach und Drosten sind die wichtigsten wissenschaftlichen Propaganda-Stützen der Merkel'schen Corona-Diktatur abgearbeitet. Was nunmehr folgt, sind eher die handwerklichen Hilfskräfte. Dazu zählt vor allem Markus Söder, der CSU-Vorsitzende und bayerische Ministerpräsident. In der öffentlichen Berichterstattung über ihn wird betont, dass er sich so auffällig gebärde, weil er die Merkel-Nachfolge in deren Kanzlerschaft anstrebe. Mag sein, dass das so ist, aber für wichtig halte ich das nicht. Ich denke, seine Rolle ist die von Merkels Minenhundes. Wie weit kann man gehen, bevor das Volk explodiert?

Mir ist unklar, ob Söder das auch nur erahnt oder ob er wirklich denkt, durch seine Corona-Fisimatenten beim Volk zu punkten. Vielleicht ist es auch nur der Drang zur Nachahmung, der ihn bewogen hat, als Erster in Deutschland auf die Pauke zu hauen. Zu verlockend war wahrscheinlich das Vorbild des Kanzlers aus Österreich. Der tat etwas. Der Ton liegt auf *tun*. Was das war, blieb völlig nebenrangig. So kam der Lockdown in den deutschsprachigen Raum und die Quarantäne. Wie gesagt, Blödsinn kann ansteckend sein, wenn er mit genügend viel Applaus bedacht wird. Daran war bei dem Österreicher Sebastian Kurz kein Mangel. Wie Jung-Siegfried nahm er den Kampf mit dem Corona-Drachen auf.

Dem Söder Markus muss das ungeheuer imponiert haben. Doch was ist seine Rolle im diesem Realien-Drama, nachdem der Siegfried bereits vergeben ist? Vielleicht ein bisschen wie der Gunther, der des Nibelungen Hilfe braucht, um die grässliche Brünhild zu bezwingen. Genug der Bilder, denn anders als in dieser urdeutschen Sage verhält sich der Siegfried Kurz. Er ist ein gerissener Taktierer. Denn gerade im Februar 2021 ist er dabei, das Volk der Österreicher stückchenweise aus der Geiselhaft zu entlassen. Der Mann hat das Gespür dafür, wann er mit seiner Macht spielt, sprich: wann und wodurch er sie nunmehr verspielen könnte.

Von derlei Klügelei ist Söder weit entfernt. Erst gerade hat er wieder eins draufgesetzt, indem er einen Kritiker aus dem eigens eingerichteten Bayerischen Ethikrat rausgeworfen hat. Dessen Vergehen: Er hat Kritik an der ungebremsten Lockdown-Politik geübt.[206] Raus mit dem Mann, denn dafür war er nicht berufen worden. Wo kommen wir denn da hin? Ich erwähne diesen an und für sich unwichtigen Fall, weil sich an ihm etwas Symptomatisches der Corona-Diktatur wie in einem Lehrstück zeigen lässt.

Dieser Rauswurf eines möglicherweise ausgewiesenen Wissenschaftlers – ich weiß nicht, ob das im Speziellen der Fall ist – hätte auf der Merkel-Ebene niemandem hinter dem Ofen vorgelockt. Bei Söder ist das anders. Er hat zudem die Gelegenheit zu einem unfreiwilligen Bonmot genutzt, das nachdrücklich belegt, dass er kein Denker ist. Der Blogger Bernd Zeller hat die Sache trefflich dargestellt. Dort schreibe ich ab:

---

[206] Des Relegierten missbilligte Worte sollen folgende gewesen sein: „Die heutigen Beschlüsse machen fassungslos. Einfach nur fassungslos", überliefert bei Stephan Paetow: *Spaet-Nachrichten* vom 12.2.2021, https://www.spaet-nachrichten.de/ 2021/02/haldenwang-impft-gegen-rechts-und-merkel-ist-auf-ast-der-absteigt/ [Abruf: 12.2.2021].

Markus Söders Freudsche Glanzleistung ... „Es ist leichter zuzumachen als zu öffnen. Das erste erfordert Mut, das zweite Klugheit." Treffliche Erklärung, der Mangel an Klugheit übersteigt sogar den Mangel an Mut. Jenseits der intelligenzbezogenen Bewertung zeigt sich, dass die politische Entscheidung falsch ist. Wenn eine Maßnahme leichter anzufangen als zu beenden ist, muss bei der Entscheidung über sie nicht nur abgewogen werden, wie man hineinkommt, sondern wie sie beendet werden kann. ... Hat man die Maßnahme als solche nicht vollständig durchdacht, muss man sie bleibenlassen. Ist man nicht in der Lage, sie zu durchdenken, ist man auf dem falschen Platz.[207]

Der notorische Wolfgang Kubicki von der FDP hat die Chance genutzt und sich mit groben Worten in Erinnerung gebracht. Er sprach und schrieb, dass der Bayer das Vertrauen in den Rechtsstaat komplett ruiniert habe. Diese Äußerung ist ebenso fragwürdig, wie sie symptomatisch für die Haltung vieler in dieser Republik ist.

Nicht erst durch den unbegründeten Rauswurf eines Professors aus einem Gremium im Herrschaftsapparat erfolgte der Angriff auf den Rechtsstaat, sondern dieser erfolgte viel eher und viel gründlicher durch die Gesamtheit der Maßnahmen, die das Volk seiner Rechte beraubt haben. Das ist der Skandal, nicht das bisschen Professoren-Schelte. Dem Mann ist ja weiter nichts passiert, als dass man ihm einen Titel abgenommen hat. Es ist symptomatisch für diese Art der Kritiker à la Kubicki und ihre frenetischen Unterstützer in den semialternativen Medien, dass sie immer noch glauben, man könne die Diktatur mit Maßnahmen des Rechtsstaats korrigieren.[208] Mit andern Worten: Es sind diese Biedermänner, die durch ihre Beschwichtigungen zu verhindern helfen, dass das Volk seine Lage begreift.

---

[207] Bernd Zeller: *Tagesschauder*-Blogger vom 12.2.2021, https://tagesschauder .blogger.de/ [Abruf: 12.2.2021].
[208] Vgl. z.B. die Nachrichtenplattform *Tichys Einblick* vom 12.2.2021, der den Vorstoß von Kubicki am 12.2.2021 als Top-Meldung präsentiert, https://www.tichys einblick.de/daili-essentials/wolfgang-kubicki-soeders-nerven-liegen-blank/ [Abruf: 12.2.2021].

*Demokratisches Feigenblatt:
Leute wie der FDP-Politiker
Wolfgang Kubicki erwecken
die fatale Hoffnung, dass man
die Diktatur mit den Mitteln
des demokratischen
Rechtsstaats erfolgreich
bekämpfen könne. (Twitter-
Nachricht Kubickis vom
12.2.2021).*

Dieser Aspekt ist der eigentliche Wert von Söder für die Merkel'sche Diktatur. Man schlägt den Sack und meint den Esel, schlägt aber nicht so doll, weil man niemandem wehtun will. Der Wohlmeinende kann kein Blut sehen. Um nicht missverstanden zu werden: Ich rufe nicht nach Mord und Totschlag, weise aber darauf hin, dass Merkel & Co sich vor nichts fürchten müssen, weil ihre Gegner bereits von vornherein drastische Maßnahmen aus ihrem Denken verbannt haben. Um noch einmal Neusprech zu bemühen: So geht Bürgertum.

Handlanger 4: Der Bürger im überholenden Gehorsam

Das Merkwürdige am beginnenden Corona-Herbst 2020 ist, dass die Obrigkeit kaum noch drastische Maßnahmen verhängen muss, denn die verängstigten Bürger und die über sie herrschenden Unterhäuptlinge bringen sich selbst um ihre Freiheitsrechte. Hierzu ein paar Beispiele.

Am 17. September 2020 teilte mir die Stiftung Schloss Ettersburg in einer Sondermeldung mit, dass bis zum November 2020 alle Veranstaltungen abgesagt werden.[209] Als Grund wird angegeben, dass die Corona-Fallzahlen im Landkreis Weimar angestiegen seien. Ob es sich um Erkrankungen oder lediglich um Positiv-Tests handelt, wird selbstredend nicht mitgeteilt.

---

[209] Schloss Ettersburg: Newsletter September 2020 (extra), E-Mail an den Verf. vom 17.9.2020.

Erkrankte und genesene Personen in Thüringen

■ neu infiziert ■ neu genesen

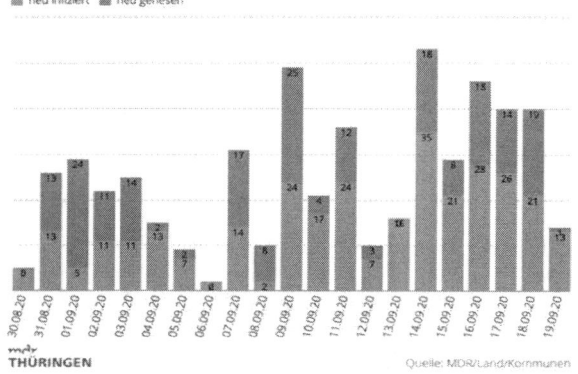

THÜRINGEN
Quelle: MDR/Land/Kommunen

Flächendeckende Volksveralberung: Meldung des Mitteldeutschen Rundfunks über den „Corona-Hotspot Kreis Weimarer Land" mit der Zahl der angeblichen Erkrankungen, die in Wirklichkeit Positiv-Testergebnisse des Drosten-Tests sind. Bundesweite Schlagzeile: Ein Einwohner im Hotspot ist gestorben. Wer und woran? Fehlanzeige, https://www.mdr.de/thueringen/mitte-west-thueringen/apolda-weimarer-land/corona-hotspot-reisegruppe-100.html [Abruf: 21.9.2020].

Diesmal bin ich von der Verbotsmaßnahme selber getroffen, denn ich hatte geplant, am 27. September 2020 eine Veranstaltung mit dem Schriftsteller Uwe Tellkamp aufzusuchen, und mir hierfür Karten besorgt. Verärgert schreibe ich noch am selben Tag an Tellkamp eine E-Mail, in dem ich mein Bedauern über den geplatzten Termin zum Ausdruck bringe und ein paar bissige Bemerkungen über die Scheinwirklichkeit mache, in der wir uns bewegen. Tellkamp antwortet am nächsten Morgen. In seinem Brief klingt die Fassungslosigkeit über seinen eigenen ärztlichen Berufsstand und dessen Zwiesprech an.

Natürlich ist das nur einer der mittlerweile sprichwörtlich gewordenen Einzelfälle, doch er illustriert ein immer ätzender werdendes System recht gut, in dem der Bürger nur noch Spielball ist. Selbstkritisch merke ich ein halbes Jahr nach dem Ereignis an, wie ich mich selbst verhalten habe: Ich unterließ es, beim Veranstalter zu protestieren, von der zuständigen Landrätin (CDU) eine Begründung zu verlangen und den Chef vom Dienst des MDR, der die Desinformation verbreitete, zur Rede zu stellen. Alle drei Personen sind mir wohl bekannt. Ich ließ sie in Ruhe. Ich hole, was ich versäumte, hiermit öffentlich nach.

Nächster Einzelfall: Das Münchner Oktoberfest 2020 – Fehlanzeige. Dazu ein SPD-Oberbürgermeister, der sich wie ein Statthalter in fernen Tagen gebärdet:[210] Alkoholverbot auf der Theresienwiese. Stattdessen empfiehlt das Stadtoberhaupt den Zechern, ihr Bier in den Gastwirtschaften zu trinken. Weil? Wie war das noch gleich mit der Ansteckungsgefahr: Nur unter freiem Himmel?

Der organisierte rheinische Karneval zeigt weit über das übliche Maß hinaus Züge von Vollverblödung. Er ist auf gutem Wege, abgesagt zu werden. In diesem speziellen Fall erbetteln die humorresistenten Narren-Präsidenten ein Verbot durch den nordrhein-westfälischen Landesherrn.[211] Darf es noch ein bissl mehr Untertanengeist sein? Fragt sich, was machen eigentlich die wirklichen Narren? Selten gab es so viel Anlass, die Obrigkeit zu verspotten.

Die ganze Verbieteritis und Absageritis hat einen verborgenen, einen ernstzunehmenden Kern. Nicht nur schrumpft das kulturelle Angebot zusammen – hinein in die beiden Sparten Nischentum und Mattscheibenverblödung –, sondern es trifft auch diejenigen völlig grundlos, die von derartigen Darbietungen leben. Ich weiß schon, viele werden jetzt spontan einwenden, dass es um einiges, was jetzt den Bach

---

[210] N.N.: „Gehen Sie ins Wirtshaus, nicht auf die Wiesn": Münchens Bürgermeister warnt vor heutigem Bieranstich in Bayern, *Epoch Times* (dt. Ausgabe) vom 20.9.2020, https://www.epochtimes.de/politik/deutschland/agehen-sie-ins-wirtshaus-nicht-auf-die-wiesn-muenchens-buergermeister-warnt-vor-heutigem-bieranstrich-in-bayernoktoberfest-im-zeichen-von-corona-gehen-sie-ins-wirtshaus-nicht-auf-die-wiesn-warnt-a3338884.html [Abruf: 20.9.2020].
[211] Vgl. Michael Klein: Sich selbst absagen lassen – Narren haben Feierangst, *ScienceFiles* vom 18.9.2020, https://sciencefiles.org/2020/09/18/sich-selbst-absagen-lassen-narren-haben-freiheitsangst/ [Abruf: 20.9.2020].

runtergeht, nicht schade sei, zum Beispiel das Regietheater, in welchem Schillers Räuber Naziparolen blöken.[212]

Die Behinderung von solch kulturellem Unfug wirkt beinahe sympathisch, doch sie hat einen Pferdefuß: Corona entzieht nicht nur einem Teil der Künstler den Lebensunterhalt, sondern es gebiert ein wirksames Lenkungsmittel. Auftrittsmöglichkeiten vor der Glotze und damit Geld erhält allein, wer sich systemkonform zeigt, wer zu Kreuze kriecht und keine dummen Witze macht. Damit wird nur noch das sicht- und hörbar, was der Obrigkeit dient. Das ist das eigentlich Fatale an den Corona-Versammlungs- und -Auftrittsverboten. Es muss im eigentlichen Sinne nichts mehr zensuriert werden, weil das Unerwünschte öffentlich nicht mehr stattfindet.

Etliche Beispiele aus der Zeit des Dritten Reichs und der DDR zeigen, dass die Leute sich dann ins Private zurückziehen. Sie treffen sich – unter Umständen unter Inkaufnahme von erheblichen Mühen – in privaten Zirkeln, in Wohnzimmern und in Gartenlauben.[213] Es steht der Obrigkeit frei, dieses Ventil zur Meinungsäußerung zuzulassen oder ab

---

[212] Diese Anmerkung ist nicht meiner kranken Phantasie entsprungen, sondern beruht auf einer Anfrage der Weimarer Intendanz bei mir, Nazi-Parolen für die Verdi-Oper nach Schillers Räubern herzustellen, was ich nicht tat.
[213] Dieser Rückzug ins Private in der DDR ist eines der Leitmotive im Roman *Der Turm* von Uwe Tellkamp.

und an zuzuschlagen, damit allen klar ist, wer hier das Sagen hat. Manche meinen, wir bewegen uns in diese Richtung, andere sehen das schärfer und sagen, wir sind bereits dort angekommen.[214]

[214] Ein dezidierter Vertreter dieser Annahme ist der Blogger Wolfgang Prabel auf www.prabelsblog.de, dort vielfach, zuletzt https://www.prabelsblog.de /2020/12/der-neue-individualismus/.

Daher werden die Massen stets durch die legendären und wunderbaren Seiten der Ereignisse am stärksten ergriffen ... Das Unwirkliche hat stets den Vorrang vor dem Wirklichen.[215]

Vierter Teil
Menschlichkeit als Waffe – der Kampf gegen Corona als Vorwand

In diesem Abschnitt geht es um einen bösen Verdacht. Die Frage, die viele Beobachter nach einem Jahr Kampf gegen Corona umgetrieben hat, lautet so: Kann es sein, dass es Leute an den Schaltstellen von Staat und Gesellschaft gibt, die den Abwehrkampf gegen Corona nur vorgaukeln, vielleicht auch nur halbherzig betreiben, weil es ihnen um etwas ganz anderes geht?

Vor dem Einstieg in die Details sollte man sich der Frage nähern, ob es als Vorstufe das Spiel mit der Todesangst gibt, und hierauf eine plausible Antwort bei der Hand haben. Beginnen wir so: Kein Mensch stirbt gern. Das ist seit Urzeiten so. Ich nehme an, dass Todesangst das natürliche Spiegelbild der menschlichen Erkenntnis ist, sterblich zu sein. Es wird gesagt, dass es menschliche Gesellschaften gab und auch noch gibt, wo die Todesangst weniger ausgeprägt ist, und der Tod nahezu fatalistisch in Kauf genommen wird. Das mag nun tatsächlich so sein, doch gilt diese Feststellung nicht für die Kultur der westlichen Welt, in der wir leben. Diese kann ich durch Beobachtung meiner Umwelt recht gut beurteilen. Hierbei fällt auf, dass wir dem Tod gegenüber ein seltsames Verhältnis besitzen: Wir versuchen, ihm aus dem Wege zu gehen, und zwar nicht nur in dem Sinne, nicht selbst sterben zu müssen, sondern vermeiden peinlich, an den Umstand erinnert zu werden, dass es uns selbst unausweichlich einmal treffen wird. Dieses „einmal treffen" verschieben wir auf den Sankt-Nimmerleins-Tag.

---

[215] Gustave Le Bon: Psychologie der Massen, S. 60.

Bei dieser Grundhaltung werden wir durch zwei Faktoren unterstützt: In der Gesellschaft, in der wir leben, werden die Männer und Frauen im Schnitt immer älter, sodass wir das Gefühl entwickeln, noch nicht dran zu sein. Der zweite Faktor ist dieser hier: Wir haben uns aus der stärksten Sterbe-Trost-Religion, die je von der Menschheit entwickelt wurde, nämlich dem Christentum, verabschiedet.

Der Siegeszug des Christentums beruhte auf der erfolgreichen Pflege der Todesangst, gepaart mit dem Versprechen auf ein ewiges Leben – dereinst. Diese Aussicht, oder besser noch: diese Gewissheit, hat sich mit dem Sieg der Aufklärung zerschlagen. An die Stelle der Furcht vor dem unausweichlich strafenden Gott ist das erfüllte Leben im Diesseits getreten. Zumindest in der Theorie. Diese Theorie wird durch die Praxis empfindlich gestört, wenn der Seuchentod vor der Haustür steht.

Ich nötige dem Leser diese meine Sicht nicht auf. Sie ist mein Versuch der Erklärung, warum nach meinem Eindruck die westliche Welt so panikartig auf die Corona-Nachrichten reagiert. Falls ich mich nicht täusche, wird unsere Panik durch andere Gesellschaften, zum Beispiel die in Afrika und Asien, nicht geteilt. Man mag in diese Beobachtung den Umstand einbeziehen, dass diese Gesellschaften durchweg von Religionen dominiert werden, in denen das Fatum, das Schicksal, das Kismet eine andere Rolle spielt.

Dies vorausgeschickt, ist es nicht besonders erstaunlich, dass die westliche Welt durch Todesfurcht-Propaganda zu beeindrucken ist. Sie ist es zudem leichter als im Rest der Welt. Die Frage ist, ob dieser Vorgang im Augenblick, in dem ich dieses Buch verfasse, auch geschieht.

Innerhalb dieses Abschnitts begebe ich mich mit dem Leser auf eine Irrfahrt. Sie beginnt mit der Frage, was tun, wenn einer krank wird? Hier gibt es lang eingeübte Praktiken. Sie kurz aufzuzählen, soll bei der Erkenntnis helfen, was im Zeitalter von Corona anders ist. Die eingeübten wirksamen Rituale gegen Krankheiten lassen sich seit etwa 200 Jahren als ein Dreiklang beschreiben: Vorbeugen, Heilen und Impfen. Das Impfen ist der jüngste Spross im Erfindungsreichtum der Menschen, sich gegen Krankheiten zur Wehr zu setzen, und zugleich ist das Impfen die umstrittenste der Möglichkeiten. Das sei vorab bemerkt, denn genau hier konzentrieren sich die Streitfragen zum Umgang mit Corona. Ich werde die Einzelheiten in den drei folgenden Kapiteln näher beschreiben. Dabei darf sich der Leser darauf verlassen, dass ich mich nicht als Mediziner oder Pharmazeut aufspiele. Dort, wo ich fachkundigen Rat in Anspruch genommen habe, ist dies mitgeteilt.

Bei allem, was der Leser im Zusammenhang mit dem Kampf gegen Corona zur Kenntnis nimmt, immer muss er im Auge behalten, dass Berechtigtes mit Unberechtigtem nahezu untrennbar vermengt wird. So beispielsweise der absichtsvolle Fehlgebrauch gängiger Begriffe: Aus positiv Getesteten werden Infizierte, aus Infizierten werden Kranke, aus Gestorbenen werden Corona-Tote. Mit der Angst der Bevölkerung wird Schindluder getrieben. Beteiligt sind Politik und Medien. Ihnen wird von gewissenlosen Wissenschaftlern assistiert, die auf diese Weise Ruhm und Geld scheffeln.

Einige der Wasserträger der neuen Weltregierung haben sich schon verplappert: Eine Aufhebung der Grundrechtseinschränkungen würde voraussetzen, dass es eine Impfung oder ein Medikament gegen „Covid-19" gibt. Die Tatsache, dass die große Mehrzahl der Betroffenen entweder gar nicht krank wird oder die Krankheit ohne jede Therapie bewältigt, entlarvt die Bedrohlichkeit dieser Ansage.[216]

16. Kapitel
Vorbeugen statt Heilen: Ein Grundproblem der modernen Medizin und der Angriff des Corona-Virus bevorzugt auf Kranke, nebst einem Exkurs über die Unwilligkeit der Regierenden, geeignete Maßnahmen zu ergreifen

Es ist eine Platitüde, dass ein gesunder Mensch nicht krank ist. Gesunde Menschen werden allgemein beneidet. Sie sind die von der Natur Bevorzugten, wenn es um den Kampf gegen eine Seuche geht. Bei der Corona-Seuche zeigt sich dieses Phänomen in aller Schärfe: Die Gesunden stecken sich nicht an, und wenn sie es tun, werden sie in aller Regel nicht krank.

Dieser Befund gilt auch – allem öffentlichen Geschrei zum Trotz – für die Corona-Epidemie. Gefährdet durch das Sars-CoV-2-Virus sind vor allem sehr alte Leute und solche, die durch erhebliche Vorerkrankungen ein desolates Immunsystem haben. Unter diesen Umständen ist es nahezu müßig, darüber zu streiten, woran sie denn letztlich verstorben sind. Das, was hier ziemlich roh klingt, ist die medizinische Wirklichkeit: Das Leben ist endlich.[217]

---

[216] Dr. **Gerd Reuther**, Universitätsdozent und Facharzt für Radiologie, hier zit. nach https://www.new-swiss-journal.com/post/l%C3%BCgenpolitiker-verschweigen-130-fakten-lockdown-100-umsonst [Abruf: 26.2.2021; Kopie im Arch. d. Verf.].
[217] Dieser banale Satz „das Leben ist endlich" ist ein Zitat, das ich aus der Unterhaltung mit einem sympathischen, mit mir gleichalten Arzt in Jena herausgelöst habe. Wir sprachen über das Sterben, wobei er mir mit Frohsinn ins Auge blickte. Zwei Wochen später war er tot – an einer läppischen Erkältung gestorben.

Die Illusion vom Schutz gegen den Schwarzen Tod: Anleitung über Montur und Verhalten des Pest-Arztes von J. Columbina, 1656 (Bild: Bayerisches Kupferstichkabinett, München).

Der Tod ist kein Gleichmacher: Er sucht sich seine Opfer selber aus

Die unterschiedliche Bedrohung von Gesunden und gesundheitlich Instabilen durch das neu aufgetretene Virus wird in unserer auf Gleichheit fixierten Gesellschaft als ungerecht empfunden. Dementsprechend verhalten sich Politik und Medien. Der Umstand, dass die Natur nicht gerecht ist, sondern gnadenlos, wird als Tabu behandelt. Diese Tabuisierung hat Folgen: Abwehrmaßnahmen gegen die Seuche werden so konzipiert, dass sie sich an den berühmten Herrn Jedermann richten, auch wenn er gar nicht der Betroffene ist. Hierdurch kommt es zu grotesken Regelungen, die in aller Regel Überreglementierungen oder Schlimmeres sind, weil sie Gesunde zwingen, sich so zu verhalten, als wären sie krank. Um den Gehorsam zu erzwingen, werden Propaganda-Methoden angewendet, die auch dem Gesunden suggerieren, er sei unmittelbar bedroht. Ich werde in diesem Abschnitt auf eine Reihe von Maßnahmen zu sprechen kommen, die nach diesem Schema konzipiert sind.

Doch zurück zu den Gesunden: Sie sind es von Natur aus, und sie sind sich in aller Regel selbst dabei behilflich, dass sie gesund bleiben. Man nennt diesen Vorgang das Vorbeugen. Es besteht aus höchst unterschiedlichen Einzelmaßnahmen, die ich hier im Einzelnen weder aufführen kann noch will. Das wäre vielleicht ein Thema für ein Frauenbuch, das ich erkennbar nicht schreibe. Die Grundelemente kennt ohnehin jeder, der bei Verstand ist. Falls der Leser ein Mann ist, frage er seine Frau. Die weiß garantiert, wovon ich spreche. Das A und O der Vorbeugung heißt gesunde Ernährung (abwechslungsreiche, vor allem auch vitaminreiche Kost), Vermeiden von Suchtmitteln, regelmäßige Bewegung an der frischen Luft, ausreichende Heizung an kalten Tagen und die Vermeidung von Dauerstress.

Jeder, der sich diesem Thema annähert, wird auf ungezählte Tipps und Gurus stoßen, die genau wissen, wie man sich richtig verhält. Der Leser nimmt Maß an sich selbst und wird unter Umständen feststellen, dass er sich für das Thema Vorbeugen erst zu interessieren begann, als mit seinem Körper nicht mehr alles wie von selbst lief, als die Rotznase im Winter nicht weggehen wollte und beim Treppensteigen die Luft knapp wurde. Jeder Gescheite sagt dann: Hätte ich doch! Doch zum Glück leben wir in einer Umgebung, die es uns möglich macht, Vernünftiges in gewisser Weise nachzuholen, um das Schlimmste etwas abzumildern.

Hilf dir selbst: Vorbeugen gegen das Erkranken, vor allem das Stärken des Immunsystems

Das gängige Vorbeugen gilt auch bei Seuchen. Die einschlägigen Maßnahmen bestehen im Grunde aus zwei Elementen. Beide sind höchst selbstsüchtig, nämlich das Stabilisieren der eigenen Abwehrkräfte zum einen und das Vermindern des äußerlichen Ansteckungsrisikos zum andern. Ich gebe hier keine Ratschläge für die Steigerung der eigenen Abwehr-kräfte.[218]

Ein Rundblick unter den professionellen Ratgebern lässt sich wie folgt zusammenfassen: Minerale und Vitamine, und nochmals Minerale und Vitamine. Im Wesentlichen sind dies Zink und Magnesium und die ganze Palette der Vitamine rauf und runter, letztere unter Beachtung der Einnahmeregeln, damit diese im Körper auch ankommen, wo sie hinsollen. Das erscheint dem Laien zunächst wie eine undurchdringliche Geheimwissenschaft, aber wer 20 bis 30 Seiten Text lesen und verarbeiten kann, ist im Prinzip auf der sicheren Seite.

Diese Art der Vorbeugung ist in unserer Gesellschaft einem merkwürdigen intellektuellen und administrativen Hemmnis ausgesetzt: Man muss sich selbst darum kümmern, denn es gibt keine Vorschrift, die einen zum Gesundsein zwingt. Um nicht missverstanden zu werden: Ich fordere das auch nicht. Um Gottes Willen, aber wer A sagt, muss auch O wissen: Freiheit wird auch als das gute Recht verstanden, sich selbst zu ruinieren. Hierbei helfen die Massenmedien dann auch nach Kräften mit.

Was in den Medien in Sachen Ernährung propagiert wird, unterliegt Moden. Derzeit sind es Ernährungsformen, die mit Begriffen wie vegan umschrieben werden. Sie sorgen dafür, dass im Augenblick eine ganze Generation von ehemals jugendlichen Essgestörten unser Land bevölkert. Diese Art von Irresein wird durch die Grünen ideologisch unterfüttert. Diese notorischen Besserwisser behaupten nämlich, dass das, was sie da predigen, das natürliche Leben sei. Alles andere sei unnatürlich und müsse daher verboten werden. Der Unfug solcher Annahmen wird spätestens dann offensichtlich, wenn die Vertreter dieser Glaubensrichtung ihre Katzen und Hunde

---

[218] So einer der bekanntesten Ärzte auf diesem Gebiet, Dr. **Bodo Kuklinski** aus Rostock, z.B. im Interview bei meinbezirk.at vom 7.5.2020: Absurde Maßnahmen statt simpler Prophylaxe, https://www.meinbezirk.at/niederoesterreich/c-politik/absurde-massnahmen-statt-simpler-prophylaxe-facharzt-bodo-kuklinski-im-interview_a4059027 [Abruf: 20.7.2020; Kopie im Arch. d. Verf.].

zu Vegetariern erziehen wollen und ihre Kinder – so vorhanden – alle vier Wochen zum Arzt schicken müssen, damit dieser ihnen Vitaminspritzen verabreicht.

Es liegt auf der Hand, dass Zeitgenossen dieses Schlages sich selbst gefährden, denn sie senken durch unnatürliche Ernährung ihre körpereignen Abwehrkräfte. Das wäre hinzunehmen, wenn der erkrankte Mangelernährte nicht der Allgemeinheit zur Last fallen würde. Zudem nehmen diese Verirrten in der politischen Wirklichkeit Deutschlands Positionen ein, in denen sie in der Lage sind, anderen ihr gesundheitsfeindliches Tun aufzunötigen. Einschlägige Reglementierungen sind überreich vorhanden. Man denke nur an den jüngsten Entwurf eines Insektenschutzgesetzes.[219] Als Zyniker wartet man auf ein Virenschutzgesetz, das diesen bedauerlichen winzigen Wesen ein Leben in Diversität und Selbstbestimmung garantieren wird.

Das politische Irresein wird – was die Vorbeugung anbelangt – durch ambivalentes Verhalten der Krankenkassen flankiert. Diese sind am gesunden Menschen nur dann interessiert, wenn er nichts kostet. Für eine betriebswirtschaftliche Gesamtrechnung, aus der sich ergibt, dass die Gesunderhaltungskosten die Vermeidung weit höherer Krankheitskosten bedeuten könnte, haben die Kassen nicht allzu viel übrig. Ob das mit dem allgemeinen Misstrauen gegen jene asozialen Zeitgenossen zu tun hat, welche die Krankenversicherung als eine Spardose betrachten, vermag ich nicht zu beantworten.

Für das von mir behandelte Thema ist wichtig und festzuhalten: Die Corona-Diktatur tut praktisch nichts, um die Gesundheit der Gesamtbevölkerung zu stärken. [220] Dieses

---

[219] Holger Douglas, *Tichys Einblick* vom 11.2.2021, https://www.tichyseinblick.de/daili-es-sentials/bundeskabinett-beschliesst-insektenschutzgesetz/ [Abruf: 11.2.2021].
[220] Dezidierte einschlägige Hinweise befinden sich im Offenen Brief von [358] Ärzten und [1278] Gesundheitsfachleuten an alle Behörden in Belgien und alle belgischen Medien, abgedr. bei *eigentümlich frei* vom 16.9.2020, https://ef-magazin.de/2020/09/ 18/17544-dokumentation-offener-brief-von-aerzten-und-

Nichtstun ist besonders dort als verwerflich anzusehen, wo öffentliche Verlautbarungen großspurig von der selbstgestellten Aufgabe reden, die angeblich unwissende Bevölkerung aufzuklären. Gesunderhaltendes Selbsttun? Fehlanzeige. Die Frage nach dem Grund für dieses beredte Schweigen führt in Untiefen, die mit Desinformation und der Entmündigung des selbstbewussten Bürgers zu tun haben. Haben sie nicht? Warum dann das Schweigen?

Wenn Dumme das Sagen haben: Das Sars-CoV-2-Virus gehört nicht zu den Lesern des Bundesgesetzblatts

Neben der allgemeinen Gesunderhaltung durch Stärkung des Immunsystems gibt es die zweite Verteidigungslinie gegen Ansteckungskrankheiten. Das ist das ansteckungsvermeidende Verhalten des Einzelnen. Es besteht seit Existenz der Menschheit in bestimmten Praktiken.

Als Beispiel wird in diesem Zusammenhang immer wieder das Aussperren von Leprakranken – den Aussätzigen – und deren Abschottung gegen die übrige Gesellschaft erwähnt. Die Krankheit ist bereits im alten Ägypten und den Autoren der Bibel bekannt gewesen.[221] Doch das Beispiel hinkt in gewisser Weise, weil die Lepra-Krankheit zwar ungeheuer hässliche Verunstaltungen hervorruft, jedoch weniger ansteckend ist, als über die Jahrtausende angenommen wurde. Diese Erkenntnis ist indessen erst jüngeren Datums.

Andere Katastrophen-Propheten verweisen auf die Pest, die ebenfalls seit dem Altertum bekannt ist und immer wieder auf der ganzen Welt und speziell in Europa wütete.[222] Aber auch aus den Erfahrungen mit dieser menschheitsbedrohenden Seuche für das heutige Verhalten unmittelbar Lehren zu ziehen, erscheint mir mehr als zweifelhaft. Doch wenn über-

---

gesundheitsfachleuten-an-alle-behoerden-in-belgien-und-alle-belgischen-medien [Abruf: 22.9.2020; Kopie im Arch. d. Verf.].
[221] Kurze Zusammenfassung zur Lepra-Krankheit, Brockhaus (1966), Bd. 11, S. 358 f.
[222] Zur Pest in kurzer Zusammenfassung, siehe Brockhaus (1966), Bd. 14, S. 426 f.

haupt etwas zu denken geben sollte, dann ist es der komplette Sittenverfall, der mit dem Auftreten der Seuchen, speziell der Pest, Hand in Hand ging.

Man lese nur den Beginn von Boccaccios Decamerone. Diese Zeilen des Buches, mit welchen der Dichter seine weltberühmte erotische Anekdotensammlung einleitet, ist Reportage. Boccaccio berichtete aus eigenem Erleben:

> [Die Wohlhabenden] lebten von allen übrigen Menschen abgesondert. ...Um ihr Leben zu erleichtern, genossen sie die ausgesuchtesten Speisen und die köstlichsten Weine ... ließen sich von niemandem sprechen, ... sondern brachten ihre Zeit mit Musik und jeden ihnen nur möglichen Vergnügungen hin. ... Andere hatten die entgegengesetzte Meinung ... Tag und Nacht gingen sie bald in dieses, bald in jenes Wirtshaus und soffen ohne Maß und Ziel.[223]

Beide Seuchen – Lepra und Pest – waren eine Geisel der Menschheit. Erst gegen Ende des 19. Jahrhunderts, als die Schulmedizin ihre großen Triumphe feierte, wurde durch Erkennen der Ursache – in beiden Fällen handelt es sich um bakterielle Infektionen – die wirksame Bekämpfung möglich. Es ist genau diese Erfahrung, die zur Vorsicht mahnen sollte, wenn wir es mit Infektionskrankheiten zu tun haben. Diesmal sind es Viren. Sie zu erforschen, ist offenbar ein weites Feld. Das liegt nicht nur daran, dass sie so winzig sind.

Seit dem Auftreten von Grippe- und Erkältungswellen ist bekannt, wie man sich im Prinzip zu verhalten hat: Meide den Kontakt mit Grippekranken, und halte dich von anderen fern, wenn du selbst erkrankt bist. Diesem Verhalten liegt die Erkenntnis zugrunde, dass Krankheiten dieser Art ansteckend sind und dass die Ansteckung bevorzugt über die Atemwege erfolgt.

Damit ist das Wesentliche gesagt. Ein einleuchtender Grund, warum dies bei Corona ganz anders sein soll, wurde bislang noch nicht bekannt. Im Gegenteil: Ziemlich bald nach

---

[223] Boccaccio: Das Decameron, S. 18.

dem Auftreten von Corona und der gleich folgenden Ansteckungs-Hysterie meldeten sich Infektiologen zu Wort, die behaupteten, die Ansteckung mit Corona erfolge ausschließlich über die Atemwege, es gebe also keine Corona-Schmierinfektion. Sie setzten noch eins drauf, indem sie anmerkten, dass flüchtige Kontakte zu nix gut seien, jedenfalls nicht für eine Ansteckung, man müsse vielmehr über eine gewisse Zeit mit dem Infektiösen auf engem Raum zusammenhocken. Wo kommt das vor? Zu Hause und vor allem, wenn das Zuhause ein Heim ist.

Damit aber immer noch nicht genug: Es mehren sich die wissenschaftlichen Gutachten, die nicht auf den üblich gewordenen abseitigen Modellierungen von fragwürdigen Mathematikern, sondern auf Praxisanalysen beruhen. Aus diesen ergibt sich, dass längst nicht jeder mit Corona Infizierte auch ansteckend ist. Vielmehr ist das Gegenteil zutreffend: Der Infizierte muss eine gewisse Virenlast mit sich herumtragen, damit die unerwünschte Weitergabe überhaupt stattfinden kann. Das sind halbgute Nachrichten für ganz normale Leute und schlechte für alle, die dem großen Corona-Rundschlag mit starker Stimme das Wort geredet haben und es immer noch tun.

Was sagen nun die politischen Verantwortlichen zu solchen Erkenntnissen? Sie bezeichnen ihre Kritiker als Corona-Leugner. Das ist ähnlich sinnvoll, als würde man jemanden, der partout keine sauer gewordene Milch trinken mag, als Kuh-Feind bezeichnen. Auch der Einwand, man könne zwischen ansteckenden und nicht-ansteckenden Infizierten partout nicht unterscheiden, wirkt nicht besonders professionell, sondern bringt eher eine Ausrede zum Ausdruck. Zwar ist es zutreffend, dass man den Infizierten nicht an der Nasenspitze ansehen kann, ob sie ansteckend sind, aber man kann es herausfinden. Denn zeigt der Betroffene keine Krankheitssymptome, dann steckt er mit hoher Wahrscheinlichkeit niemanden an.

Dass man jedermann dennoch zur Sicherheit, wie man so sagt, wegsperrt, zeigt eine bestimmte Denkhaltung, die ich schon weiter oben angesprochen habe. Man täuscht Sicherheit vor, wo es keine gibt, und nimmt lieber eine ganze Bevölkerung in Geiselhaft, als in einzelnen relevanten Fällen eine unangenehme Entscheidung zu treffen. Mit andern Worten: Unsere Politiklenker wähnen sich eher auf der sicheren Seite, wenn sie allen alles verbieten, als wenn sie, wie es angemessen und rechtlich richtig wäre, eine auf Fakten basierende Einzelentscheidung träfen.

Dieses Grundübel von Kollektivmaßnahmen zieht sich nunmehr seit der Mitte der 1970er Jahre durch Gesetzgebung und Verwaltungspraxis. Es begann mit den Rundumschlägen gegen die Terror-Exzesse der Baader-Meinhof-Bande. Seinerzeit wurden bis dato ungeahnte Überwachungsmechanismen installiert und, als diese nicht mehr gebraucht wurden, einfach in Kraft belassen.

Ganz ähnlich verläuft die Praxis der Corona-Abwehrmaßnahmen. Sie werden flächendeckend verhängt, haben, von Einzelfällen abgesehen, keinerlei Auswirkungen auf das beabsichtigte Ziel, nämlich Ansteckungen zu vermeiden, und haben schlussendlich die hohe Wahrscheinlichkeit, einfach in Kraft zu bleiben – nur so, zur Sicherheit eben. So geht eine freiheitliche Gesellschaft sehenden Auges über den Jordan.

Noch einmal: Ich bin kein Corona-Leugner und rede auch den wenigen, die es tatsächlich gibt, nicht das Wort. Ich verwahre mich aber gegen die Rasenmäher-Methode. Die so verhängten ungeeigneten Maßnahmen sind ein Ausdruck von falschem Sicherheitsdenken, Faulheit und Inkompetenz. Wo man hinsieht, begegnet man diesem Phänomen.

Keine Vorsorge, sondern Blödsinn: Falsche Tests, irrwitzige Zahlen, ungeeignete Maßnahmen

Über den Test ist an anderer Stelle bereits das Notwendige gesagt. Wir halten fest: (1) Entweder ist das mit dem Drosten-

Test zu entdeckende Virus wesentlich älter als bislang behauptet, oder es handelt sich um ein einen fachlich nicht verifizierten Fake. (2) Dieser Test ist ungeeignet, eine Infektion mit dem Virus Sars-CoV-2 zu messen. Dieses vernichtende Urteil ist die überwiegende Ansicht der mit Viren befassten Fachleute. [224] Dennoch gilt der Drosten-Test als Wundermittel, um die Ausbreitung des Virus so zu messen, dass aus den hierbei produzierten Zahlen die entsprechenden Maßnahmen abgeleitet werden.

Nun zu den Zahlen: Die gemessenen und sodann zusammengezählten Positiv-Tests sagen über die Infektion von Personen wenig bis nichts aus. Dies ist nicht meine eigene unmaßgebliche Meinung, sondern die Auffassung der Fachwelt, sofern sie nicht verlernt hat, eins und eins zusammenzuzählen. Um es zu wiederholen: Die Tests messen nicht die Infektion, sondern lediglich das Vorhandensein eines Teils eines Chromosomenstrangs, den man dem Virus Sars-CoV-2 zugeordnet hat. Damit sagt der Test nicht nur nichts über das Vorhandensein einer Infektion bei einem bestimmten getesteten Menschen, sondern er sagt noch weniger als nichts darüber aus, ob dieser Mensch an Covid-19 erkrankt ist. Dies jedoch ist das entscheidende Faktum, was der Gesundheitsmanager in der einschlägigen Corona-Politik wissen muss, denn nur die Kranken sind ein Problem. Sie sind es unter Heilungs- und Sterbeverhinderungs-Strategien – was ohne Weiteres einleuchten müsste –, aber sie sind es auch unter dem Gesichtspunkt der Vorsorge, denn nur sie, die infizierten Kranken, sind nach weit überwiegender Auffassung der Fachwelt die Problemkinder, denn nur sie geben die Krankheit in einer bestimmten Phase ihrer Erkrankung weiter.

---

[224] Z.B. dezidiert und im Detail: Offener Brief von [358] Ärzten und [1278] Gesundheitsfachleuten an alle Behörden in Belgien und alle belgischen Medien; Text bei *eigentümlich frei* vom 16.9.2020, https://ef-magazin.de/2020/09/ 18/17544-dokumentation-offener-brief-von-aerzten-und-gesundheitsfachleuten-an-alle-behoerden-in-belgien-und-alle-belgischen-medien [Abruf: 22.9.2020; Kopie im Arch. d. Verf.].

Hieraus folgt: Vorsorgemaßnahmen, deren Inhalt die Isolierung und Abschottung ist, können und müssen sich bei Anwendung des gesunden Menschenverstandes auf genau diese Männer und Frauen beziehen – und nur auf diese. Dass aber das nicht passiert, sondern mit der Gießkannenmethode, die den Namen Lockdown trägt, ganze Gesellschaften praktisch stillgelegt und zerstört werden, ist die traurige Wirklichkeit. Diese wird kein Jota besser durch die Tatsache, dass andere Staaten ringsum es genauso machen. Auch darüber wurde bereits das Notwendige gesagt.

Bleibt erneut die Frage: Warum verhalten sich die Politikgestalter so irre? Warum versuchen sie nicht wenigstens, gescheite Leute einmal zu Wort kommen zu lassen? Die Antwort hierauf ist unerfreulich. Sie haben offenbar einen Verantwortungs-Defekt. Sie glauben nämlich, dass die größtmögliche Einschränkung der Bevölkerung sie vor dem Vorwurf schützt, sie hätten nicht beizeiten das Mögliche zum Schutz dieser Bevölkerung unternommen. Ich habe bereits an anderer Stelle erläutert, dass und warum das eine Ente ist. Die Folgeschäden, die genau durch diese Maßnahmen erzeugt werden, übersteigen bereits jetzt um ein Vielfaches jeden vielleicht einmal in Erwägung gezogenen Nutzen.[225] Gegen Ende dieses Buches werde ich hierauf zurückkommen.

---

[225] So das Vorstandsmitglied der Kassenärztlichen Bundesvereinigung, Dr. med. Stephan Hofmeister, *Deutsches Ärzteblatt* Nr. 17 vom 24.4.2020, „es sei schon heute so, dass sich schwer kranke Patienten aus Angst vor dem Virus nicht mehr in die Praxen und Krankenhäuser trauten". Ebenso dezidiert und im Detail: Offener Brief von [358] Ärzten und [1278] Gesundheitsfachleuten an alle Behörden in Belgien und alle belgischen Medien, abgedr. bei *eigentümlich frei* vom 16.9.2020, https://ef-magazin.de/2020/09/18/17544-dokumentation-offener-brief-von-aerzten-und-gesundheitsfachleuten-an-alle-behoerden-in-belgien-und-alle-belgischen-medien [Abruf: 22.9.2020; Kopie im Arch. d. Verf.].

Ich habe eine wissenschaftliche Studie über Chloroquin und Viren durchgeführt, die vor dreizehn Jahren veröffentlicht wurde. Seitdem haben vier weitere Studien anderer Autoren gezeigt, dass das Corona-Virus auf Chloroquin reagiert. Nichts davon ist neu. Dass die Gruppe von Entscheidungsträgern nicht einmal über die neueste Wissenschaft Bescheid weiß, verschlägt mir den Atem. Wir wussten über die mögliche Wirkung von Chloroquin auf kultivierte Virusproben Bescheid. Es war bekannt, dass es ein wirksames Antivirenmittel ist.[226]

17. Kapitel
Impfen statt Heilen: Der offene und verdeckte Kampf von Big Pharma, um die Anwendung alter und möglicherweise geeigneter Heilmittel bei Corona-Patienten zu verhindern

Bei dem Dreiklang von Vorbeugen, Heilen und Impfen sind wir nunmehr beim Heilen angelangt. Es ist nichts Neues und nichts Überraschendes, wenn bei einer neu auftretenden Krankheit ein entscheidender Teil ärztlicher Bemühungen sich auf das Heilen der Kranken konzentriert. Überraschend ist auch nicht, wenn die Mediziner auf Mittel und Methoden zurückgreifen, die bei ähnlichen Krankheiten schon einmal Erfolge gezeitigt haben. Darüber müsste man auch bei Corona kein Wort verlieren, wenn es denn so wäre. Doch der Verdacht ist stark, dass dies nicht der Fall ist. Zumindest nicht bei jenen, die nicht an der ärztlichen Front um das Leben der erkrankten Patienten kämpfen.

Was ist hier anders, und was geht hier vor? Anstelle langer theoretischer Erwägungen schildere ich im Folgenden zunächst den Fall Hydroxychloroquin.[227] Es ist *ein* Beispiel. Es gibt ungezählte weitere.

---

[226] Professor Dr. **Didier Raoult**, Experte für Infektionskrankheiten und Leiter eines Krankenhauses in Marseille/Frankreich, hier zit. nach https://www.new-swiss-journal.com/post/l%C3%BCgenpolitiker-verschweigen-130-fakten-lockdown-100-umsonst [Abruf: 26.2.2021; Kopie im Arch. d. Verf.].
[227] Eine erste Fassung dieser Überlegungen, die speziell den Kampf um das Malaria-Mittel Hydroxychloroquin beschreibt, habe ich im Juni 2020 publiziert, vgl. z.B.

Die Wunderwaffe und die Wunderabwehrwaffe: Der Streit um das Medikament Hydroxychloroquin zur Bekämpfung der Corona-Erkrankung

Das ganze Frühjahr 2020 über gab es Meldungen und Gegenmeldungen über den Nutzen des Malaria-Medikaments Hydroxychloroquin für die Corona-Bekämpfung. Die einen beschworen die Wirksamkeit, die anderen taten es nicht. Der Streit schien entschieden, nachdem das renommierte Wissenschaftsmagazin *The Lancet* ein Gutachten veröffentlichte, dass die Schädlichkeit von Hydroxychloroquin nachwies (signifikant mehr Tote als bei der Einnahme von Placebos).[228] Nunmehr hagelte es Anwendungsverbote, und die Corona-Kardinäle verlautbarten, das Mittel käme, obwohl die Firma

---

Prabels Blog vom 16.6.2020, https://www.prabelsblog.de/2020/06/die-wunderwaffe-und-die-wunderabwehrwaffe/

[228] Mandeep R. Mehra/Sapan S. Desai/Frank Ruschitzka/Amit N. Patel: Hydroxychloroquine or chloroquine with or without a macrolide for treatment of Covid-19: a multinational registry analysis. *Lancet.* 2020; (published online May 22.), https://www.thelancet.com/pdfs/journals/lancet/PIIS0140-6736(20)31180-6.pdf [Abruf zuletzt: 9.6.2020, jetzt mit dem Zusatz retracted (zurückgezogen)].

Bayer es kostenlos zur Verfügung stellen wollte, in Deutschland nicht infrage.[229]

Mir erschien das monatelang wie ein Nebenkriegsschauplatz. Eine Tagebucheintragung vom 9. Juni 2020 zeigt, warum ich anderen Sinnes wurde:

> Da taten sich Abgründe auf. Kaum hatte ich meinen Ärger bei Douglas abgeladen, erschien auf der Plattform von Tichy ein Aufsatz von ihm, der den eingangs angerissenen Pharma-Skandal ausführlich zum Gegenstand hatte.[230]

Ich fasse zusammen: Eine Reihe renommierter Mediziner versuchte die Anwendung von Hydroxychloroquin bei frisch infizierten Corona-Patienten mit niedriger Dosierung und der parallelen Gabe eines Antibiotikums. Die Behandlungsmethode geriet durch ein wissenschaftliches Gutachten in Misskredit, das unverzüglich staatliche Verbotsmaßnahmen nach sich zog und eine bereits laufende einschlägige Versuchsreihe der WHO abrupt enden ließ.[231]

Die wissenschaftliche Begutachtung fand nicht nur breite öffentliche Beachtung, weil sich praktisch jedermann für Ab-

---

[229] Für jedermann verständlich an allgemein zugänglicher Stelle als unbrauchbar erklärt z.B. bei Christa Müller: Keine Wirksamkeit gegen Covid-19. Hydroxychloroquin floppt erneut in klinischer Studie, Deutsche Apotheker Zeitung (DAZ-online) vom 13.5.2020, https://www.deutsche-apotheker-zeitung.de/news/artikel/2020/05/13/ hydroxychloroquin-floppt-erneut-in-klinischer-studie [Abruf: 9.6.2020].

[230] Holger Douglas: Dubiose Firma Surgisphere. Wissenschaftsskandal ersten Ranges: Die manipulierten Hydroxychloroquin-Studien, *Tichys Einblick* vom 8.6.2020, https://www.tichyseinblick.de/daili-essentials/wissenschaftsskandal-ersten-ranges-die-manipulierten-hydroxychloroquin-studien/ [Abruf: 8.6.2020, Kopie im Arch. d. Verf.]. Der Aufsatz war Ausgangspunkt für weitere Recherchen des Verf.

[231] Zum unbegreiflichen Verhalten der WHO nach der Veröffentlichung der Studie N.N.: Hydroxychloroquine entwickelt sich zum Gegenstand eines Krimis, *ScienceFiles* vom 30.5.2020, https://sciencefiles.org/2020/05/30/hydroxychloroquine-entwickelt-sich-zum-gegenstand-eines-krimis/ [Abruf: 9.6.2020]; zu diesem Vorgang auch Wolfgang Effenberger: Weltweite Covid-19-Politik auf dubioser Basis? Fahrlässiger Umgang mit suspekter Datenbank, World Economy vom 12.6.2020, https://www.world-economy.eu/nachrichten/detail/weltweite-covid-19-politik-auf-dubioser-basis-gastkommentar/ [Abruf: 12.6.2020, Kopie im Arch. d. Verf.].

wehrmaßnahmen gegen die grassierende Epidemie interessierte, sondern die Behandlung mit Hydroxychloroquin auch durch den US-Präsidenten Trump befürwortet worden war.[232] Trumps Empfehlung und das Gutachten in Kombination waren erneut Anlass, den US-Präsidenten als unfähig, ahnungslos und dazu als gefährlich zu schildern.[233]

Bald zeigte sich jedoch, dass die mit den Versuchen in Frankreich befassten Mediziner trotz des Verbots nicht gewillt waren, den Behandlungsweg zu verlassen. Mit der Veröffentlichung ihrer Ergebnisse stellten sie zugleich die Studie bei *The Lancet* in Frage.[234] Sie und einige Epidemiologen – also Statistiker – bezweifelten die Korrektheit der Daten in der Lancet-Studie, da die Verfasser sich weigerten (oder nicht in der Lage waren), die Basisdaten und deren Quelle exakt zu benennen. Insbesondere war die hohe Zahl der angeblichen 96.032 Probanden aufgefallen, ein Datenpool, der niemandem außer den Studienverfassern bekannt war, aber angesichts der Größenordnung in der Wissenschafts-Community hätte bekannt sein müssen. Nach diesen massiven Einwendungen zogen drei der vier Studienverfasser ihren Beitrag an der Studie zurück, sodass nur noch ein Autor, Sapan Desai, übrigblieb. Es war der Geschäftsführer einer Firma namens Surgisphere[235] in Chicago.

---

[232] Der Zusammenhang zwischen der Ablehnung des Malaria-Mittels und der Möglichkeit, Trump zu schaden, wird betont bei Wolfgang Prabel: Medikament war angeblich unwirksam, weil Donald T. es gut fand, *Prabels Blog* vom 8.6.2020, https://www.prabelsblog.de/2020/06/medikament-war-angeblich-unwirksam-weil-es-donald-t-gut-fand/ [Abruf: 9.6.2020].
[233] Roni Karyn Rabin: Scientists Question Validity of Major Hydroxychloroquine Study, *NYT* vom 29./30.5.2020, https://www.nytimes.com/2020/05/29/health/coronavirus-hydroxychloroquine.html [Abruf: 9.6.2020].
[234] Angana Chakrabarti/Ananya Bhardwaj/Sunanda Ranyan: „Star" cardiologist Mehra & data doctor Desai — story of Indian experts behind HCQ scandal, *The Print* vom 8.6.2020, https://theprint.in/health/star-cardiologist-mehra-data-doctor-desai-story-of-indian-experts-behind-hcq-scandal/436601/ [Abruf: 9.6.2020].
[235] https://www.bloomberg.com/profile/company/0691925D:US: Surgisphere Corporation was founded in 2008. The Company's line of business includes providing management consulting services. Surgisphere operates in the State of Texas [Abruf: 9.6.2020]. Es ist zweifelhaft, ob das die hier in Rede stehende Firma

Nunmehr war, wie man so sagt, Holland in Not. Die französischen Ärzte, die man an der Weiterbehandlung vergeblich hatte hindern wollen, legten nunmehr Zahlen zum Nachweis vor, dass ihre Behandlungsmethode in einer Vielzahl von Fällen von Erfolg gekrönt gewesen sei. Auch sei bei dieser Art der Medikamentengabe kein einziger Todesfall zu beklagen gewesen. Ich kann dem letztgenannten Argument nicht viel abgewinnen, da ich nicht erkennen kann, ob man bei potenziellen Todeskandidaten von vorherein die Medikation unterlassen hat. Jedenfalls würde viel dafürsprechen, weil die behandelnden Ärzte das Mittel für eine erfolgreiche Therapie nur im Anfangsstadium der Krankheit deklariert hatten.

Nun zum Angreifer auf solche ärztliche Kunst. Es handelt sich, wenn seine Eigenangaben stimmen, um den indischstämmigen Sapan Sharankishor Desai.[236] Das muss ein wahrer Tausendsassa sein, mit 3 bis 4 Doktorgraden: Computerfachmann, Herzchirurg, Medikamentenspezialist, Minderheitenförderer, Studienautor, Arzt, Computerausbilder, Biochemiker, Unternehmer, Unternehmensberater und Doktor der Philosophie und Doktor der Medizin und Doktor der Jurisprudenz. Vielleicht sollte man ihn ein Universalgenie nennen. Wie auch immer. Auf jeden Fall war er in der Lage, fast 100.000 Patientendaten für seine Testreihen zu beschaffen und zu nutzen. Andere Fachleute auf diesem Gebiet behaupten, das sei unmöglich. Das würde, wenn die Einwendung dieser Kritiker zutrifft, bedeuten, dass er ein Hochstapler ist. Aber ich kann mir auch Schlimmeres vorstellen, zum Beispiel einen gewerbsmäßigen Betrüger. So würde man ihn dann wohl nennen, falls er die fraglichen Daten im fremden Auftrag fingiert hat, zum Beispiel um einer

---

ist, deren jetziger Firmensitz Chicago sein soll. Die Firmenwebsite, Stand 9.6.2020, ist bar jeder inhaltlichen Aussage https://surgisphere.com/.

[236] *6.4.1979, vgl. https://www.bionity.com/en/encyclopedia/Sapan_Desai.html [Abruf: 9.6.2020, Kopie im Arch. d. Verf.]. Die Angaben auf dieser Website sind ca. 8 Jahre alt, da das Lebensalter von Desai mit 33 angegeben wird.

Konkurrenz zu schaden, sei es aus der Pharmaindustrie, sei es aus der Politik.

Nun, jetzt sind alle schlauer, auch diejenigen, die ihr medizinisches Wissen auf das Anpöbeln des US-Präsidenten konzentriert hatten.[237] Plötzlich fiel dem britischen Guardian auf, dass die Firma des Wunderdoktors offenbar nur aus ihm selbst, einem Sciencefiction-Autor, einem weiblichen Nacktmodel und einem weiteren Unbekannten bestand.[238] Die hätte man gern mal beisammen bei der Arbeit gesehen. Doch ernsthaft: Handelte es sich hier um einen Angriff auf die Firma Bayer, den US-Präsidenten oder gar beide? Dann hätte ich gerne einmal den Auftraggeber gekannt.

Nun ist das amerikanische Internet bekannt für seine Geschwätzigkeit. Sucht man zum Beispiel nach einem Zusammenhang zwischen Studien-Autor Desai und großen Unternehmen, die sich dem Kampf gegen Covid-19 verschrieben haben, so stößt man auf den Konzern W.L. Gore & Associates. Blättert man in dessen Firmenwerbung herum, findet man das Heft *Endovascular Today*, Juni 2019.[239] Der mit zwei Beiträgen vertretene Hauptautor heißt Sapan Desai, und ein zweiter Autor ist Daniel V. Patel, ein weiterer der Mitautoren der Anti-Hydroxychloroquin-Studie. Surprise, surprise. Doch an allzu viel Zufall glaube ich nicht.[240]

---

[237] Man nehme nur die Ausführungen in der Pharmazeutischen Zeitung („Die Zeitung der deutschen Apotheker") vom 4.6.2020, Theo Dingermann/Annette Rößler: Chloroquin und Hydroxychloroquin. Bei Covid-19 tatsächlich schädlich?, https://www. pharmazeutische-zeitung.de/bei-covid-19-tatsaechlich-schaedlich-118005/ [Abruf: 9.6.2020]: „Ob die Malariamittel Chloroquin beziehungsweise Hydroxychloroquin bei Covid-19 wirksam sind, ist unter anderem durch das Agieren von US-Präsident Donald Trump auch zur politischen Frage geworden." Fachfremder für ein pharmazeutisches Fachblatt geht es kaum.

[238] N.N.: Surgisphere: governments and WHO changed Covid-19 policy based on suspect data from tiny US company, The Guardian vom 3.6.2020, https://www.theguardian. com/world/2020/jun/03/covid-19-surgisphere-who-world-health-organization-hydroxychloroquine [Abruf: 9.6.2020].

[239] https://www.goremedical.com/resource/AX1667-EN1 [Abruf: 9.6.2010, Screenshot im Arch. d. Verf.].

[240] Auch im grundlegenden Beitrag von The Guardian vom 3.6.2020 ist Gore Medical als Quelle für das Bild von Desai angegeben, https://www.theguardian.com/world/

Die getürkte Anti-Hydroxychloroquin-Studie zeigte bei mir einen zusätzlichen, sicher so nicht beabsichtigten Effekt: Das Misstrauen. Das möchte ich anhand der gleichzeitig zu lesenden Forschungs-Informationen der Universität Oxford/ Großbritannien beleuchten. Dort wurde am 5. Juni 2020 mitgeteilt, dass die seit März 2020 laufende Forschungsreihe an über 10.000 wg. Covid-19 in England hospitalisierte Patienten – durchgeführt von einer angeblich unabhängigen Forschungsinstitution unter Leitung von zwei namentlich genannten Professoren – ergeben habe, dass die Medikation mit dem Malaria-Mittel keine signifikant anderen Ergebnisse erzeugt habe als die Behandlung der Patienten, die dieses Mittel nicht erhielten.[241] Die Reaktion, die diese Meldung bei mir erzeugt hat, ist diese hier: Kann sein oder kann auch nicht sein. Das Erste, was ich getan habe, ist nachzusehen, ob mir die Forscher[242] schon mal aufgefallen sind, insbesondere ob es Erkenntnisse darüber gibt, wer sie finanziert. Dieselbe Frage habe ich mir für den Herausgeber der Meldung – in diesem Fall die Universität Oxford – gestellt.

Sehen wir also nach, wie die Universität sich in Sachen Corona in den letzten Monaten positioniert hat. Dabei stoßen wir dann auf das hier: Einen Tag nach der Hydroxychloroquin-taugt-nix-Meldung wurde von sogenannten Insidern mitgeteilt, dass der an der Universität entwickelte Corona-

---

2020/jun/03/covid-19-surgisphere-who-world-health-organization-hydroxy chloroquine [Abruf: 9.6.2020].

[241] N.N.: No clinical benefit from use of hydroxychloroquine in hospitalised patients with Covid-19. A new statement has been released from the Chief Investigators of the Randomised Evaluation of COVid-19 thERapY [sic!] (RECOVERY) Trial on hydroxy-chloroquine, http://www.ox.ac.uk/news/2020-06-05-no-clinical-benefit-use-hydroxychloroquine-hospitalised-patients-covid-19# [Abruf: 10.6.2020]; auf diesen Artikel wurde ich durch einen Leserbrief bei *Prabels Blog* aufmerksam gemacht, https://www.prabelsblog.de/2020/06/medikament-war-angeblich-unwirksam-weil-es-donald-t-gut-fand/ [Abruf: 9.5.2020].

[242] Es handelt sich um die Professoren Peter Horby und Martin Landray, *chief investigators* von *RECOVERY Trial*. Horby ist Mediziner und Professor für Globale Gesundheit an der Universität Oxford; Landray ist (Stand: 2017) Professor für Heilkunde und Epidemiologie und Vizedirektor des Big Data Institute und Honorarkraft an der Universität Oxford.

Impfstoff nunmehr die Schwelle zur Produktion überschritten habe. Es ist die Pharma-Firma AstraZeneca, die bis zum Jahresende 2020 zwei Milliarden Dosen des Oxford-Corona-Impfstoffs auf dem Markt haben wird. Auch die Finanzierung dieses Großgeschäfts ist kein Geheimnis. Das Geld, 750 Millionen US-Dollar, stammt aus wohltätigen Spenden. Der Hauptsponsor ist die Bill & Melinda Gates Foundation. Nun, und woher weiß man das? Na klar: Aus dem Hause Gates und von dort von der *business insider*-Reporterin Mia Jankowicz[243] der *mns* (= Microsoft News), Kategorie *lifestile* vom 6. Juni 2020.[244]

Nachdem die Wohltäter der Menschheit die Katze aus dem Sack gelassen hatten, zog Tage später auch die Pharma-Firma AstraZeneca[245] nach. Einigungen mit den Regierungsstellen aus den USA, Großbritannien und irgendwelchen EU-Instanzen verhießen die Ankunft und den Absatz des neuen, in Oxford entwickelten Impfmittels mit dem etwas spröden

---

[243] **Mia Jankowicz** (*1980), ?brit. Journalistin und Kuratorin, nach Eigenangaben NGO-Aktivistin („Between 2009-2013 she was Artistic Director of Contemporary Image Collective in downtown Cairo, curating numerous projects and building the NGO's infrastructure.") und als Freelance-Reporterin auf dem Gebiet des Brexit-Schlamassels (*Brexit mess*) tätig, https://www.miajankowicz.com/about-contact [Abruf: 10.6.2020, Screenshot im Arch. d. Verf.], vgl. auch https://deappel.nl/en/curatorial-programme [Abruf: 10.6.2020].

[244] Mia Jankowicz: 2 billion doses of the Oxford coronavirus vaccine will be developed by AstraZeneca after a $750 million deal with charities backed by the Bill and Melinda Gates Foundation, *nms* vom 6.6.2020, https://www.msn.com/en-us/health/medical/2-billion-doses-of-the-oxford-coronavirus-vaccine-will-be-available-after-a-new-deal-that-included-750m-from-bill-gates-astrazeneca-says/ar-BB154PrT [Abruf: 10.6.2020, Kopie im Arch. d. Verf.].

[245] Nach den verschiedenen Firmen-Webseiten ist AstraZeneca ein in mindestens drei Ländern arbeitendes (? und produzierendes) Unternehmen (USA, mindestens drei Standorte, z.B. Gaithersburg/Maryland [https://www.astrazeneca.com/our-science/gaithersburg.html]; Großbritannien [Cambridge, https://www.astrazeneca.com/our-science/cambridge.html und Schweden [Göteborg, https://www.astrazeneca.com/our-science/gothenburg.html]). Die Firma betreibt Forschungslabors. Was genau die Firma produziert, kann ich diesen Seiten nicht entnehmen, jedenfalls werden Bemühungen unternommen, das Wasser rein zu halten, karbonneutral zu produzieren und dem Klimaschutz zu dienen. Das ist der übliche Zeitgeist-Schnickschnack. Der Wert der Aktie ist ablesbar bei https://www.ariva.de/astrazeneca-aktie/chart?t=all&boerse_id=4 [Abruf: 14.6.2020].

Namen ChAdOx1 nCoV-19.[246] Liest man die Begleitstellungnahmen vor allem aus dem Hause AstraZeneca etwas genauer, so stechen zwei Aussagen hervor: Der neue Impfstoff werde keine Schäden verursachen, die über die der Krankheit hinausgehen, und – man reibt sich die Augen – ob das Mittel die erhofften Wirkungen haben werde, müsse sich nach der Anwendung zeigen.[247]

Die Wirkungen zeigten sich. Im nächsten Kapitel, wo es ums Impfen geht, werden wir sie sehen. Da wird es ganz speziell um das Wundermittel von AstraZeneca gehen, mit dem sich im Frühjahr 2021 niemand impfen lassen mochte.

Hexenwissen und seine Wiederentdeckung: Das Heilkraut der Braunelle, das Bayer-Präparat Suramin und die chinesischen Forscher an der kanadischen Universität von Winnipeg

Anfang September 2020 las ich:[248] Kanadisch-chinesische Wissenschaftler hätten das alte Bayer-Präparat Suramin, den Wirkstoff aus der kleinen Braunelle, gegen das Virus Sars-CoV-2 mit Erfolg im Labor angewendet. Ich dachte, das sei wirklich mal eine Sensation an der Corona-Front, nämlich die Entdeckung eines Vorbeuge- und Heilmittels gegen das Sars-CoV2 und notierte am 2. September 2020 in mein Tagebuch:

---

[246] Adrian Kemp: AstraZeneca to supply Europe with up to 400 million doses of Oxford University's vaccine at no profit, Pressemitteilung der Firma AstraZeneca vom 13.6.2020, https://www.astrazeneca.com/media-centre/press-releases/2020/astrazeneca-to-supply-europe-with-up-to-400-million-doses-of-oxford-universitys-vaccine-at-no-profit.html [Abruf: 14.6.2020, Kopie im Arch. d. Verf.].

[247] Venus Upadhayaya: Pharma Giant to Supply 400 Million Doses of Vaccine in Europe by Year End, *Epoch Times* (US-Ausg.) vom 13.6.2020, https://www.theepoch times.com/pharma-giant-to-supply-400-million-doses-of-vaccine-in-europe-by-year-end_3387556.html#comment_open [Abruf: 14.6.2020]: „ ,AstraZeneca recognizes that the vaccine may not work but is committed to progressing the clinical program with speed and scaling up manufacturing at risk,' said the company."

[248] N.N.: Prunella vulgaris und Suramin blocken Sars-CoV-2, *ScienceFiles* vom 29.8.2020, https://sciencefiles.org/2020/08/29/prunella-vulgaris-und-suramin-blocken-sars-cov-2/ [Abruf: 2.9.2020].

Die beste Meldung stammt aus der *ScienceFiles*-Plattform von vor vier Tagen. Da wird über die Forschungsergebnisse an der kanadischen Universität von Manitoba berichtet. Drei oder vier Chinesen haben dort etwas geschafft, was möglicherweise der Durchbruch in diesem ganzen Corona-Durcheinander sein könnte. Sie haben ein altes Mittel gegen die Schlafkrankheit, das 1916 von der Firma Bayer entwickelt und ausprobiert worden war, nunmehr mit dem Sars-CoV-2-Virus kombiniert (wenn man das mal laienhaft so sagen darf).

Dieses Mittel zerstört nicht nur die Ankoppelung des Virus an die menschliche Zelle, sondern lässt auch deren Ankoppelung prophylaktisch gar nicht zu. Falls das stimmt, wäre das perfekte Medikament für die Vorbeugung und zum Heilen gefunden. Das wäre ein schier unglaublicher Durchbruch. Der einzige Nachteil wäre, dass die Pharmas hier nichts mehr zu erfinden, sondern nur noch abzukupfern hätten, was ihnen kaum in den Kram passen dürfte. Vielleicht auch deswegen das Schweigen im Blätterwald, der sich ja sonst in Sachen Covid-19 zu überschlagen pflegt, falls Bill Gates und Konsorten auch nur einen Furz rauslassen, wenn dieser nach Impfstoff riecht.

Am 3. September 2020 ergänzte ich die Eintragung vom Vortage:

Auf dem Schreibtisch stapeln sich die Nachschlagwerke von Brockhaus bis Pschyrembel, weil ich gestern Nacht in einem plötzlichen Anfall von Wissbegierde der Heilpflanze Braunelle und dem daraus entwickelten synthetischen Heilmittel Suramin nachgegangen bin. Es waren in der Tat Forscher der Firma Bayer, die das 1916 entwickelten.

Bleibt zu erwähnen, dass die Forscher um den wirtschaftlichen Erfolg dieser Erfindung betrogen wurden, denn die Siegermächte des Ersten Weltkriegs ermächtigten sich selbst, sich die deutschen Patente anzueignen und entschädigungslos zu verwenden. Nun ja, den Krieg von 1914/18 haben wir gründlich verloren. Wie man hernach noch mal auf die Beine kommen konnte, bleibt rätselhaft.

Beginnen wir noch einmal von vorne. Die Braunelle (*Prunella vulgaris*) ist seit Langem in Europa als Heilpflanze bekannt. Das unscheinbare Kraut enthält in seinen Blättern ätherische Öle, die für mancherlei Krankheiten als Gegenmittel angewendet wurden. Das Heilpflanzen-Lexikon beschreibt sie so:

Sie wächst auf feuchten Wiesen bis in die Höhe von 2000 Meter, ist also auch im Mittelgebirge häufig anzutreffen. Da die Braunelle aber so klein ist, sie wird gerade einmal zwanzig Zentimeter hoch, muss man genau hinschauen, um sie zu entdecken. Dank ihrer ätherischen Öle und Gerbstoffe kann sie sowohl gegen Atemwegserkrankungen und Probleme der Verdauungsorgane helfen. Früher wurde sie vor allem gegen Diphtherie eingesetzt.[249]

Diphtherie, das ist eine Infektionskrankheit, die durch ein spezielles Bakterium, das *Corynebacterium diphteriae* verursacht und durch Tröpfchen- oder Schmierinfektion übertragen wird.[250] Heute ist die Krankheit in Mitteleuropa weitgehend ausgerottet. Penicillin und Impfungen haben dafür gesorgt.[251]

Unbekannt blieb mir, was eigentlich die Forscher von Bayer mitten im Ersten Weltkrieg suchten, als sie die Wirkstoffe der Prunella im Zentrallabor der Firma in Elberfeld (heute ein Stadtteil von Wuppertal) analysierten und künstlich nachahmten. Nur das Ergebnis ist bekannt. Der Stoff hieß Bayer Nr. 205 oder Suramin. Das Medikament, das daraus kreiert wurde, nannte man bei Bayer später Germanin. Es wurde sehr schnell das Mittel der Wahl bei der Schlafkrankheit. Diese im tropischen Afrika verbreitete Infektionskrankheit endete in aller Regel tödlich und war für die Kranken mit schrecklichen Leiden verbunden. Übertragen wurde die Krankheit durch den Stich der Tsetse-Fliege.

Sobald man das erkannt hatte, versuchte die einheimische Bevölkerung, der Stechfliegen-Plage durch Abbrennen ihrer Brutplätze Herr zu werden. Ohne Erfolg. Heute setzt man Insektizide ein. Damals, zu Beginn des 20. Jahrhunderts, war von alledem keine Rede. Der Erfolg der Bayer-Chemiker kann deswegen kaum überschätzt werden. Was sie schufen, war der Durchbruch im Kampf mit dieser speziellen Geisel der

---

[249] https://heilkraeuter.de/lexikon/braunelle.htm [Abruf: 5.9.2020].
[250] Pschyrembel: Klinisches Wörterbuch, S. 403 f.
[251] Vgl. Pschyrembel: Klinisches Wörterbuch, Stichwort Penicilline, S. 1385.

afrikanischen Bevölkerung.[252] Ich erwähne dies hier, weil es unter Zeitgenossen üblich geworden ist, von deutscher Kolonialschuld zu schwatzen. Es waren drei weiße deutsche Männer, die Afrika von der Schlafkrankheit befreiten. Ihre Namen verdienen festgehalten zu werden: Oskar Dressel,[253] Richard Kothe[254] und Bernhard Heymann.[255] Was sie, ohne es zu ahnen, verursachten, muss nunmehr besprochen werden.

An der Universität des kanadischen Bundesstaats Manitoba haben mehrere chinesische oder chinesischstämmige Wissenschaftler mit der Wirkung von gängigen Medikamenten, die bei Infektionskrankheiten mit Erfolg verwendet werden, experimentiert. Mir war diese Universität noch nie über den Weg gelaufen. Sie befindet sich, auf mehrere Liegenschaften verteilt, in der Hauptstadt Winnipeg. Diese liegt rund 100 km nördlich zur Staatsgrenze der USA ziemlich genau in der Mitte der Ost-West-Ausdehnung von Kanada an der Nationalstraße 1.

---

[252] Jutta Dressel: Geschichte des Germanins.
[253] Dr. phil. Dr. med. h.c. **Oskar Dressel** (19.9.1865 Sonneberg/Sachsen-Meiningen-12.2.1941 Bonn), Chemiker. Mütterlicherseits Abstammung aus einer Porzellanhersteller-Dynastie. Nach dem Abitur in Erfurt Studium der Chemie in Heidelberg, München und Leipzig, dort 1899 promoviert. Nach Berufsstart in Görlitz, 1891 Wechsel zur Firma Bayer AG in Elberfeld (heute: Wuppertal). Forscht erfolgreich auf dem Gebiet der synthetischen Farbstoffe und entwickelt 1916 den künstlichen Heilstoff der Kleinen Braunelle, das Suramin, das sich als Mittel gegen die afrikanische Schlafkrankheit bewährt. Geht als Prokurist der Firma Bayer nach über 40 Berufsjahren dort 1931 in den Ruhestand. Lebt sodann bis zu seinem Tode in Köln und Bonn.
[254] Dr. phil. **Richard Kothe** (13.1.1863 Leipzig-12.6.1925 Salzburg), Chemiker. Nach dem Chemiestudium 1887 an der Universität Leipzig promoviert. 1891-1925 Arbeit bei der Firma Bayer in Elberfeld (heute: Wuppertal). Auf einer Urlaubsreise an einem Schlaganfall verstorben.
[255] Dr. phil. Dr. med. h.c. Dr.-Ing. E.h. **Bernhard Heymann** (23.4.1865 Kamen/Westfalen-10.5.1933 Leverkusen), Chemiker, Laborleiter. Zunächst kaufmännische Lehre, sodann Abitur und Chemiestudium in München, abgeschlossen mit der Pro-motion. 1889 Eintritt als Chemiker bei der Firma Bayer in Elberfeld. Dort alsbald Leiter des chemischen Forschungslabors, das 1913 nach Leverkusen verlegt wird. An diesem werden, zum Teil unter seiner unmittelbaren Mitwirkung, zahlreiche synthetische Stoffe entwickelt, zunehmend auch Medikamente, wie die Substanz Suramin, die zur Bekämpfung der Schlafkrankheit eingesetzt wird.

Bereits die Startseite der Universität enthält einen speziellen Button für Covid-19.[256] Doch die Enttäuschung könnte kaum größer sein, denn hier ist nichts von den sensationellen Forschungen in Sachen der Infektionskrankheit zu lesen, sondern der übliche administrative Unfug über das Abstandhalten, das obligatorische Maskentragen und Vorlesungsausfälle. Auch in den übrigen Selbstdarstellungen der Universität habe ich nichts gefunden (Stand: 5. September 2020), was zu einem Aha Anlass geben könnte. Stattdessen die üblichen politisch korrekten Hinweise über Gleichheit und Antirassismus. Zu deren Illustration ist ein Bild beigegeben, das – ungewollt witzig – drei verschiedenfarbige Hände zeigt, die aufeinanderliegen: weiß, braun und bronzefarben. Letztere steht für Indianer, die jetzt anders heißen und denen ein besonderer Forschungszweig der Universität gewidmet ist. Leute, möchte man rufen, wo sind denn die Chinesen abgeblieben? Hiernach zu fragen, ist, so finde ich, aller Anlass.

Es ist auffällig, wie viele naturwissenschaftliche Veröffentlichungen in den letzten Jahren chinesische Namen tragen. Dabei ist es keineswegs so, dass die einschlägigen Aufsätze alle aus China und den dortigen Forschungseinrichtungen stammen, sondern, wenn mich der Eindruck nicht täuscht, gilt dieser chinesische Vormarsch in den Naturwissenschaften auch in den Forschungseinrichtungen der westlichen Welt. Hierfür eine Erklärung zu benennen, durchstößt das politisch korrekte Korsett gleich mehrfach. Da ich mich hierdurch nicht eingeschnürt fühle, sei mein Lösungsansatz dieses Phänomens genannt: Die Chinesen bzw. Chinesischstämmigen an den westlichen Bildungseinrichtungen sind intelligenter als ihre Konkurrenten, und sie sind fleißiger. Und schließlich – besonders unkorrekt – sie haben die Angewohnheit, sich den übrigen Ethnien bei deren Aktivitäten nicht anzuschließen, sondern sie bleiben lieber unter sich.

---

[256] http://umanitoba.ca/coronavirus [Abruf: 4.9.2020].

Das Forscherteam an der Universität von Manitoba, um dessen Leistungen es hier geht, scheint für diese Annahmen das perfekte Beispiel zu sein. Zufall oder nicht, noch etwas anderes sagt man der chinesischen Mentalität nach. Die Chinesen sähen keine Unredlichkeit darin, etwas perfekt zu kopieren und sodann zum eigenen Nutzen zu verwenden. Auch hierfür ließ sich der zu besprechende Forschungserfolg als Beispielsfall heranziehen. Konkret ist es das Durchdeklinieren von sattsam bekannten Medikamenten in einer neuen Umgebung.

Was taten nun Zhujun Ao & Co im Einzelnen? Sie stellten künstliche Zellen her, infizierten die mit Sars-CoV-2-Viren und beobachteten, was sich tat, wenn man den Vorgang mit dem pflanzlichen Wirkstoff aus der Braunelle bzw. mit Suramin, also dem synthetischen Wirkstoff, kombinierte. Das Ergebnis war offenbar in vierfacher Weise bemerkenswert: Beide Wirkstoffe konnten die Infektion beenden, und beide Wirkstoffe konnten, wenn man sie den Zellen vorab zufügte, diese gegen die Infektion schützen.

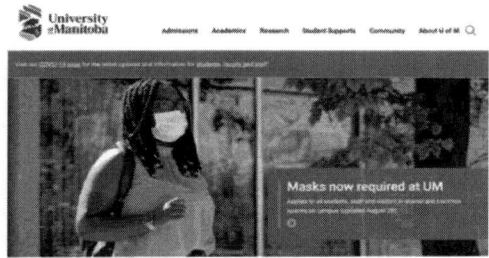

PC ist wichtiger als ein Forschungsdurchbruch bei der Seuchenbekämpfung: Offizielle Website der Universität von Manitoba, wo vermutlich ein wirksames Mittel gegen Sars-CoV-2 entdeckt wurde.

Was jetzt aussteht, ist die Ausweitung dieser Versuche auf den menschlichen Körper. Wenn dieser genauso reagiert wie die Zelle im Reagenzglas, dann wäre das Mittel gegen Covid-19 gefunden. Und nicht nur das, es wäre schon da, weil es nicht erst noch erfunden werden muss. Alles unter der Voraussetzung, dass das Forscherteam uns keinen Bären aufgebunden hat. Stimmt es hingegen, was man beschrieben hat, frage ich mich, warum offenbar nur ich dies als eine Sensation empfinde.

Nach meinen Aufzeichnungen im September 2020 kann ich nichts mehr entdecken, wie denn die Braunellen-Sache im Patienten-Experiment ausgegangen ist. Alles wird zugedeckt von den Schlagzeilen über das Impfen.

Stellen Sie sich die Auswirkungen vor, wenn Büros, Schulen, Transportsysteme, Restaurants, Hotels, Geschäfte, Theater, Konzerthallen, Sportveranstaltungen und andere Einrichtungen auf unbestimmte Zeit geschlossen würden und alle ihre Mitarbeiter arbeitslos und von der öffentlichen Hand abhängig wären. Das wahrscheinliche Ergebnis wäre nicht nur eine Depression, sondern ein kompletter wirtschaftlicher Zusammenbruch mit unzähligen dauerhaft verlorenen Arbeitsplätzen ...[257]

18. Kapitel
Ist es auch Wahnsinn, hat es doch Methode: Impfen als Vorsorgemethode und als Kristallisationspunkt für ideologische Auseinandersetzungen

Ich habe den vierten Abschnitt, in dem sich das hier beginnende Kapitel über das Impfen befindet, mit Erwägungen über die Angst vor dem Sterben begonnen. Jetzt kehren wir zu diesem Thema zurück. Todesangst beflügelt diejenigen, die auf ein Überleben durch die Impfung inbrünstig hoffen, aber auch die anderen, die sich mit Händen und Füßen gegen eine Corona-Impfung wehren, fürchten einen unfreiwilligen Tod. Man sieht schon: Das sind Grundüberzeugungen, die nicht zusammenpassen. Sie führen dazu, dass die lautstarken Vertreter der einen oder der anderen Richtung sich wechselseitig denunzieren: lebensfremd, verschwörungsgläubig, unaufgeklärt, borniert, leichtfertig, intolerant, ewig-gestrig, dämlich, rückschrittlich, inhuman. Das mag genügen. Ich werde versuchen, ein klein wenig Klarheit in dieses Durcheinander zu bringen, um dann zum Kern vorzudringen: dem Impfen gegen Corona.

Impfungen sind nichts grundlegend Neues. Mit dem Aufschwung der Schulmedizin im 19. Jahrhundert und der Erfor-

---

[257] Prof. **Michael T. Osterholm,** Direktor des Center for Infectious Disease Research and Policy an der University of Minnesota, https://www.new-swiss-journal.com/post/l%C3%BCgenpolitiker-verschweigen-130-fakten-lockdown-100-umsonst [Abruf: 26.2.2021; Kopie im Arch. d. Verf.; neu übersetzt aus dem Orig.: https://washingtonpost.com/opinions/2020/03/21/facing-covid-19-reality-national-lockdown-is-no-cure/].

schung und Entdeckung der Erreger von Infektionskrankheiten begannen auch die Impfungen als Möglichkeit der Immunisierung. Man unterscheidet bei der Impfung eine aktive und eine passive Variante. Von passiver Schutzimpfung spricht man, wenn dem Körper Präparate zugeführt werden, die einen Schutz gegen eine bestimmte Infektionskrankheit erzeugen oder verstärken, bei der aktiven Schutzimpfung enthält der Impfstoff den Erreger in abgeschwächter Form, sodass der Körper im Idealfall die Immunität durch eine Abwehrreaktion auf den Erreger selber bildet. Insbesondere bei der passiven Impfung ist es nicht immer klar zu entscheiden, ob es sich um eine Impfung oder um die Gabe eines Heilmittels handelt.

Zur Geschichte der Impfung gehört, dass bestimmte, vor allem als Seuchen auftretende Infektionskrankheiten weltweit oder auch nur regional ausgerottet worden sind. Ein Beispiel hierfür sind die Pocken. Das war nur möglich, weil eine Impfpflicht gegen Pocken eingeführt und rigoros durchgesetzt wurde. Die Pflichtimpfung gegen Pocken wurde in den 1960er Jahren in den westlichen Ländern eingestellt. Ob heutzutage mit einem Wiederaufleben dieser Krankheit zu rechnen ist, gilt als umstritten.

Mit dieser Einschränkung ist auf ein wesentliches Element aller Impfdiskussionen hingewiesen: Krankheiten, die aufgrund von Impfungen als abgeschafft gegolten haben, können wieder aufleben, was Impfgegnern immer wieder neue Nahrung für Diskussionen über die Sinnhaftigkeit von Impfungen gegeben hat. Aber das sind Randdebatten, denn der eigentliche Ansatzpunkt für die Ablehnung von Impfungen resultiert aus einer unendlichen Reihe von Impfschäden, die es in der Geschichte des Impfens gegeben hat. Besonders üble Beispiele haben sich im Gedächtnis der Menschheit anscheinend untilgbar eingegraben, so das im Ostblock verursachte Impfdesaster durch die Streckung von knappen Impfstoffen.

Doch neben diesen spektakulären Fällen gibt es den alltäglichen Impfschaden. Er lässt sich offenbar nicht vermeiden und wird von Otto Normale stoisch hingenommen. Ohne dass er mit den Spezifika der Wahrscheinlichkeitsrechnung vertraut ist, hat er das Empfinden, dass die Möglichkeit, infolge einer Impfung zu Schaden zu kommen, denkbar gering ist. Sie erscheint ihm vernachlässigenswert.

Bei dieser Betrachtungsweise ist indessen nicht berücksichtigt, dass in der westlichen Gesellschaft insofern eine Änderung der Auffassungen stattgefunden hat, als nunmehr auch in erstaunlichem Umfang Leute Beachtung finden, von denen man früher gesagt hätte, dass sie von Tuten und Blasen keine Ahnung haben. Nicht ohne ein Gran von Boshaftigkeit könnte man sie als die Klasse der Halbgebildeten bezeichnen. Ich habe den Eindruck, dem Leser möglicherweise heftig widersprechen werden, dass diese Art von Leuten besonders prädestiniert sind, auf Horrormeldungen nicht nur hereinzufallen, sondern diese auch noch durch aufbauschende Weitergabe zu verstärken.

In diesen Kreisen sind auch die 100-Prozent-Impfgegner zu Hause. Sie verweigern ihren Kindern – so sie denn welche haben – sinnvolle, langerprobte Impfungen mit den abenteuerlichsten Begründungen und bemänteln hernach ihre Fehlentscheidung mit Worten, die an Zynismus kaum zu überbieten sind („Julian ist durch die Krankheit reifer geworden"). Dieses ist das Publikum, was man im Auge haben muss, wenn es um Aktionen geht, die sogleich zu besprechen sein werden. Dabei helfen Leute dieser Denkungsart – ganz gegen ihre Absicht –, den Blick darauf zu verstellen, was die wirklichen Probleme der Corona-Impfung sind.

Die nun zu besprechenden Probleme bestehen aus einem politischen und einem medizinischen Zweig. Sie betreffen zum einen eine weltweite Impf-Lobby einerseits und zum andern die generelle Komplexität einer Impfung gegen eine Viren-Infektion.

*Fechten in der Blackbox: Das Problem eines geeigneten
Impfstoffs*

Im Grunde genommen wiederholt sich der Vorgang bei jeder
Krankheit, der man mit einer Impfung zu Leibe rücken will. Es
muss zunächst der Erreger gefunden werden, danach, wie er
funktioniert. Ist der Erreger ein Virus, beginnen offensichtlich die Kalamitäten. Man muss kein Mediziner sein, um
dies festzustellen. Es genügt vielmehr der Rückblick auf die
Versuche einer wirksamen Grippeschutzimpfung, wenn der
Erreger das Influenza-Virus ist. Zu diesem Problem gibt es
eine Menge leicht verständliche Aussagen für das normale
Publikum, da Medizin und Politik genötigt waren, nachvollziehbar zu erklären, warum die Immunisierung vom Vorjahr
in diesem Jahr nichts wert sein sollte. Die allfällige Erklärung
war so, dass das Virus sich von Jahr zu Jahr verändere.
Es mutiert.

Ich habe noch keine nachvollziehbare Erklärung entdeckt,
warum diese geradezu impffeindliche Eigenschaft des Virus
auf das Corona-Virus Sars-CoV-2 nicht zutreffen sollte. Ich
behaupte – wohlgemerkt – nicht, dass ich das irgendwie
besser wüsste, ich verlange lediglich Antwort auf diese Frage
von denen, die als Mediziner und Politiker der Covid-19-
Impfung ständig das Wort reden. Denn falls es tatsächlich so
ist, dass sich das Virus in Jahresintervallen oder in noch
kürzeren Abständen grundlegend verändert, kann ich mir die
Impfung sparen.

Über diese Hürde kommt unter Anwendung der Gesetze
der Logik nur hinweg, wer behauptet, dass sein Impfstoff
mutationsresistent ist. Ich besitze nicht den Fachverstand, um
zu beurteilen, ob das überhaupt realistisch ist. Ich habe aber
den Verdacht, dass über diese Schwelle mit einem Wust
schwer verständlicher Bemerkungen hinweggeredet wird, die
aus den Kreisen der beteiligten Mediziner und anderen
Naturwissenschaftler sowie der einschlägigen Industriellen
dringen. Das, was bei mir und vielen anderen, die nachfragen,

ankommt, hört sich so an: Der Impfstoff gegen das Corona-Virus sei völlig neuer Art. Er justiere den geimpften Menschen dergestalt, dass dieser gegen den Angriff des Virus immun sei. Der Impfstoff lasse das Andocken oder das Eindringen des Virus in die menschliche Zelle nicht zu.

Kritiker dieser (möglicherweise neuen) Art von Impfung wenden ein, das sei Genmanipulation. Diese sei generell verwerflich und habe deswegen zu unterbleiben. Die Gegner dieser Kritiker tragen vor, dass die Unterstellung der Genmanipulation bereits durch den Wortgebrauch beweise, dass die Kritiker keine Ahnung hätten. Andere ergänzen: Im übrigen sei die Änderung von Genmaterial in zahlreichen Sparten der Ernährungsindustrie heutzutage Standard, ohne den die Weltbevölkerung schon seit Jahrzehnten nicht mehr zu ernähren sei. Der Leser merkt an, dass dies Argumente auf unterschiedlichen Ebenen sind.

Andere sagen: Wozu gebe es das Verbot der Genveränderung nach der EU-Richtlinie 2001/18, die in deutsches Recht umgesetzt worden sei? Die Antwort: Diese grüne Beglückungspolitik sei nichts als Heuchelei. Zwar verschwanden Raps- und Mais-Versuchs-Felder mit genveränderten Früchten aus dem Blickfeld, aber die Versuche nicht. Sie wurden nach Asien und Nordamerika ausgelagert – mit dem Erfolg, dass man heutzutage auch im bestsortierten deutschen Bioladen ganz selbstverständlich genveränderten Mais einkaufe.

Jetzt kommt der Sprung in die Pharma-Industrie. Allein das politische Ansinnen, die bekannte EU-Richtlinie wegen des Corona-Weltuntergangs zumindest zeitlich zu suspendieren, sollte hellhörig machen. Was genau ist es, was die Impfstoffe beinhalten oder bewirken? Die firmenseitige Antwort lautet: Der Impfstoff ist mRNA-basiert. Das klingt nicht besonders erhellend. Mein laienhaftes Wissen geht nicht über das hinaus, was man derzeit in Thüringen bei einem Abiturienten glaubt abfragen zu dürfen.[258] Danach handelt es sich bei der mRNA um den Botenstoff zwischen der im Zellkern lagernden, verschlüsselten Erbanlage (DNS = DNA) und den zu produzierenden Proteinen (Eiweiße), den eigentlichen Betreibern des lebenden Organismus. Der Impfvorgang solle bewirken, dass dem Empfänger gegenüber eine Botenstoff-Eigenschaft vorgespielt wird, die in der zugrunde liegenden Erbanlage (DNS) gar nicht vorhanden ist.

Dies alles erscheint nur deswegen im Bereich des sinnvoll Anwendbaren, weil das Virus, das man am Andocken bzw. der Vermehrung hindern will, im Wesentlichen aus einem Erbstrang besteht, der dem in den bekannten Lebewesen vorhandenen chemisch gleicht. Bei den seit längerem bekannten Pocken-Viren handelt es sich um einen DNA-Doppelstrang, bei Influenza-, Polio- und Masern-Viren um einen RNA-Einzelstrang. So weit, so gut, aber jetzt kommt die Schlussfolgerung: Die genaue Kenntnis des Sars-CoV-2-Virus ist mithin die Basis, um zu Impfstoffen, welcher Art auch immer, zu gelangen. Ich sagte es bereits an anderer Stelle, dass das Vorhandensein genau dieses Basiswissens bestritten wird, weil es bis heute nicht gelungen sei, das Virus, über das alle sprechen, zu isolieren.

Ich habe noch keine einleuchtende Erklärung gefunden, wie man vonseiten der Pharma-Hersteller dieses mir als grundlegendes Manko erscheinende Nichtwissen überbrückt. Ich will damit nicht einmal andeutungsweise die Behauptung aufstellen, dass ich es besser wüsste, sondern nur, dass ich etwas nicht verstanden habe. Ich bin nicht ganz sicher, ob es dem Pharma-Riesen Merck[259] ebenso ergangen ist wie mir. Immerhin hat die Firma Ende Januar 2021 verlautbart, dass sie aus der Produktion eines Impfstoffs aussteigt. Als Begrün-

[258] Wilfried Probst/Petra Schuchard (Hg.): Biologie, S. 232-250.

[259] Merck ist ein Familienunternehmen, das bis ins 17. Jahrhundert zurückreicht, mit Sitz in Darmstadt, vgl. zu Besitzverhältnissen und Geschäftsfeldern sowie gleich- oder ähnlich lautenden Firmennamen in den USA Rüdiger Liedtke: Wem gehört die Republik?, S. 319-325.

dung hierfür wurde angegeben, der Impfstoff schwäche das natürliche Immunsystem. Stattdessen konzentriere sich das Unternehmen auf zwei Heilmittel, die bereits klinisch erprobt würden. Eines davon werde wie folgt bewertet: Es habe in mittleren bis schweren Krankheitsverläufen die Todesfälle bzw. den Atemstillstand um 50 % gesenkt.[260]

Mit dieser letztgenannten Behauptung sind wir bei einem weiteren Problem der Arzneimittelforschung angelangt, das nicht nur die Herstellung von Impfstoffen, sondern ganz allgemein Medikamente betrifft. Es gibt eigentlich – entgegen immer wieder vollmundig vorgetragenen Behauptungen – rein logisch keine sicheren Messgrößen für die Wirksamkeit eines bestimmten Stoffes. Diese Bemerkung gilt auch für Messreihen, wo neben den Patienten, die das echte Präparat erhalten, auch eine gleiche Zahl von Probanden mit einem Placebo gefüttert werden. Diese logische Unschärfe folgt daraus, dass die Versuchsmenschen nicht gleich sind. Das Ergebnis ist deswegen immer ein Pi mal Daumen, wie man so sagt, aber niemals eine Prozentzahl mit Genauigkeit bis hinter die dritte oder vierte Kommastelle.

Kaum hatte ich diese Zweifel notiert, meldete sich am selben 24. Februar 2021 der Statistiker Michael Klein zu Wort, wobei er eine dieser Erfolgsfanfaren über die Wirksamkeit von Impfstoffen in die Einzelheiten zerlegte.[261] Ausgangspunkt war die Behauptung, dass in Israel, wo eine hohe Zahl von Einwohnern mit dem Impfstoff BNT162b2 von BioNTech-Pfizer behandelt worden ist, sich die Möglichkeit einer Ansteckung mit dem Sars-CoV-2-Virus um 80 Prozent verringert

[260] N.N.: Merck stellt Entwicklung zweier Impfstoffe ein. Sich zu infizieren und gesunden ist wirkungsvoller, *Epoch Times* (dt. Ausg.) vom 31.1.2021, https://www.epochtimes.de/ wirtschaft/unternehmen/merck-stellt-entwicklung-zweier-impfstoff-ein-sich-zu-infizieren-und-gesunden-ist-wirkungsvoller-a3437116.html [Abruf: 31.1.2021].
[261] N.N. [Michael Klein]: Pfizer/Biontech: Impfstoff erst nach 20 Tagen effektiv – Forschungsüberblick mit Daten aus Israel, *ScienceFiles* vom 24.2.2021, https://sciencefiles.org/2021/02/24/pfizer-biontech-impfstoff-erst-nach-20-tagen-effektiv-forschungsuberblick-mit-daten-aus-israel/ [Abruf: 24.2.2021].

habe. Dies sei das Ergebnis einer begleitenden wissenschaftlichen Studie nach Auswertung der Daten des israelischen Gesundheitsdienstes.

Man staunt, wenn man's liest, und man staunt erst recht, wenn man liest, welcher Datenvergleich stattgefunden hat, um zu diesem Ergebnis zu gelangen. Es wurden ausschließlich die Daten von Geimpften verglichen, und zwar die mit einem Abstand von 1 bis 18 Tagen nach der Impfung mit denen von 18 bis 28 Tagen. In der letzteren Gruppe gab es offenbar weniger Positiv-Testungen als in der ersten. Was bedeutet das? Nichts. Weder sagt das Ergebnis irgendwas aus, ob man trotz Impfung an Covid-19 erkranken kann, noch erfahren wir etwas, wie es den Leuten, die nicht geimpft worden sind, in derselben Zeit ergangen ist. Wurden die getestet? Erkrankte einer? Schweigen im Walde.

Der Leser mag es selbst probieren. Immer wenn Politiker oder Pharma-Unternehmen auf Erfolgs- oder Fallzahlen dieser Art zu sprechen kommen, kann man getrost davon ausgehen, dass wir uns in der Abteilung Voodoo befinden.

Dies vorausgeschickt, lassen sich die Bemühungen der Pharma-Firmen kurz schildern, im Verlauf des Jahres 2020/21 einen Impfstoff gegen Covod-19 zu entwickeln und auf den Markt zu bringen. Es handelt sich hierbei im Wesentlichen um drei Firmen bzw. Firmengruppen, nämlich AstraZeneca, BioNTech-Pfizer (Impfstoff: BNT162b2) und Johnson&Johnson.[262] Den Ausstieg von Merck aus diesem Rennen habe ich soeben erwähnt. Ob hierfür ein Stopp durch den Merck-Finanzvorstand mitverantwortlich ist, entzieht sich meiner Kenntnis. Dass das Ganze eine Art Wettrennen ist, kann man sich hingegen leicht vorstellen, denn bei diesem Geschäft sind Traumgewinne zu erzielen. Allein BioNTech-Pfizer verkaufte im ersten Monat des Jahres 2021 ca. 850.000

---

[262] Es gibt (Stand Märt 2021) noch mindestens drei weitere Firmen, die Impfstoffe entwickeln oder bereits auf dem Markt haben.

Impfdosen an Israel,[263] das ist beachtlich viel, weil dessen Bevölkerungszahl überschaubar ist.[264]

Blindflug ohne Instrumente: Das Impfen und die Politik

Spätestens im März 2020 zeigte sich in Deutschland ein geistiger Defekt bei der Behandlung der Corona-Krise. Der Leser wird sich erinnern: Ins Zentrum der zu treffenden Maßnahmen rückte der Lockdown. Wenn überhaupt, wurde er so begründet: Es müsse die Ausbreitung des Virus verhindert werden, um den Zusammenbruch des Gesundheitssystems zu verhindern. Als dieser sich partout nicht einstellen mochte, weil die saisonale Erkältungswelle im Frühjahr wie üblich abklang, musste eine andere Begründung her. Sie ließ nicht lange auf sich warten. Spätestens im Juni 2020 wurde sie flächendeckend verbreitet. Es war die Impfung der Bevölkerung.

Man sage jetzt nicht, das stimmt nicht, nur weil man sich kaum erinnert. Hier ist meine Aufzeichnung aus dieser Zeit:

Wie Zieten aus dem Busch – die Firma CureVac in Tübingen und ihr Techtelmechtel mit der Politik: Die Firma CureVac geistert im Juni 2020 durch die Schlagzeilen. [265] Sie ist jenes in Tübingen ansässige Biotechnologie-Unternehmen für Impfstoffe, das bereits im März für einen

---

[263] Klein, ebd.

[264] Israel hatte nach Angaben von Statista 2019 eine Bevölkerungszahl von etwas über 9 Mio. Einwohnern, https://de.statista.com/statistik/daten/studie/19328/umfrage/gesamtbevoelkerung-von-israel/ [Abruf: 24.2.2021]. Ich kenne den Grund nicht, warum auf derselben Seite von Statista die Einwohnerzahl von Bangladesch und dem Landkreis Fürth verlinkt sind. In Bangladesch gab es, um auch das zu erwähnen, rund 170 Mio. Einwohner, während der Landkreis Führt ziemlich stabil 110.200 Einwohner hat. Ich erwähne das hier, da ich noch nie verstanden habe, was Statistiker Tag für Tag umtreibt.

[265] Auslöser für die plötzliche Aufmerksamkeit war die gemeinsame Presseerklärung des Bundeswirtschaftsministeriums und der Firma Dievini vom 15.6.2020, veröffentlicht durch CureVac am selben Tage, https://www.curevac.com //uploads/pdf/0615-GemPM-CureVac_final.pdf [Abruf: 23.6.2020, Kopie der pdf im Arch. d. Verf.].

kurzen Moment die Anti-Trump-Schlagzeilen bestimmte.[266] Nach dem Motto: Jetzt kauft er auch noch die deutsche Spitzenforschung auf. Drei Monate später, am Abend des 22. Juni 2020, fällt mein Blick erneut auf diese Firma. Am frühen Morgen des 23. Juni 2020 notiere ich in mein Tagebuch:

> Gestern fiel mir ins Auge, dass der Vertreter eines deutschen Wirtschaftsspitzenverbands erstaunlich klare Worte fand, weil die Bundesregierung sich mit 300 Millionen Euro an der Pharma-Firma CureVac beteiligen will. Der Verbandsvertreter nannte dies eine willkürliche Entscheidung, mit der die Bundesregierung in die Privatwirtschaft eindringe. Ich nehme mir vor, diese Ansicht am folgenden Tag – ausgeruht – zu überprüfen und zu überdenken. Heute Morgen sehe ich zu meiner Überraschung, dass die Meldung verschwunden ist. Ich weigere mich, an Verschwörungen zu glauben, aber das Verschwinden von Meldungen, die es in sich haben, ärgert und alarmiert mich. Wer macht so was und wer hat es veranlasst?

Bei der morgendlichen Suche stoße ich auf Dinge, die mich veranlassen, dem CureVac-Komplex ein wenig nachzuspüren. Es geht um ein deutsches privatwirtschaftlich organisiertes Unternehmen zur Pharma-Forschung mit dem Ziel, Impfstoffe zu entwickeln und zu produzieren. Das ist das eine, das andere ist der Einsatz von Geld des Steuerzahlers in genau diesem Wirtschaftsunternehmen durch die Regierung dieses Landes. Das geht, doch das ist nicht die relevante Frage, sondern: Geht, was da passiert, auch mit rechten Dingen zu?

Die Firma CureVac ist eine Aktiengesellschaft mit Sitz und dem gleichzeitigen Firmenstandort in Tübingen.[267] Über den Ort mag man sich wundern, denn er wird nicht nur von einem grünen Bürgermeister regiert, sondern liegt zugleich im grün regierten Baden-Württemberg. Das Grüne als Lebens- und Herrschaftsform ist ein Synonym für Technikfeindlichkeit und die Abwesenheit des Wissens über die Grundgesetze der Natur. CureVac steht für das Gegenteil.

---

[266] Am 20. März 2020 schrieb ich in mein öffentliches Sudelbuch: Während Donald Trump wirkliche deutsche Spitzenforscher, nämlich die aus der Virenbekämpfung, zur Information der US-Regierung ins Weiße Haus bittet, verbreiten deutsche Lügenmedien flächendeckend, er habe den Deutschen eine Milliarde geboten, damit sie aus Deutschland verschwinden und nur noch für die USA arbeiten. Die Bundesregierung sorgt umgehend für die Verbreitung dieser Lüge; veröffentlicht u.a. bei *Conservo* vom 24.3.2020,
https://conservo.wordpress.com/2020/03/24/vom-tage-maerz-2020/.
[267] Zweigniederlassungen der CureVac befinden sich in Frankfurt am Main und Boston/USA.

Der Haupteigentümer der Firma CureVac ist der SAP[268]-Gründer Dietmar Hopp.[269] Dieser Mann ist ein Deutscher, der sein Vermögen mit Software-Entwicklungen gemacht hat, deren Clou es ist, Software verschiedener Hersteller miteinander kompatibel zu machen. Hopp gehört in die Riege jener neuen Reichen, wie sie von der digitalen Revolution hervorgebracht worden sind und von denen es nur einige wenige geschafft haben, sich im Auf und Ab dieser Branche weltweit zu behaupten. Wenn er sodann in die Gilde der Investoren übergewechselt ist, so ist das ein Hinweis, dass er begriffen hat, was man mit dem vielen Geld, das er verdient hat, etwas anfangen kann.

Dietmar Hopp hat also einen Batzen seines Geldes in die CureVac-Gründung gesteckt. Das bedeutet, er will dort weiteres Geld verdienen (was keineswegs zu tadeln wäre), oder er will die Menschheit retten, indem er Impfstoffe erfinden und auf den Markt bringen lässt. Möglicherweise will er beides, ich weiß es nicht. Auffällig finde ich, dass ein zweiter Großverdiener in eben derselben Branche tätig geworden ist, nämlich der Microsoft-Gründer Bill Gates mit seiner Bill-und-Melinda-Gates-Stiftung als operativem Arm. Auch dieser hat Riesenbeträge in die Pharma-Forschung und -Herstellung gesteckt. Man mag es bezeichnend finden, aber auch er ist ein Anteilseigner bei der Firma CureVac.[270]

Dietmar Hopp selbst sieht das gemäß der Auskunft, die er auf der Webseite seiner Stiftung erteilt hat, so:

> Mein unternehmerisches Engagement hat mich unabhängig gemacht. Unabhängigkeit bedeutet für mich, dass ich meiner inneren Überzeugung folgen und meiner sozialen Verpflichtung nachgehen kann. ... Auch die Medizin liegt mir am Herzen. Das Engagement meiner Stiftung steht für die Anschaffung hochmoderner Diagnosegeräte, ebenso wie für wissenschaftliche Forschungsprojekte mit internationalem Ansehen.[271]

Wie und ob diese Stiftung, eine gemeinnützige GmbH, mit den Aktivitäten einer weiteren GmbH mit dem Namen Dievini verbunden ist, ergibt sich aus den Eigenangaben nicht. Es sieht so aus, als sei die

---

[268] Zu SAP-Entwicklung, Konzernüberblick und Geschäftstätigkeit vgl. Liedtke: Wem gehört die Republik? S. 440-444.
[269] So BMWi/Dievini: Pressemitteilung vom 15.6.2020, a.a.O.; zu **Dietmar Hopp** (*1940), Unternehmer. Studium mit Abschluss zum Dipl.-Ing. für Nachrichtentechnik (Informatik) in Karlsruhe. Tätigkeit bei IBM, sodann Mitgründer und Leiter der Software-Firma SAP. Gründung der Dietmar Hopp Stiftung (heute gGmbH), die bis Ende 2019 ca. 800 Mio. € an Stiftungsmitteln ausreicht.
[270] BMWi/Dievini: Pressemitteilung vom 15.6.2020, a.a.O.
[271] Startseite der Dietmar Hopp-Stiftung, https://dietmar-hopp-stiftung.de/dietmar-hopp/ [Abruf: 23.6.2020, Screenshot im Arch. d. Verf.].

letztgenannte Gesellschaft der operative Arm des Hopp'schen medizinischen Engagements. Die Dievini GmbH & Co KG ist eine Holding. Sie ist seit 2005 an der CureVac AG, Tübingen, beteiligt, an der sie über 80 % der Anteile hält.[272] Damit ist (Stand Mitte Juni 2020) klargestellt, wer in der 2000 gegründeten CureVac spätestens seit 2005 das Sagen hat. Es ist Dietmar Hopp. Das stellt auch die gemeinsame Presseerklärung des Bundeswirtschaftsministeriums und der Firma Dievini vom 15. Juni 2020 unmissverständlich klar.[273]

Es gehört zu Vorgängen dieser Art, dass sie fast automatisch mit einer wunderbaren Vermögensvermehrung des Haupt-Aktienbesitzers Hand in Hand gehen. Diese geht so vor sich, dass durch solche Kapitalspritzen wie die des Bundes die Attraktivität der CureVac-Aktie steigt, sodass für ihren Eigentümer über Nacht und ohne große Mühe das Vermögen einen kräftigen Sprung nach oben genommen hat. Das soll nicht weiter bekrittelt werden, doch darf bemerkt werden, dass Gutes-Tun sich mitunter lohnt.

Ein solches Verhalten wird in Deutschland vielfach als anstößig angesehen, weil es mit Geldbeträgen in einer Größenordnung zu tun hat, die sich der Vorstellungskraft normal sterblicher Deutscher entziehen. Das Neidmotiv tut ein Übriges. Nebenbei: Die Erfahrungen der letzten zwei Jahrzehnte mit den Inhabern der neuen großen Vermögen in den USA zeigen, dass diese Personen, wenn sie über die Phase der Konsolidierung hinaus sind, damit beginnen, weltweit politischen Einfluss auszuüben, mögen sie nun Gates (Microsoft), Zuckerberg (Facebook), Bezos (Amazon) oder sonst wie heißen. Bei Hopp ist diese ungenierte Einflussnahme bislang nicht bekannt geworden.

Dieser Ausflug in die Welt einer einzelnen Firma mag zur Einstimmung ins Impf-Chaos dienen. Am Rande sei bemerkt, dass CureVac bis zur Niederschrift dieses Buches noch nicht mit

---

[272] Gemeinsame Presseerklärung des Bundeswirtschaftsministeriums und der Firma Dievini vom 15.6.2020, veröffentlicht durch CureVac am selben Tage, https://www.curevac.com//uploads/pdf/0615-GemPM-CureVac_final.pdf, S. 3 [Abruf: 23.6.2020, Kopie der pdf im Arch. d. Verf.].

[273] Der vom Bund zugeschossene Betrag von 300.000.000 € soll einen Anteil von 23 % repräsentieren. Das bedeutet, dass der Gesamtwert der Firma auf 1.304.347.800 € beziffert wird. Er betrug vor dem Bundeszuschuss demzufolge 1.004.347.800 €. Der 80 %-Anteil von Hopp repräsentiert 803.478.240 €. Dieser Betrag muss nicht der Finanzspritze von Hopp entsprechen, zeigt aber die finanzielle Größenordnung an. Zum Börsengang von CureVac, *tageschau.de* vom 26.6.2020, https://www.tichys einblick.de/wirtschaft/nach-einstieg-des-bundes-curevac-aktie-koennte-schon-im-juli-gehandelt-werden/ [Abruf: 20.7.2020, Kopie im Arch. d. Verf.].

einem eigenen Impfstoff auf dem umkämpften Corona-Markt angekommen war.

Nunmehr muss beim Thema Impfen über die Grundentscheidungen der Politik gesprochen werden. Das Impfen ist schon seit Jahrzehnten ein politisches Schlachtfeld eigener Art. Das Chaos wird dadurch bereichert, dass munter diskutiert wird, ohne zu präzisieren, worüber man überhaupt redet. Es geht kreuz und quer durcheinander, ob von einem Heilmittel oder von einem Impfstoff die Rede ist. Immer nach dem Motto: Hauptsache, es hilft.

Diese Unschärfe kam auch sogleich auf, als sich die Corona-Krise ihren Weg in die Köpfe bahnte. Sehr schnell wurde klar, dass es kein wirksames Gegenmittel gibt. Aus dieser Erkenntnis erwuchs die ausufernde Debatte über längst bekannte Malaria-Mittel, welche von den einen verdammt wurden, während andere Erfolge sahen oder doch zumindest dafür plädierten, dass man sie ausprobieren möge. Ich bin diesen Vorgängen im Kapitel über das Heilen am Beispiel von Hydroxychloroquin nachgegangen.

Wenn man dort die Befürworter und Gegner einer genaueren Musterung unterzieht, so gerät man schnell in Untiefen, denn es ist festzustellen, dass unter den Feinden der Heilmittel sich vor allem solche Vertreter aus der Pharma-Forschung und -Industrie befinden, deren Geschäft die Erfindung und Produktion von Impfstoffen ist. Diese argumentative Schräglage bedarf der gesonderten Betrachtung, denn – um es noch einmal zu sagen – Heilmittel und Impfstoffe sind zwei unterschiedliche Angriffsmittel gegen Krankheiten. Das Heilmittel will den Erkrankten gesund machen, der Impfstoff soll die Krankheit selbst im Prinzip bekämpfen und unschädlich machen.

Das alles wäre vielleicht hinzunehmen, wenn hier nicht die Politik eingegriffen hätte, und das in einer Art und Weise, die ich für unverantwortlich halte und deren Folgen wir noch lange zu spüren haben werden. Ich spreche von der Entscheidung, zu 100 Prozent auf die Entwicklung und die Gabe eines wirksamen Impfstoffs zu setzen. Damit hat sich das deutsche Gesundheitswesen aus dem Bereich der Vernunft verabschiedet. Es wäre nämlich ein Gebot der Vernunft, in einer unklaren Gefahrenlage so viel wie möglich an alle Maßnahmen zu denken, die sich anbieten. Im konkreten Fall: vorsorgende Festigung des Gesundheitswesens und das Beschaffen von Notvorräten, das kontrollierte Durchführen von Heilversuchen und das kontrollierte Anwenden von unbekannten Heilmitteln, die Unterstützung und die Ermunterung zum Entwickeln von Heilmitteln und -verfahren sowie von Impfstoffen. Vor allem aber an erster Stelle hätte die Stützung und Ermunterung der Bevölkerung gehört, das eigene Immunsystem selbst zu stützen und aufrechtzuerhalten. Was ist davon geschehen? Nichts – sieht man einmal von der Verbreitung eines Wunderglaubens an ein baldiges wirksames Impfmittel ab, und als Kehrseite zu diesem Wunderglauben, die Bevölkerung bis zum gelobten Impftermin unter Verschluss zu nehmen.

Irrwitziger geht es kaum. Es hätte aller Anlass bestanden, die einseitige Impfentscheidung im Sommer 2020 noch einmal in Ruhe zu durchdenken und die Sache dann in verträglicher Weise umzusteuern. Unter all dem Durcheinandergeschnatter von Berufenen und weniger Schlauen fiel nämlich am 5. Juli 2020 eine Meldung aus dem Rahmen. In dieser wurde der Hamburger Virologe Jonas Schmidt-Chanasit[274] so zitiert: Die Existenz eines generell wirksamen Superimpfstoffs gegen Sars-CoV-2 sei auch im kommenden Jahr nicht zu erwarten. Vielleicht gäbe es in den kommenden Jahren mehrere teils wirksame. Man täte besser daran, sich auf ein Leben mit dem Virus einzustellen.[275]

---

[274] Prof. Dr. **Jonas Schmidt-Chanasit** (*1979), Leiter der Arbeitsgruppe Molekularbiologie und Immunologie am Bernhard-Nocht-Institut für Tropenmedizin der Universität Hamburg, vgl. https://www.biologie.uni-hamburg.de/service/wissen schaftsservice/ mitarbeiter/prof-externe-standorte/jschmidtchanasit.html [Abruf: 7.6.2020].
[275] N.N.: Hamburger Virologe: „Superimpfstoff" wird es nicht geben „und schon gar nicht nächstes Jahr", *Epoch Times* (dt. Ausg.) vom 3.7.2020, https://www.epoch

Der Hamburger Virologe blieb nicht der Einzige, der warnte und dazu aufforderte, zur Vernunft zurückzufinden. Es sind Hunderte, die meisten davon für das qualifiziert, was sie sagen.[276] Wenn man diese Gegenstimmen so schlecht wiederfindet, so liegt das daran, dass die Betroffenen systematisch totgeschwiegen und – wo das Verschweigen Mainstream nicht ausreichend erscheint – an den Pranger der Diffamierung gestellt werden. Für sie wurde das infame Wort des Corona-Leugners kreiert. Es lehnt sich absichtsvoll an den Holocaust-Leugner an und bringt zum Ausdruck, dass der Sprecher ein menschenverachtender Verbrecher ist oder aber nicht bei Verstand.

Wenn denn die Politentscheider schon keinen Wert mehr auf nachgewiesene Expertise legen, hätte es sich wenigstens empfohlen, die Pressemitteilungen der Pharma-Industrie zu verfolgen. So zum Beispiel die der Firma AstraZeneca. Hier handelt es sich immerhin um einen der Entwickler des mit viel Vorschusslorbeer und mit vielen Vorschussdollar bedachten Oxford-Impfstoffs. Aus den verquasten Presseerklärungen, die ab dem 20. Juni 2020 in England in die Öffentlichkeit entlassen wurden, ließ sich herauslesen, dass es vor Weihnachten nichts mehr werden würde.[277] Gemeint war Weihnachten 2020. Das war für einen Impfstoff ungewöhnlich eilig. Wie man heute weiß: unverantwortlich eilig.

Spätestens im Frühsommer 2020 war also klar, dass das einseitige Setzen auf das Impfen zu einem nicht hinnehmbaren Stillstand des Lebens führen musste, wenn man nicht un-

---

times.de/wissen/forschung/hamburger-virologe-superimpfstoff-wird-es-nicht-geben-und-schon-gar-nicht-naechstes-jahr-a3282608.html [Abruf: 7.6.2020].

[276] Eine solche Auflistung mit den einschlägigen Zitaten unter Nennung von Namen und Qualifizierung findet sich z.B. hier: https://www.new-swiss-journal.com/post/-l%C3%BCgenpolitiker-verschweigen-130-fakten-lockdown-100-umsonst [Abruf zuletzt: 26.2.2021; Kopie im Arch. d. Verf.].

[277] Alistair Smout [by Reuters]: Oxford Covid-19 Vaccine Developer Cautious on 2020 Roll-Out, *Epoch Times* (US-Ausg.) vom 21.7.2020, https://www.theepochtimes.com/oxford-covid-19-vaccine-developer-cautious-on-2020-roll-out_3432676.html?utm_ source =CCPVirusNewsletter&utm_medium=email&utm_campaign=2020-07-21 [Abruf: 22.7.2020].

verzüglich gegensteuerte. Klar war auch, dass das gesamte *Worst-Case*-Brimborium aus den Fingern gesogen worden war. Wenn schon anderes nicht hilft, hätte man wenigstens einem der größten Pharma-Hersteller der Welt, Merck, zuhören sollen,[278] der aus den Impfstoff-Versuchen mit der Begründung ausstieg, das bisher bekannt Gewordene bedrohe das menschliche Immunsystem mehr, als dass es ihm helfen könne, sodass man besser daran tue, auf die Entwicklung wirksamer Heilmittel zu setzen. Es war in den Wind gesprochen.

Wenn man die Frage stellt, warum hier so irrational gehandelt wird, drängen sich Antworten auf, die für die politischen Entscheidungsfiguren nicht eben schmeichelhaft sind. Sie reichen von ahnungslos über den-Verstand-verloren bis zu Vorsatz-Varianten, denen ich mich allerdings nur zögernd nähern mag. Denn um den Karren absichtlich in den Dreck zu fahren, bedarf es erheblicher krimineller Energie oder aber einer ideologischen Verblendung, die der kriminellen Handlung praktisch in nichts nachsteht. Wir werden am Ende dieses Buches noch einmal auf dieses Thema zurückkommen. Einstweilen wird sich der Leser nur mit dem Hinweis auf ein Detail des Merkel'schen Regierungshandelns begnügen müssen, auf das ich schon einmal hingewiesen habe. Das ist das Element der Alternativlosigkeit, mit dem die Entscheidungen anstelle einer sachlichen Begründung versehen werden. Dieses ist ein schlimmer Defekt, und er hat schlimme Folgen:

Die 100-Prozent-Impfentscheidung war eine Notlüge, da es für das Stilllegen des Landes keine ausreichende Begründung gab, nachdem sich die erste Erkältungswelle im Frühjahr 2020 totgelaufen hatte, aber der Lockdown groteskerweise gleich-

---

[278] N.N.: Merck stellt Entwicklung zweier Impfstoffe ein. Sich zu infizieren und gesunden ist wirkungsvoller, *Epoch Times* (dt. Ausg.) vom 31.1.2021, https://www.epochtimes.de/ wirtschaft/unternehmen/merck-stellt-entwicklung-zweier-impfstoff-ein-sich-zu-infizieren-und-gesunden-ist-wirkungsvoller-a3437116.html [Abruf: 31.1.2021].

zeitig beginnen sollte. Das Stilllegen würde dauern, denn ein Impfstoff war nicht bei der Hand und würde auch nicht aus dem Nichts zu haben sein.

Diese Fehlentscheidung hatte einen Rattenschwanz von gravierenden Schäden im Gefolge. Die Vernichtung von Existenzen gehört ebenso hierher wie das brutale Versterbenlassen von Alten und Schwachen in Pflegeeinrichtungen, die man mit menschenverachtenden Kontaktsperren belegte. Hierher zählt die beginnende Ruinierung des in Deutschland existenten Gesundheitswesens durch Klinik-Stilllegungen ebenso wie das Vorrätighalten unbenutzter Behandlungsplätze, die im Normalbetrieb bitter fehlten. Die Toten dieses fatalen Vorgehens sind bis zum heutigen Tage nicht ermittelt. Parallel geschieht das systematische Zerstörung von Einzelunternehmen und die Schließung ganzer Branchen. Jeder Leser mag hier hinzufügen, was ihm gerade durch den Kopf geht.

Mit dem Auftauchen der ersten Impfstoffe nahte die Stunde der Wahrheit. Plötzlich wurde es auch den Dauer-Jublern einer für gottgleich behaupteten Führung durch die Kanzlerin klar, dass jetzt die Impfung auf der Agenda der praktischen Politik stand – und zwar nicht als vage Möglichkeit, sondern als Impfzwang, denn sonst hätte man sich den ganzen vorausgegangenen Hokuspokus sparen können. Was das Publikum nunmehr geboten bekam, war eine neuerliche Kakophonie von Ausreden und Lügen. Sie begannen damit, dass es einen Impfzwang in Deutschland niemals geben werde – ganz so, als habe es so etwas Schreckliches noch nie gegeben. [279] Doch man musste nur genau genug hinhören, dann purzelten Details aus den Ankündigungen heraus.

Hier sind die Argumentationsstränge, grob zusammengefasst in meinen Worten, die ich aus dem Tag-für-Tag-Wortbrei seit Jahresbeginn 2021 destilliert habe:

---

[279] Ein Impfzwang gegen Pocken wurde im Deutschen Reich durch das Impfgesetz von 1874 eingeführt. Vgl. Brockhaus (1966), Bd. 17. S. 86, Stichwort: Schutzimpfung.

* Es müsse zukünftig zwischen Geimpften und Nicht-
geimpften auch rechtlich unterschieden werden
* Geimpfte könnten wieder einige ihrer Bewegungsrechte
zurückerhalten
* Geimpfte könnten sich durch einen besonderen
elektronischen und fälschungssicheren Ausweis Zutritt zu
öffentlichen Veranstaltungen verschaffen
* Geimpfte könnten durch eine einheitliche
Bürgernummer von den Nichtgeimpften getrennt werden
* Die Bürgernummer bedürfe keines besonderen
Aufwands mehr, da sie bei den Finanzverwaltungen
bereits vorliege
* Aber andererseits: Eine Unterscheidung von Geimpften
und Nichtgeimpften komme einstweile nicht infrage,
bevor nicht ein erheblicher Teil der Bevölkerung
„durchgeimpft" sei, so Merkel.[280]

Und so geht es munter voran. Jeden Tag eine neue Meldung,
stets ein bisschen modifiziert und aus anderem Munde, aber
die Richtung ist sonnenklar. Und für alle, die das noch für un-
verbindliches Gerede hielten, setzte die Kanzlerin am 19. Februar 2021 und dann in Varianten wiederholend noch eins
drauf: Eine Rückkehr zu dem, was sie sie die Normalität
nannte, komme erst in Frage, wenn die Weltbevölkerung
geimpft sei.[281] Eine Nummer kleiner geht es bei ihr offensichtlich nicht mehr. Angesichts ihres Unwillens, einmal ge-

---

[280] Den Sachverhalt entnehme ich meinem Tagebucheintrag vom 3.2.2021, in welchem ich die Nachrichtenübersicht festgehalten habe: „Von der Corona-Front ist zu
vermelden, dass A.M. gestern zum Fernsehvolk gesprochen haben soll. Es ging, so
sagte Cl., um Durchhalteparolen. Einen Tag zuvor hatte sie sich im Anschluss an eine
dieser Kanzler-Ministerpräsidentenrunden, denen sie kraft eigener Machtvoll-
kommenheit vorsitzt, äußerst drastisch geäußert. Neue Freiheiten könne es, solange
nicht bedeutende Teile der Bevölkerung durchgeimpft worden seien, nicht geben.
Welche neuen Freiheiten? Sie ist mittlerweile komplett durchgeknallt. Sie regiert
mit der Legitimation von Zustimmungswerten, die niemand kontrollieren kann, die
sie selbst in Auftrag gibt und finanzieren lässt. Mehr Diktatur war selten."
[281] Sachverhalt und Termin habe ich in meiner Tagebucheintragung zur Nachrichtenlage am 20.2.2021 festgehalten.

troffene Fehlentscheidungen zu korrigieren, darf man sich auf weitere Exzesse gefasst machen.

Berlins Rosinenbomber heben ab: Das Impfen in der deutschen Praxis, nebst einigen Anmerkungen über das Publikum der Impfgegner sowie Obdachlose als Impfkandidaten

Wenn man die deutsche Corona-Politik als eine 100-Prozent-Impflösung nun seit Monaten Tag für Tag gepredigt bekam, sollte man denken, dass es, nachdem die ersten Impfstoffe mit welchen fadenscheinigen Zulassungen[282] auch immer auf dem Markt waren, Schlag um Schlag das Impfen über die Bühne ging. Nichts könnte falscher sein. Denn stattdessen zeigte es sich, dass die deutschen Politentscheider nicht nur eine Fehlentscheidung nach der anderen produzierten, sondern dass sie zudem außerstande waren, das, was sie vollmundig verkündet hatten, in die Tat umzusetzen. Wenn das Ganze nicht zu ernst wäre, man könnte sich ob dieses Unvermögens totlachen.

Zunächst entschied man sich vor dem nun unweigerlich anstehenden Kauf des Impfstoffs zu einem weiteren Flop. Wie immer, wenn die Kanzlerin nicht weiterweis, propagierte sie eine *europäische Lösung*. Das heißt in Klardeutsch, dass nicht Beschaffungsbehörden, deren es in Deutschland eine ganze Riege gibt, der Kauf und die Verteilung des Impfstoffs übertragen wurde, sondern das Geld und die Einkaufszuständigkeit wurde in den Moloch des Brüsseler Behördendschungels verschoben. Das konnte nicht gutgehen, wie gleich zu zeigen sein wird.

---

[282] Eine vernichtende Kritik der Zulassung des Impfstoffs von BioNTech-Pfizer hat der Professor für Medizin-Sicherheit Peter Doshi in der Fachzeitschrift *British Medical Journal* veröffentlicht. Nach seiner Auffassung hätte die Zulassung wegen verfälschter Erfolgszahlen niemals erfolgen dürfen, vgl. Verlinkung der Original-Quelle N.N.: Spezialist für Medikamentensicherheit: Effektivität der BioNTech-Impfung nur 19 bis 22 Prozent, *Epoch Times* (dt. Ausg.) vom 5.2.2021, https://www.epochtimes.de/ gesundheit/spezialist-fuer-medikamentensicherheit [Abruf: 22.2.2021; Kopie im Arch. d. Verf.].

Doch zunächst ein Wort: Wozu eine europäische Lösung? Das Instrument ist in Deutschland nicht ganz neu. Es wird etwa seit Mitte der 1980er Jahre angewendet, wenn deutsche Politiker zu schwach sind, um eine Entscheidung zu fällen und ggf. gegen Widerstand durchzusetzen. Diese Schwierigkeit sah man im Kanzleramt auch in der jetzt anstehenden Impfdurchsetzung voraus. Hierzu bedurfte es keiner besonders hellseherischen Fähigkeiten, denn im Spätsommer 2020 hatte es sich überdeutlich gezeigt, was an der Front der Impfgegner zu erwarten war.

Was sich unter dem Stichwort der Querdenker auf den Straßen zu sammeln begann, war alles andere als das gewohnte Protest- oder Randale-Publikum. Das waren Leute aus dem großstädtischen Uns-geht's-gut-Milieu. Das ist teilidentisch mit der Wählerschaft der Grünen. Hier versammeln sich die Lebensreformer, Sojaesser und Impfgegner, die Tarot-Kartenleger und Vogelfutter-Verwerter, die Windkraftgläubigen und Klima-Irren, Industriefeinde und Abgas-Schnüffler. Ein buntes Publikum gewiss.

Es kann den Politverantwortlichen in der Berliner Blase nicht verborgen geblieben sein, was sich da auf den Straßen – zumal denen von Berlin – zu tummeln begann. Besonders ärgerlich war es den Humorlosen an der Spitze des Staates, dass diese Demonstrationen geradezu gutgelaunt über die Bühne gingen – zunächst jedenfalls.

Die Republik erlebte für einen Moment ein kunterbuntes Wunder, denn es fanden sich Leute im Protest vereint, die sonst nichts miteinander zu schaffen haben. Es bedurfte äußerster Anstrengungen des Propaganda- und des Repressionsapparats, um die Lage wieder unter Kontrolle zu bekommen. Hierfür war keine Lüge zu deftig. Man erinnere sich an eine Szene vor dem Reichstag, als abseits von einer Großdemonstration auf der Berliner Ost-West-Achse ein Häuflein von Narren die Treppe zum Westportal des Reichstags hochstieg, sich vor verschlossener Tür in Siegerpose gegenseitig fotografierte und dann von zwei Dutzend Beamten der Berliner Bereitschaftspolizei mit Hilfe von Pfefferspray vertrieben wurde. Nach rund zwölf Minuten war der Spuk vorbei.

Die Bedeutung dieses Nichtereignisses kann kaum überschätzt werden. Propagandistisch wurde es zum Sturm auf den Reichstag aufgeblasen, der nur unter dem heldenhaften Einsatz der Polizei zurückgeschlagen werden konnte. Zugleich sorgte die Verbreitung dieser Fake-Nachricht dafür, dass über das eigentliche Ereignis, nämlich den friedlichen Protest von Hunderttausenden auf offener Straße nicht berichtet zu werden brauchte.[283] Der sogenannte Sturm kam wie gerufen. Er diente später dazu, die AfD mit teildebilen Reichsbürgern, rechtsextremem Gesindel und sonstigen Corona-Leugnern in einen Topf zu rühren.

Die Demonstrationen ebbten dann ab, als die Polizei dazu überging, gegen normale Bürger auf Deutschlands Straßen mit Wasserwerfern und Tränengas vorzugehen. Der Grund: Man habe die Abstandsregeln, deren Existenz niemand so genau kennt, nicht eingehalten. Dieser argumentative Umweg, den

---

[283] Zu dem, was auf den Podien tatsächlich stattfand, diskutiert und gefordert wurde, vgl. Max Erdinger: Coronademo auf den Punkt gebracht: Die Systemfrage, *Jouwatch* vom 2.9.2020, https://www.journalistenwatch.com/2020/09/02/coronademo-punkt-die/ [Abruf: 3.9.2020; Kopie im Arch. d. Verf.].

ich hier gegangen bin, mag aufzeigen, wie sehr es den deutschen Politlenkern darauf ankam, ganz normalen Bürgerprotest zu stoppen und durch Kriminalisierung *Otto Normale* zu veranlassen, auf seine Grundrechte im Wege des überholenden Gehorsams zu verzichten. Niemand kann derzeit sagen, wie lange die Leute sich das noch gefallen lassen werden.

Mittlerweile geht nämlich das Impfdrama in seine entscheidende Runde. Nachdem Deutschland die Beschaffungszuständigkeit auf die Brüsseler Behörden übertragen hatte, stellte sich zum Jahresbeginn 2021 heraus, dass dort zwar Milliarden-Verträge mit Pharma-Firmen abgeschlossen worden waren, aber eine zeitnahe Lieferung von bemerkbaren Mengen von Impfstoff ausblieb. Ich kann nicht sagen, worauf dieser Missstand beruht. Bemerkenswert fand ich allerdings, dass die Firma AstraZeneca als Hauptlieferant geltend machte, man verhalte sich völlig vertragsgerecht. Daraus ist von Kritikern der EU – und speziell von deren Kommissionspräsidentin – die Vermutung abgeleitet worden, diese seien nicht einmal in der Lage, simple Kaufverträge abzuschließen.

Die Entscheidung für die europäische Lösung ist, abgesehen von den soeben erörterten fachfremden Gründen, nicht nachzuvollziehen, denn das, was man in Deutschland brauchte, nämlich eine verbindliche Lieferzusage von riesigen Mengen AstraZeneca-Impfstoff, existierte seit Mitte Juni 2020.[284] Man musste den Impfstoff zum Jahreswechsel auf 2021 nur noch abrufen, was aber nicht geschah. Die Antwort auf dieses Nichtstun ist so lächerlich, dass ich mich scheue, sie hier niederzuschreiben: Man habe nicht in Impf-Nationalismus verfallen wollen.

In der Kaskade der Fehlentscheidungen ließ die nächste nicht lange auf sich warten. Da Deutschland sich immer mehr

---

[284] AstraZeneca to supply Europe with up to 400 million doses of Oxford University's vaccine at no profit, Pressemitteilung der Firma AstraZeneca vom 13.6.2020, https://www.astrazeneca.com/media-centre/press-releases/2020 [Abruf: 14.6.2020; Kopie im Arch. d. Verf.].

von der Marktwirtschaft verabschiedet, haben seine Politakteure auch bei der Verteilung und Verabreichung des Impfstoffs auf staatliche Planwirtschaft gesetzt. Diese nimmt Maß an den Erfahrungen der realsozialistischen Planwirtschaft à la DDR und versucht zu bestimmen, wer wann was an Impfstoff verabreicht bekommt. Es ist die Verteilung eines knappen Gutes.

Auch hierbei ist man wieder mutig einen Schritt in die falsche Richtung gegangen. Die zur Impfung Auserwählten sind medizinisches Personal und sehr Alte. Was mag der Sinn sein? Gut, für das medizinische Personal spricht eine gewisse Logik, denn dieses soll bei der Pflege des irgendwann einmal stattfindenden Massenanfalls von Corona-Kranken seinen Dienst weiter versehen können. Bei den Alten und Uralten sieht die Sache anders aus. Richtig ist bei diesem Personenkreis lediglich, dass er durch Corona deswegen besonders gefährdet ist, weil jede neuerliche oder weitere Infektion – ganz egal was für eine – die letzte sein kann.

Doch was im humanen Gewande daherkommt, hat einen teuflischen Pferdefuß, der sich bei der praktischen Anwendung zeigt. Es ist die Gabe des Impfstoffs, der die Alten in denkbar ernste Todesgefahr bringt, denn die Impfung selbst bedeutet eine schwere Belastung des Immunsystems. Die jetzigen Impfzwischenfälle – so heißt die einschlägige Vokabel – spielen sich bevorzugt bei Personen ab, die das 80. Lebensjahr überschritten haben. Es klingt wie ein makabrer Scherz, dass dies auch dem Durchschnittslebensalter entspricht und – noch einen Zacken schärfer – dass der normale Corona-Tote ebenfalls Mitte 80 ist. Spötter haben errechnet, dass der Durchschnitts-Corona-Tote zwei bis drei Jahre älter geworden ist als der deutsche Durchschnittsbürger. Ich habe nicht vor, das nachzurechnen.

Mit Erstaunen habe ich zur Kenntnis genommen, dass die Kanzlerin Anfang Februar 2021 eigene Impfziele verkündet hat. Hiernach soll es so sein, dass bereits im März 2021 fünf Millionen Menschen geimpft sein werden, und auch, dass sogenannte Lockerungen nicht infrage kommen, bis die Bevölkerung durchgeimpft worden ist. Und weil das offenbar noch nicht genügt, hat sie als neueste Vision hinzugefügt, sie spreche von der Weltbevölkerung. Das sind ehrgeizige Ziele, gewiss.

Bevor dieses Buch erscheint, werden sich die Ziele erneut geändert haben. Nebenbei bemerkt: fünf Millionen pro Monat bei einer Bevölkerung von 84 Millionen mit zunehmender Tendenz öffnet das, was man neudeutsch ein Zeitfenster nennt. Es hat beträchtliche Ausmaße. Es wird nach solchen Planungen noch 17 Monate dauern, bis Deutschland im Juli 2022 geimpft ist.[285] Bitte nicht drängeln.

Kaum hatte ich das niedergeschrieben, meldete sich die Kanzlerin via Staatsnahblatt *Frankfurter Allgemeine* erneut zu Wort (24. Februar 2021). Die Schlagzahl erhöhend, sprach sie von bis zu 9,5 Millionen Impfungen pro Woche. Das bedeutet rund 38 Millionen im Monat, und die Sache ist nach etwas über zwei Monaten vom Tisch. Sind wir großzügig: Im Mai 2021 ist Deutschland geimpft oder, im Kanzlerdeutsch, durchgeimpft. Das nenne ich mal ein Wort.

Die Impfkampagne wird sich jetzt immer weiter beschleunigen ... Wir sprechen im Augenblick darüber, wie es logistisch gelingt, in einer Woche 7,5 bis 9,5 Millionen Dosen zu „verimpfen".[286]

Wie eine sich beschleunigende Impfkampagne das Impfen beschleunigt, weiß ich nicht. Ob die Kanzlerin auch im Übrigen genau weiß, was sie sagt, habe ich nicht herausgefunden, denn sie sagte über große Mengen nicht verbrauchten Impfstoffs auch dieses hier:

Vom BioNTech-Impfstoff werden viele Dosen für die zweite Impfung zurückgelegt. Außerdem gibt es derzeit bei dem AstraZeneca-Impfstoff ein Akzeptanzproblem. ... AstraZeneca ist ein zuverlässiger Impfstoff,

---

[285] Ich habe folgende gerundete Rechnung angewendet: 85.000.000 [Einwohner] /5.000.000 [Impfungen im Monat]=17 [Monate].
[286] *FAZ* vom 24.2.2021.

wirkungsvoll und sicher, der durch die Europäische Medizinagentur zugelassen und in Deutschland bis zum Alter von unter 65 Jahren empfohlen ist. ... Solange die Impfstoffe so knapp sind wie zurzeit, kann man sich nicht aussuchen, womit man geimpft werden will.[287]

Ich übersetze mal so: Der AstraZeneca-Impfstoff ist vielleicht doch nicht so doll für die Alten. Da hat wohl das Konzept, erst mal die Alten zu impfen, nicht ganz hingehauen. Und der Impfstoff von BioNTech-Pfizer ist offenbar knapp.

Was nun die Massenimpfungen anbelangt, soll die sich beschleunigende Impfkampagne helfen. Propaganda statt Impfstoff? Irgendwer hat im realen Sozialismus hierfür die passende Formel bei der Hand gehabt: Das Prinzip Hoffnung.

Schnell noch einen Blick auf die *europäische Lösung*: Schon wieder droht uns einer damit. Diesmal ist es ein CDU-EU-Abgeordneter namens Peter Liese. Er plädiert öffentlich für den Euro-Impfpass. Hier ist seine Begründung:

Wir brauchen einheitliche europäische Lösungen. Es kann ja nicht so sein, dass dann in jedem Mitgliedsland andere Ausweise gelten und man das nicht gegenseitig anerkennt.[288]

Sagen wir es einmal so: Logik ist nicht die Stärke dieses Mannes. Auch kann man sicher sagen, dass Sätze, die mit Es-kann-nicht-sein beginnen, begründungsleeres Gequatsche sind. Ich denke mal, den Namen dieses gesundheitspolitischen Sprechers seiner EVP-Fraktion muss man nicht behalten. Es genügt, wenn man sich merkt, dass es um einen neu zu kreierenden, fälschungssicheren, einheitlichen, digital lesbaren Ausweis geht, den man, wie ich mal mutmaße, demnächst in einer lichteren Corona-Zukunft jederzeit bei sich haben muss, um ihn alle paar Meter scannen zu lassen.

Schnell noch eine Meldung für die Freunde der Realsatire. Am 25. Februar 2021 forderte die Berliner Sozialsenatorin,

---

[287] Ebd.
[288] RBB-Info-Radio am 25.2.2021.

den übrig gebliebenen Impfstoff der Firma AstraZeneca, der für die Alten nicht taugt und den die weniger Alten nicht wollten, kurzerhand an die Obdachlosen der Stadt abzugeben.[289] Der finale Schuss sozusagen.

Ab dem 26. März 2021 bildeten sich Rollatorschlangen gegenüber der Hauptpost. Weimars letztes Aufgebot ist zum Impfen angetreten. Exakt zur selben Zeit verkündete die Kanzlerin, dass wir in einer neuen Pandemie stecken[290] – das Wort vom Mutanten fällt mehrfach. Dies gilt als Begründung, warum wir in den Total-Lockdown hineinsollen. Keiner der Hofschranzen fragt sie, warum wir den Leuten jetzt das Impfen gegen ein Virus von gestern zumuten. Im Klar-Deutsch: Warum schwächen wir jetzt mutwillig das Immunsystem der am wenigsten stabilen Uralten?

Diese Erkenntnis hält dank weit vorausschauender Politik knapp eine Woche. Am 4. April 2021 notierte ich in mein Sudelbuch:

Impfkarnickel: Wenn ich dem amtlichen Schreiben des Weimarer Oberbürgermeisters trauen darf, soll ich mich dringlich impfen lassen.
Impfkarnickel (2): Wenn ich den konfusen Mitteilungen der A.M. trauen darf, ist AstraZeneka-Impfstoff ein sicheres Mittel, weil er zugelassen ist. Warum dennoch ab sofort damit die unter 60jährigen nicht mehr geimpft werden sollen, kann ich mir nur so erklären, dass er wohl doch nicht so sicher ist.
Impfkarnickel (3): Warum ich mich trotzdem jetzt damit impfen lassen soll, kann nur bedeuten, dass es bei mir nicht mehr darauf ankommt, ob ich über die Klinge gehe. Der Feldversuch findet an den Alten statt. Zwar schützt Alter von Torheit nicht, dennoch verzichte ich dankend.

---

[289] Corona-Ticker der *Epoch Times* (dt. Ausgabe) vom 25.2.2021, https://www.epochtimes.de/politik/deutschland/rufe-aus-cdu-nach-europaeischem-impfpass-a3453675.html [Abruf: 25.2.2021].
[290] Interview auf *ARD* mit Anne Will am 28.3.2021, vgl. https://www.daserste.de/information/politik-weltgeschehen/morgenmagazin/videos/Merkel_Interview-100.html [Abruf: 29.3.2021].

Diktatorische Maßnahmen, die sich rasch vervielfachen, haben das ständige Bestreben, die persönliche Freiheit zu beschränken, und zwar in zweifacher Weise: Jedes Jahr wird eine immer größere Zahl gesetzlicher Forderungen erlassen, die der früheren Handlungsfreiheit des Bürgers Beschränkungen auferlegen und ihn zu Handlungen zwingen, die er früher begehen oder unterlassen konnte. (Herbert Spencer, 1896)[291]

Fünfter Teil
Kopf, Bauch, Schwanz – Es wird nur noch grotesk, wenn die Diktaturräte in freier Schöpfung Verfügungen treffen

In diesem fünften Teil des Buches behandele ich ein Sammelsurium von öffentlichen Maßnahmen, die nur noch grotesk genannt werden können. Diese Einstufung sagt nichts darüber aus, wie gefährlich sie sind. Ganz im Gegenteil, ihre Gefahr liegt darin, dass die betroffenen Männer und Frauen sich daran gewöhnen und niemand mehr den Mut aufbringt, die Freiheit auszuleben, die jedem Bürger dieses Landes zusteht, ohne dass er darum betteln müsste.

Maßnahmen wie die in diesem Abschnitt geschilderten sind real, und sie sind keine Satire – auch wenn ich dem Drang im Einzelfall nicht widerstehen konnte, ironische Formulierungen zu verwenden:

Kopf, Bauch, Schwanz: Der Leser kennt meinen Hang zu Dreiklängen, in diesem Fall ist mit den Körperteilen Folgendes gemeint: Kopf steht für Maßnahmen, die den Bürger betören sollen, es geschehe alles zu seinem Besten. Er müsse nur mitmachen wollen und alles, alles werde gut. Das Musterstück zu diesem Schwindel, das ich ausgewählt habe,

---

[291] **Herbert Spencer** (1820-1903), englischer Universalgelehrter. In dem Zitat äußerte sich Spencer zu den Wirkungen parlamentarischer Gesetzgebung, hier zit. nach Gustave Le Bon: Die Psychologie der Massen, S. 169, der die Äußerungen für seine Feststellung, parlamentarische Gesetzgebung würde notwendiger Weise in immer drastischere Freiheitsbeschränkungen führen, übernimmt.

ist die Maske, die zu tragen kein Karnevalsscherz mehr ist, sondern absurde Realität in unserm Lande. Bauch steht für den Angriff auf die Ernährungslage. Der Bauch ist im Beispielsfall der Schweinebauch und er symbolisiert den furiosen Angriff auf die Fleischfirma Tönnies. Schwanz schließlich steht – man sehe mir das nach – für Schwanz und befasst sich mit dessen Reglementierung beim gewerblichen Verkehr.

Man muss die Verwaltungen nur machen lassen, so lautet der Grundsatz. Sie werden Dinge erfinden, die sich kein Mensch, wenn er denn bei Verstand ist, hätte träumen lassen. Der Leser komme mir jetzt nicht mit Ausreden. Wir sprechen hier über ein selbstbestimmtes Leben, das unser gutes und verbrieftes Recht ist. Kein Staat und kein Verwaltungsschnarch hat in diesem Leben etwas verloren.

Die Angriffe, die ich in diesem Abschnitt behandele, segeln unter der Fahne des Schutzes von Ihnen, lieber Leser, und von mir. Ich bedarf dieses Schutzes nicht, und ich will diesen scheinbaren Schutz nicht haben. Das Recht ist auf meiner Seite. Alles andere ist Blödsinn. Nicht das, was geht, ist den Behörden oder dem Gesetzgeber erlaubt, sondern nur das, was geeignet und erforderlich ist, um zu verhindern, dass nichts mehr geht. Der Verfassungsjurist nennt dieses Prinzip die Verhältnismäßigkeit. Und nunmehr geht es zur Sache.

Es geht eher um unsere Haltung zu dem Virus, das, man stelle sich mal vor, es könnte denken, von sich denken würde, ich zitiere: Ich hab´ hier den perfekten Wirt. Diese Menschen, die leben auf dem ganzen Planeten. Die sind global stark vernetzt, sind soziale Lebewesen. Sie können also nicht ohne sozialen Kontakt leben. Die sind hedonistisch veranlagt. Die gehen gerne feiern. Also besser kann´s gar nicht sein.
A.M., am 29.10.2020 im Reichstag.[292]

19. Kapitel
Demuts-Lappen: Die Maske als Pflicht-Kleidungsstück im deutschen Alltag, nebst einigen Bemerkungen über die Lügen des politmedialen Kartells, um die Bürger zum devoten Gehorsam zu veranlassen

Im April 2020 begann es.[293] Zunächst von den meisten ungläubig bestaunt, weil man dergleichen nur von Bildern aus dem fernen Osten kannte: Die Leute in Deutschland fingen an, mit Masken vor dem Gesicht herumzulaufen. Es dauerte gut zwei Monate, dann hatte sich durchgesetzt, was ich kurz zuvor noch als einen abwegigen Scherz abgetan hätte.

Das Allmähliche war nicht nur dem ungläubigen Staunen des denkenden Publikums geschuldet, sondern schlicht dem Umstand, dass man auf Teufel komm raus keine Gesichtsmasken kaufen konnte. Der Blick in die leeren Regalfächer beim Baumarkt Obi ließ keinen Zweifel: Mit solch einem

---

[292] Zit. nach Altmod [Ps. für Gottfried Ebenhöh]: Woran leidet Merkel? Versuch eines Kommuniqués, *Conservo* vom 2.11.2020, https://conservo.wordpress.com /2020/11/02/woran-leidet-merkel/ [Abruf: 2.11.2020]. Nach Auffassung des Autors, eines praktischen Arztes, leide Merkel an Schizophrenie. Ich bin skeptisch gegenüber solcherlei Ferndiagnosen und begnüge mich damit, aus Wortwahl und Satzbau Rückschlüsse auf die Gedankenwelt der Sprecherin zu ziehen.
[293] Als erste Gebietskörperschaft in Deutschland führte die kreisfreie Stadt Jena am 6.4.2020 die Maskenpflicht ein, vgl. Susanne Ausic: RKI-Zahlen stellen Maskenpflicht in Frage – Bundesamt warnt vor fehlendem Schutz von Alltagsmasken, *Epoch Times* (dt. Ausg.) vom 18.8.2020, https://www.epochtimes.de/politik/deutschland/rki-zahlen-stellen-maskenpflicht-in-frage-bundesamt-warnt-vor-fehlendem-schutz-von-alltagsmasken-a3315523.html [Kopie im Arch. d. Verf.]. Es gibt keinerlei Hinweis darauf, dass in vergleichbaren Kommunen, in denen die Maskenpflicht später einsetzte, ein signifikant anderes Infektionsgeschehen die Folge war.

Bedarf war nicht gerechnet worden. Warum auch? Die Lage wurde dadurch verschärft, dass die Bundesregierung sich an dem Vorgang zu schaffen machte: Der Bundesaußenminister verschenkte ganze Flugzeugladungen der raren Ware aus den noch rareren Beständen des Bundes nach China und der Bundesgesundheitsminister Spahn beauftragte Mitarbeiter seines Ministeriums – nein, nicht mit der Beschaffung von Masken, sondern mit der Beschäftigung auswärtiger Berater, die das Masken-Beschaffungsproblem angehen sollten.

Zweifelhafter Schutz für zweifelhafte Leute: Die Maske als Symbol der Verstellung hat mit der Corona-Krise in die deutsche Wirklichkeit Einzug gehalten. Ihre Schutzfunktion ist mehr als umstritten. Dennoch wird am Maskenzwang festgehalten (Bild: Romantitel aus einer bekannten Thriller-Serie des Briten Eric Ambler, hier der etwas krummgelesene Taschenbuch-Titel aus der Bibliothek des Verfassers, Bild rechts: Zeichnung von Bernd Zeller, aus der Sammlung des Verf.).

So kam es dann, nachdem die Ortsgesetzgeber die abenteuerlichsten Regelungen erlassen hatten, dass man die Leute mit den tollsten Vermummungen zum Einkaufen gehen sah. Ich notierte hin und wieder einige der Grotesken in mein Tagebuch. Hier zwei Beispiele aus dem Mai 2020:

11. Mai 2020 Nachbar Kemmerich, der regionale FDP-Vormann, sprach mundschutzlos auf offener Straße bei einer Kundgebung von Gewerbetreibenden in Gera (Ostthüringen). Jetzt musste er bedauernd von sei-

nem Auftritt zurücktreten, denn unter den Zuhörern waren auch die Falschen.

13. Mai 2020 Der CDU-Wirtschaftsrat ist angeblich nicht Teil der CDU. Sondern? Das soll ich glauben, nachdem ein Mitglied dieser von der CDU nicht zur Kenntnis zu nehmenden Gesellen in Gera am Wochenende öffentlich sagte: „[Kemmerich] war für einen Tag unser Ministerpräsident, bevor ihn ein Anruf einer machtgierigen Frau aus Südafrika gestürzt hat." Jetzt sind alle Wohlmeinenden empört. Fragt sich worüber. Dass sie anrief oder dass er es gesagt hat?

Dann kam unaufhaltsam der Sommer ins Land, und die Lüge über die Infektionslage ließ sich angesichts dessen, was die Leute selber jeden Tag sehen konnten, kaum noch länger aufrechterhalten. Also Ende der Maßnahmen? Nein, es kam anders als gedacht.

Am 6. Juli 2020 wurde via Agence France Press (afp) gemeldet, die Gesundheitsminister der Länder hätten sich darauf verständigt, die Maskenpflicht in Läden aufrechtzuerhalten. Der Pressesprecher der Bundesregierung wurde in diesem Zusammenhang so zitiert, dass dies auch dem Willen der Bundesregierung und vor allem dem der Kanzlerin entspreche, welcher der Regierungssprecher zudem eine klare Haltung bescheinigte.[294]

Bevor wir uns der weiteren Maskenfrage im Detail zuwenden, sei eine Bemerkung zur *klaren Haltung* erlaubt. Diese Floskel hat bei mir stets einen unguten Beigeschmack erzeugt. Der Haltungszeiger ist Missionar. Er ist von seiner Botschaft zutiefst überzeugt, sodass er es gar nicht nötig hat, deren Inhalt mit Fakten zu belegen. Das Erstaunliche hierbei ist, dass diese Art von Missionaren ihr Tun selbst als *Haltung zeigen* bezeichnen.[295] Ihre Wortwahl wurde eine Vorlage für ihre

---

[294] N.N.: Kanzlerin warnt vor Abschaffung von Maskenpflicht beim Einkauf, *Epoch Times* (dt. Ausg.) vom 6.7.2020, https://www.epochtimes.de/politik/deutschland/merkel-warnt-vor-abschaffung-von-maskenpflicht-in-geschaeften-a3284668.html [Abruf: 8.6.2020].

[295] *Haltung zeigen!* ist der Titel eines 96 Seiten umfassenden Taschenbuchs der Fernsehjournalistin Anja Reschke. Er ist Ausdruck einer verbreiteten Haltung von Journalisten, die ihren Beruf nicht als Informations-, sondern als Kampfauftrag

Gegner. Sie haben für die Mainstream-Akteure das Wort vom Haltungs-Journalismus geprägt. Es ist der pure Hohn.

Planübererfüllung: Wichtiges Propagandainstrument der diktatorisch handelnden Regierung sind die pausenlosen Behauptungen der Mainstream-Medien über die angeblichen Zustimmungswerte des Regierungs-Handelns innerhalb der Bevölkerung. Dabei wird auch vor krassen Widersprüchen nicht zurückgescheut. Dieses Beispiel aus der FAZ vom September 2020 habe ich beim Blog Acta diurna, *von Michael Klonovsky aufgespießt, gefunden.*

Zurück zur Verlautbarung der Bundesregierung in der Maskenfrage: Dieser auffällige Vorstoß zu einem scheinbaren Randthema machte deutlich, wie sehr die angebliche Zufriedenheit der Bevölkerung mit dem Regierungshandel, in Sonderheit der Kanzlerin, erodierte. Man kann es auch drastischer formulieren: Es gibt offenbar erheblich viele, welche die ständigen Meldungen der Meinungsforscher für nichts anderes als billige Lobhudeleien halten.

Zufriedenheitsmeldungen aus angeblichen Umfrageergebnissen dominierten seit dem Erwachen der Bundesregierung und speziell der Bundeskanzlerin aus dem Corona-Schlaf seit Ende März 2020 die Schlagzeilen der Mainstream-Medien.

---

begreifen. Diese Grundhaltung ist besonders dreist bei Personen, die dem Programmauftrag der öffentlich-rechtlichen Medien verpflichtet sind und hierfür aus öffentlich erhobenen Zwangsmitteln fürstlich besoldet werden.

Böse Zungen spotteten, es werde nicht mehr allzu lange dauern, dann werde die 100-Prozent-Marke übertroffen.

Nun pflegt die Kanzlerin nichts ohne Vorbereitung durch das mediale Begleitkommando zu beginnen. Man kann es in der Maskensache geradezu exemplarisch belegen.[296] Um Kritiker zu desavouieren, unternahm das *ARD*-Magazin *Report* einen Vorstoß. Zielpersonen der Medienattacke waren regierungskritische Ärzte, deren Seriosität massiv in Frage gestellt wurde. Sie würden, so die Behauptung, ohne medizinisch vertretbaren Grund Atteste ausstellen, durch welche der Inhaber vom obligatorischen Maskentragen befreit werde. Zum angeblichen Beleg dieser Behauptung dienten vom Sender inszenierte Fake-Anschreiben an Ärzte, die sich für das Ausstellen von getürkten Attesten bereitgefunden haben sollen.

Der Unbedarfte mag beeindruckt sein. Bei kritischen Zeitgenossen leuchten gleich zwei rote Lampen auf: (1) Was für Methoden sind das bei einer angeblich seriösen Berichterstattung? (2) Wer so handelt, erfindet auch gleich die ganze Szenerie von A bis Z selbst. Für diese Variante würde ich mich angesichts langjähriger Erfahrungen mit der Qualitäts- und Haltungspresse intuitiv entscheiden. Selbst leichtgläubigen Zeitgenossen sollte zumindest der zeitliche Gleichklang von Regierungs- und Pressehandeln ins Auge stechen.

Und wem das noch nicht genügt, der mache sich auf den Weg, um eine für den Report-Beitrag Verantwortliche zu betrachten. Es handelt sich um Judith Brosel (* 1990). Sie ist, nachdem sie beim SWR ein sog. multimediales Volontariat

---

[296] N.N.: Ärzte hebeln mit Attesten Maskenpflicht aus – Corona-Ausschuss setzt auf Aufklärung der Bürger, *Epoch Times* (dt. Ausg.) vom 7.7.2020, https://www.epochtimes.de/politik/deutschland/aerzte-hebeln-mit-attesten-maskenpflicht-aus-corona-ausschuss-setzt-auf-aufklaerung-der-buerger-a3285518.html?utm_source=Meistgelesen&utm_medium=InternalLink&utm_campaign=ETD [Abruf: 8.7.2020]; der nicht namentlich gezeichnete Beitrag nimmt Bezug auf eine afp-Meldung, die ihrerseits Bezug nimmt auf eine Sendung von Report Mainz vom Vorabend. Hierzu auch Judith Brosel/Pascal Siggelkow/Christian Saathoff: Coronavirus – Ärzte hebeln mit Attesten Maskenpflicht aus, *tagesschau.de* vom 7.7.2020, https://www.tagesschau.de/investigativ/report-mainz/aerzte-maskenpflicht-103.html [Abruf: 8.7.2020, Screenshot im Arch. d. Verf.].

durchlaufen hatte, ebendort seit April 2019 als eine Rechercheurin für die Sendereihe *Report* tätig.[297] Bereits ein flüchtiger Blick auf ihre bisherigen Reportage-Opfer weist aus, dass ihr das gern von Mainstream verliehene Prädikat *umstritten* gut zu Gesicht steht. Ihre Gegner werfen der 30jährigen nämlich vor, sie produziere Falschnachrichten.[298]

Warum dieser ganze Rummel? Aus einer scheinbaren Nebensache wie der Pflicht zum Maskentragen schaukelt sich nunmehr der gesamte unterdrückte Frust einer Bevölkerung auf, die im Gegensatz zur politischen Klasse die Auswirkungen des Lockdowns am eigenen Leibe zu spüren bekommt. Es ist vor allem die Herausbildung einer bürgerlichen Mitte, die unter Anleitung des weithin geachteten Berufsstands der Ärzte zum Widerstand gegen Sinnloses aufruft. Roger Letsch zum Beispiel hat die Frage gestellt, ob ihm mal einer erklären kann, warum er dauerhaft eine Schutzmaske tragen soll.[299] Er hat folgende ironische Antwort parat: Es könnte doch sein, dass die Maske auch für irgend etwas anderes günstig sein könnte, etwas, was uns heute noch gar nicht bewusst sei, und wo wir froh sein könnten, wenn wir morgen sagen könnten, da haben wir aber Glück gehabt, eine Maske aufgehabt zu haben.

Der Widerstand hatte sich zunächst lediglich spontan und unprofessionell geäußert. Doch nunmehr müssen die Regierenden erkennen, dass die Widerständler in einem für sie erschreckenden Tempo dazulernen. Besonders erschütternd

---

[297] Selbstauskunft des *ARD*-Senders *SWR*, https://www.swr.de/report/swr-recherche-unit/judith-brosel/-/id=24766532/did=24766662/nid=24766532/wcqexy/index.html [Abruf: 8.7.2020]. Ob Brosel zuvor in ihrem knapp 30jährigen Leben einer Arbeit nachgegangen ist, lässt der Lebenslauf nicht erkennen.

[298] Daniel Brin: Gericht verbietet Beitrag von Skandalreporterin Judith Brosel, Transatlantikjournal vom 28.2.2020, http://www.transatlantic-journal.com/2020/02/gericht-verbietet-falschberichte-von-skandalreporterin-judith-brosel/ [Abruf: 8.7.2020]; enthält einen detaillierten Katalog von Beiträgen von Brosel, die der Autor dezidiert als Falschnachrichten und als durch Gerichtsentscheide korrigiert bezeichnet.

[299] Roger Letsch: Maskenpflicht und Schaumweinsteuer, *Unbesorgt* vom 14.7.2020, https://unbesorgt.de/maskenpflicht-und-schaumweinsteuer/ [Abruf: 15.7.2020].

muss es für die Inhaber der Ämter und Pfründen sein, dass die Widersprechenden weder Gewalt anwenden, noch gar in die Positionen der Herrschenden streben. Ihr Erfolgsrezept ist vielmehr Aufklärung, die fast automatisch zum Ungehorsam führen muss, weil die Aufgeklärten die Sinnlosigkeit der Zwangsmaßnahmen begreifen. Hiergegen helfen nur die bewährten Mittel der Propaganda, an deren Spitze die persönliche Verunglimpfung.

Mit offenem Visier gegen die Vermaskung: Ärzte für Aufklärung, hier auf der Startseite ihres Internetauftritts, Stand: 8.7.2020 (Screenshot des Verf.).

Um solche Vernichtungsoffensiven zu starten, ist es notwendig, die Gegner möglichst genau namhaft zu machen. Das fällt in diesem Fall nicht besonders schwer, da sie nicht aus dem Verborgenen handeln. Da ist zum Beispiel die *Initiative Ärzte für Aufklärung*. Was sie veröffentlicht, ist die pure Unbotmäßigkeit.

> Corona hält seit Monaten die ganze Welt in Atem. Corona geht uns alle an. Viele der durch die Regierung erlassenen Maßnahmen zur Krankheitsbekämpfung von Covid-19 sind unverhältnismäßig und schädlich für die Bevölkerung.[300]

---

[300] Ärzte für Aufklärung: Startseite, https://www.ärzte-für-aufklärung.de/ [Abruf: 8.6.2020]; zit. durch N.N.: Ärzte hebeln mit Attesten Maskenpflicht aus – Corona-

Das darf nicht unwidersprochen bleiben. Deswegen findet das mediale Verquirlen von angeblich windigen Rezepten mit düsteren Drohgebärden, mimisch dargestellt von dem für solche Fälle zuständigen Rundum-Experten Karl Lauterbach statt:

> Das ist nichts anderes, als dass man die medizinische, die ärztliche Autorität missbraucht, um ein Gesetz auszuhebeln.[301]

Das ist bequem und notwendig, denn es erspart die Sachdiskussion, etwa die hier: Wozu sind die Maßnahmen gut, und was bringen sie mit Bezug auf diesen Zweck?

Statt Argumenten genügt Mainstream der Hinweis auf den Arzt Dr. Bodo Schiffmann, der schon als YouTuber auffällig contra war und zudem Gallionsfigur einer Internet-Zusammenrottung namens *Widerstand 2020*, die sich zur Erleichterung des Establishments nach spektakulärem Start später in Luft auflöste. Wie schon angedeutet: Die Initiatoren scheinen dazugelernt zu haben. Jetzt treten sie als Fachleute zur Beeinflussung der Massen, aber nicht mehr als Massenbewegung auf. Dass sie sich dabei auf Aufklärung berufen – oder, wenn man so will, auf *die* Aufklärung –, darf von den Herrschenden als direkter Angriff aufgefasst werden, und so ist es vermutlich auch gemeint. Zugleich offenbart sich die Hilflosigkeit der Angegriffenen, wenn die CDU-Vorsitzende – sie heißt zur Zeit der Niederschrift dieses Satzes Annegret Kramp-Karrenbauer – sich so äußert: Die Diskussion über die Lockerung der Maskenpflicht sei ein falsches Signal.[302] Aus ihrer Sicht wohl wahr. Und ihre Mitmächtigen ergänzten die Weisheit der Vorsitzenden so:

Ausschuss setzt auf Aufklärung der Bürger, *Epoch Times* (dt. Ausg.) vom 7.7.2020, a.a.O.

[301] N.N.: Ärzte hebeln mit Attesten Maskenpflicht aus – Corona-Ausschuss setzt auf Aufklärung der Bürger, *Epoch Times* (dt. Ausg.) vom 7.7.2020, a.a.O.

[302] Zit. ach N.N.: Ärzte hebeln mit Attesten Maskenpflicht aus – Corona-Ausschuss setzt auf Aufklärung der Bürger, *Epoch Times* (dt. Ausg.) vom 7.7.2020, a.a.O.

* Maskentragen ist sexy. Und:
* Corona macht keine Ferien. (2 x CDU-Generalsekretär Paul Ziemiak).
* Da, wo wir es dem Virus zu leicht machen, kann es schnell wieder losgehen (CDU-Thronanwärter und Bundesgesundheitsminister Jens Spahn).[303]

Was soll man bei so viel versammeltem Witz schon groß sagen?

Dabei ist die Maskenfrage als Stein des Anstoßes geschickt gewählt: Es handelt sich um eine Sache, die alle angeht, zumal sie fast allen nur noch lästig ist. Von der ärgerlichen Beeinträchtigung bis zum offenen Ungehorsam bedarf es zuweilen nicht viel. Es ist die Masse, die in solchen Fällen nach eigenen Gesetzen funktioniert. Einstweilen versuchen es die Aufklärer noch mit den herkömmlichen Methoden. Sie haben den *Außerparlamentarischen Corona Untersuchungsausschuss* ins Leben gerufen. Man wird abwarten können, wann diese Initiativen aus den bürgerlichen Gleisen hinausgeraten – spätestens wenn die Macht der staatlich organisierten Denunziationspropaganda ihnen entgegenwirkt und sie dadurch radikalisiert.

Das, was hier als eine Momentaufnahme aus dem Sommer 2020 geschildert wird, zeigt ein Bild der Unzufriedenheit und des absoluten Regierungschaos. Wenn man nun meint, das hätte sich irgendwann im Laufe der weiteren Monate geglättet – schon weil in einem geordneten Gemeinwesen die verfeindeten Parteien hätten aufeinander zugehen müssen –, so irrt man. Die Gräben wurden tiefer.

In dieser Phase traten nun die wahren Weltmeister in Erscheinung: Ich spreche vom Versuch von *Big Tech*, das Kommando zu übernehmen. Ohne an dieser Stelle einen themensprengenden Exkurs zu unternehmen, beschränke ich

---

[303] Alle Zit. nach N.N.: Kanzlerin warnt vor Abschaffung von Maskenpflicht beim Einkauf, *Epoch Times* (dt. Ausg.) vom 6.7.2020, https://www.epochtimes.de/politik/deutschland/merkel-warnt-vor-abschaffung-von-maskenpflicht-in-geschaeften-a3284668.html [Abruf: 8.6.2020].

mich auf das Eingreifen von Google, Twitter, Facebook und Genossen, unerwünschte Meinungen zum Corona-Geschehen rigoros mit Löschungen und Reichweitenverkürzungen zu unterbinden. Dieses Urteil drängt sich mir auf, wenn ich an dieser Stelle meine Tagebuchnotiz zum Maskentragen Revue passieren lasse:

> 19. Oktober 2020 In diesen Zusammenhang passt, was ich soeben einer Meldung in der *Epoch Times* entnommen habe,[304] wonach Twitter den Beitrag eines der Berater des US-Präsidenten gelöscht hat, der die Wirksamkeit des Maskentragens bezweifelt hatte. Die Auffassung verstößt, wie man nachlesen kann, gegen die Gemeinschafts-Standards. Da ist sie wieder: die Durchsetzung einer abwegigen Meinung durch die Daten-Kraken. Abweichende Meinungen hiergegen müssen aus dem Netz verschwinden, weil sie die Alleinherrschaft stören. Dagegenreden ist Hass&Hetze.

Durch solche Verbündeten ermutigt und im Siegesrausch der gigantischen Wahlfälschung, mit deren Hilfe der Mainstream-Feind Nummer eins, US-Präsident Donald Trump, aus dem Amt gekippt worden ist, laufen auch die deutschen Macht-inhaber zur Hochform auf. In meinem Tagebuch habe ich lapidar angemerkt:

> 15. November 2020 ... Zum Inland ist zu sagen, dass die Machthaber mittlerweile völlig jede Zurückhaltung aufgegeben haben. Seit Anfang des Monats November ist ein zweiter Lockdown auf den Weg gebracht worden. Nach wie vor mangelt es an den einschlägigen Rechtsgrund-lagen, stattdessen beruft man sich auf die Generalklauseln und die dortigen Ermächtigungen des Infektionsschutzgesetzes.
> Mittlerweile ist eine Novelle in den parlamentarischen Beratungen angelandet. Ich habe den Entwurf überflogen. Er ist der perfekte Ein-stieg in den Überwachungsstaat.[305] Ohne Unterbrechung trommeln die

---

[304] https://www.theepochtimes.com/twitter-removes-white-house-dr-scott-atlas-post-regarding-masks_3543191.html?utm_source=CCPVirusNewsletter&utm_medium=email&utm_campaign=2020-10-19 [Abruf: 19.10.2020].

[305] Dieser Gesetzentwurf ist mittlerweile in den Gesetzgebungsorganen des Bunds durchgewunken worden. Das Ergebnis ist ein klassisches (verfassungswidriges) Maßnahme-Gesetz: „§ 28a Besondere Schutzmaßnahmen zur Verhinderung der Verbreitung der Coronavirus-Krankheit-2019 (Covid-19)".

Medien dafür und messen mit ihren Fake-Umfragen ohn Unterlass die totale Zufriedenheit der Bevölkerung mit diesen Kontroll- und Unterdrückungs-Maßnahmen. Wer wann wie noch produzieren und Geld verdienen soll, wird nicht thematisiert und ist auch angesichts der Staats- und Sozialquote in unserm Land mehrheitlich ohne Bedeutung.

Das Kasperletheater begann vor etwa 3 Wochen, als die Kanzlerin die Ministerpräsidenten nach Berlin einbestellte, um sich ihren Lockdown-Wahn absegnen zu lassen. Sie bestand auf persönlicher Anwesenheit. Und alle krochen zu Kreuze. Nur Bodo Ramelow tat so, als müsse er eigene Wege gehen. Hinterher zeigte es sich, es war nichts als Wind vor der Hoftür. Man erließ dann hier in Thüringen erneut eine auf einen Monat befristete Einschränkungsverordnung. Pressemitteilungen hierüber und der Inhalt der Verordnung stimmten weitgehend nicht überein. Vieles war überhaupt nicht oder so nicht verboten.

An den letzten Wochenenden hat es bemerkenswert große Anti-Corona-Demonstrationen in mehreren deutschen Großstädten gegeben. Sie wurden von der Polizei aufgelöst, die gestrige in Frankfurt am Main unter dem Einsatz von Wasserwerfern. Dabei leistete die linksfaschistische Antifa Beihilfe, für die übrigens der Zwang zum Maskentragen nicht gilt. Das stellt die gewohnten Dinge vollends auf den Kopf. Nicht nur, dass die gewalttätigen Chaoten offen die Regierungspolitik verteidigen, nein sie sind es, die, wie sagt man so schön, Gesicht zeigen. Das gehörte früher nicht zu ihren Gepflogenheiten. Diese haben übrigens seinerzeit dafür gesorgt, dass das Demonstrationsrecht um das Vermummungsverbot angereichert wurde. Lange ist's her.

Die Politik begleitet alles dieses ununterbrochen mit scharfmacherischen Sprüchen, und die Leute glauben einfach alles. Der Effekt bei den wenigen verbliebenen Vernünftigen ist der, dass sie sich, um die Nerven zu behalten, mit jenen Gläubigen nicht einmal mehr unterhalten. Es erscheint vollkommen zwecklos und führt bestenfalls zu nicht mehr reparierbaren Zerwürfnissen. Allerdings stelle ich mir die Frage, ob diese Zerwürfnisse durch Schweigen und aus dem Wege gehen nicht genauso nachhaltig entstehen.

Dann kam das De-facto-Verbot des Weihnachtsfestes. Dann kam das Gebot, Spezialmasken zu tragen (FFP-Masken). Nun wurde es Zeit, dass sich selbst Gutwillige an den Kopf griffen. Wir sollen nun also Masken tragen, die aus dem Arbeitsleben wohlbekannt sind.[306] Dieselbe Bundesbehörde, die den neu-

---

[306] Bundesinstitut für Arzneimittel und Medizinprodukte: Hinweise vom 26.6.2020 (mit Copyright-Vermerk von 2013 [sic!]) https://www.bfarm.de/SharedDocs/

erlichen Maskenblödsinn federführend mitverantwortet, hat für solche Masken festgelegt, dass nur gesunde Arbeitnehmer diese tragen dürfen und zwar maximal eine Zeitstunde. Sie sollen vor dem Maskentragen wegen der von den Masken ausgehenden Gesundheitsgefahren ärztlich untersucht werden. Kann mal einer erklären, warum diese Maßnahmen, die den bedrohlichen Fehlgebrauch der Maske unterbinden sollen, nur *auf Arbeit* und nicht beim Aldi gelten?

Nichts, keine Besserung in Sicht, stattdessen jagen Polizisten maskenlose Jogger durch öffentliche Parks.[307] Nichts, keine Besserung, stattdessen werden Politiker strafrechtlich verdächtigt, dass sie beim Maskengeschäft die Taschen aufgehalten haben.[308] Michel nimmt das hin.

Wenn man die Maskierten betrachtet, stellt sich zwanglos die Frage: Wer ist hier eigentlich der Verrückte? Zum Glück ist man nicht allein, obwohl es vor allem nach Mainstream-Konsum so scheint. Doch dann kommen Gutachten von Leuten auf den Tisch, die nicht nur auf den fragwürdigen Nutzen, sondern detailliert und leicht nachvollziehbar auf das Schädliche des Maskentragens aufmerksam machen. So der Pathologe, mit der Spezialisierung auf Vorgänge in der Lunge, Prof. Dr. Arne Burkhardt.[309] Mein Fazit: Wo immer möglich,

---

Risikoinformationen/Medizin [Abruf: 20.1.2021; ?mittlerweile gelöscht; Kopie im Arch. d. Verf.]: „Partikelfiltrierende Halbmasken (FFP-Masken) sind Gegenstände der persönlichen Schutzausrüstung (PSA) im Rahmen des Arbeitsschutzes und haben die Zweckbestimmung, den Träger der Maske vor Partikeln, Tröpfchen und Aerosolen zu schützen. Das Design der partikelfiltrierenden Halbmasken ist unterschiedlich. Es gibt Masken ohne Ausatemventil und Masken mit Ausatemventil. Masken ohne Ventil filtern sowohl die eingeatmete Luft als auch die Ausatemluft und bieten daher sowohl einen Eigen-schutz als auch einen Fremdschutz, obwohl sie primär nur für den Eigenschutz ausgelegt sind. Masken mit Ventil filtern nur die eingeatmete Luft und bieten daher keinen Fremdschutz."

[307] Genial persifliert durch Bernd Zeller: Jugendliche jagen Polizeiauto durch den Park, Einblicks Nr. 1049 vom 26.2.2021, [Abruf: 27.2.2021].

[308] Einzelheiten bei Altmod [Ps. für: Gottfried Ebenhöh]: Unschuldsvermutung für die CSU? *Conservo* vom 27.2.2020, https://conservo.wordpress.com/2021/02/27/unschuldsvermutung-fuer-die-csu/ [Abruf: 28.2.2021].

[309] The Devil in Disguise, *Epoch Times* (dt. Ausg.) vom 29.3.2021, https://www.epochtimes.de/meinung/gastkommentar/die-maske-devil-in-disguise-heimlicher-

bleibt die Maske in der Hosentasche. Dort kann sie ersichtlich keinen Schaden stiften.

pandemie-treiber-a3477719.html [Abruf: 29.3.2021], dort ist auch das Gutachten *Pathologie des Maskentragens* von Burkhardt verlinkt [pdf-Kopie im Arch. d. Verf.].

Ein Grund für diese Pandemie war die falsche Art und Weise, wie wir unsere Lebensmittel produzieren, Landwirtschaft betreiben und dabei mit unserer Umwelt umgehen. Jetzt müssen wir die Krise umgekehrt nutzen, um ... die Ernährungswende auf den Weg zu bringen.[310]

20. Kapitel

Vom Erstaunen des Publikums, dass das Fleisch für den Grill von geschlachteten Tieren stammt: Die Versuche der Totalitären, mit Hilfe der Corona-Hysterie gegen das Fleischessen vorzugehen, nebst einigen Bemerkungen über die CDU und die Großschlachterei Tönnies

In diesem Kapitel geht es, wie am Beginn des fünften Abschnitts angekündigt, aus dem Dreiklang Kopf, Bauch, Schwanz um den Bauch. Der Leser wird einen erstaunlichen Ausflug in die Denkwelt der Totalitären unternehmen, zu deren Hassobjekten der Fleischverzehr gehört. Er wird miterleben und nachvollziehen können, wie diese Klientel weite Teile des polit-medialen Komplexes fest im Griff hat, und wie sie die Corona-Krise zu nutzen verstand, um auf ihrem Weg der Gängelung unseres Volkes voranzukommen.

Wie aus dem Nichts tauchte Mitte Juni 2020 der Corona-Ausbruch im Westfälischen auf – jedenfalls in den Pressemeldungen. Ostwestfalen ist sicher kein Ballungsgebiet für Menschen,[311] eher eines für Schweine.[312] Ich notiere am 24. Juni 2020 ins Tagebuch:

---

[310] **Renate Künast** (* 1955), Politikerin der Grünen auf Twitter [Kopie im Arch. d. Verf.]; auch, https://www.facebook.com/renate.kuenast/posts/10157773895729051.

[311] In dem Gebiet, in dem die in diesem Kapitel behandelten Ereignisse stattfanden, den Landkreisen Gütersloh und Warendorf, wohnen zusammen ca. 700.000 Einwohner. Diese Zahl bezieht sich auf die Gesamtbevölkerung in den kommunalen Grenzen, und diese ist ganz unabhängig davon, wie kleinräumig das tatsächliche Gebiet des behaupteten Epidemie-Ausbruchs in Wirklichkeit war.

[312] In einer Eigenbeschreibung der regionalen Fremdenverkehrswerbung klingt das vollkommen antivegan so: „Westfalen ist eine Region, in der zahlreiche kulinarische Spezialitäten zuhause sind. Die ‚Westfälischen Fünf' – Schinken, Mettwurst, Pumpernickel, Stuten und Korn – stehen für traditionelle Produkte, die auch heute noch

Aus den Nachrichten ragt die Berichterstattung über Corona-Viren-Ansteckungen bei der Groß-Schlachterei Tönnies in Rheda-Wiedenbrück heraus. [313] Diese Berichterstattung ist wie üblich so widersprüchlich, dass ich Schwierigkeiten habe, den Grundtatbestand aus dem Katastrophengequatsche herauszudestillieren. Ein Aufsatz gestern Abend bei Tichy,[314] wieder einmal von Holger Douglas, hilft hierbei nicht unwesentlich. Willkommen im Krieg gegen Ozeanien. [315]

Wieder beginnt eine mühevolle Suche nach den Fakten. Gleich als Erstes stoße ich auf die Schlagzeile, wonach Österreich eine Reisewarnung für Nordrhein-Westfalen herausgegeben habe.[316] Die Warnung ist bizarr, sie erinnerte mich an jene Reisewarnungen, die in den USA in der zweiten Hälfte der 1990er Jahre für ganz Europa ausgegeben wurden, weil irgendwo im zerfallenden Jugoslawien ein brutaler Chetnik einen Moslem gekillt hatte.[317] Lange her.

Der Trampelpfad durch Westfalens Corona-Dschungel beginnt in Rheda-Wiedenbrück.[318] Das liegt im Kreis Güters-

---

präsent sind", http://www.schinkenland-westfalen.de/de/index.php [Abruf: 24.6.2020].

[313] Z.B. Firmenwebseite von Tönnies: https://toennies.de/ [Abruf: 24.6.2020].

[314] Holger Douglas: Pandemie im Schlachtbetrieb: Tönnies-Schließung und die Folgen: Aufruhr in der Fleischwirtschaft, *Tichys Einblick* vom 23.6.2020, https://www. tichyseinblick.de/meinungen/aufruhr-in-der-fleischwirtschaft/ [Abruf: 23.6.2020].

[315] Ein Hin und Her der Argumente findet sich z.B. bei den Leserbriefen zu Wolfgang Prabel: Bald müssen die Westdeutschen selber schlachten, *Prabels Blog* vom 20.6.2020, https://www.prabelsblog.de/2020/06/bald-muessen-die-westdeutschen-selber-schlachten/ [Abruf: 23.6.2020].

[316] N.N. (afp/er): Corona-Pandemie: Österreich spricht wegen Tönnies Reisewarnung für NRW-Gebiete aus, *Epoch Times* (dt. Ausg.) vom 24.6.2020, https://www.epochtimes.de/ politik/welt/oesterreich-spricht-wegen-toennies-partielle-reisewarnung-fuer-nrw-aus-a3274616.html [Abruf: 24.6.2020].

[317] Der Konflikt rund um das Kosovo bzw. Albanien 1998/99 wird als strategische Operation aufgefasst bei Greenhill: Massenmigration als Waffe, S. 404 f.; ich habe Zweifel, ob die spätere Draufsicht auf chaotische Auseinandersetzungen dazu berechtigen, eine intelligente Planung von langer Hand anzunehmen.

[318] 49.529 Einwohner, Stand: 1.1.2018 (Hauptwohnsitz), https://www.kreis-guetersloh.de/unser-kreis/unsere-region/zahlen-daten-fakten/bevoelkerung-im-kreis-guetersloh/ [Abruf: 24.6.2020].

loh.[319] Ich traue zunächst meinen Augen kaum, denn allein dieser Ortsname lässt bereits bei so manchem Verschwörungsfreund den Außenborder anspringen:[320] Dort in Gütersloh liegt nämlich, wenn auch sonst nicht viel, das Hauptquartier des deutschen Gobal Players Bertelsmann.[321] So werden Dinge bei bestimmten Leuten miteinander verknüpft, an die ich bislang überhaupt nicht gedacht hatte. Lassen wir's dabei bewenden und kehren an die westfälischen Fleischtöpfe zurück. Bevor diese zu duften beginnen, herrschen allerdings ganz andere Gerüche, denn die Tiere, deren Fleisch wir in Deutschland tonnenweise verbrauchen, müssen zuvor zum Zwecke des Verzehrs gezüchtet und sodann geschlachtet werden.

Militante Tierfreunde und andere Ideologen haben seit dem späten 19. Jahrhundert eine tiefe Furche durch Deutschland gezogen.[322] Auf der einen Seite befinden sich die ehemals ganz unverdächtigen Zeitgenossen, die gerne Fleisch essen und dies ganz unbeschwert tun, weil sie es sich leisten können – was sie noch vor einigen Jahrzehnten keineswegs konnten, der alte, heute kaum noch verständliche Ausdruck Sonntagsbraten gibt hierüber Auskunft. Auf der anderen Seite des selbstgeschaffenen Grabens finden sich die Fleischfeinde

---

[319] 361.828 Einwohner, Stand: 1.2.2018 (Hauptwohnsitz), https://www.kreis-guetersloh.de/unser-kreis/unsere-region/zahlen-daten-fakten/bevoelkerung-im-kreis-guetersloh/ [Abruf: 24.6.2020].

[320] Ich erspare mir hier den Einzelnachweis über das Wirken von Irren. Stattdessen verweise ich auf Bernd Zeller, der das Thema in seinem *YouTube*-Kanal *Senior Influenzer* vom 24.6.2020 ebenfalls aufgespießt hat, wenngleich satirisch und damit eindrucksvoller, als ich es vermöchte, https://www.youtube.com/watch?v= XUD4YenbPnE&list=UURbmJeY9wsQFJW5T8H9cyag&index=6 [Abruf: 29.6.2020].

[321] Die Standorte von Bertelsmann ergeben sich aus den Eigenangaben der Firmen-Website https://www.bertelsmann.de/unternehmen/ [Abruf: 25.6.2020]. Verschwörungsbehauptungen zu Bertelsmann, siehe z.B. https://www.welt verschwoerung .de/threads/bertelsmann.21695/ [Abruf: 25.6.2020].

[322] Bei Douglas Murray wird das Problem als ein allgemeines der Orientierungslosigkeit nach dem intellektuellen Abstreifen des christlichen Glaubens und als ein Spezifikum deutscher Denker dargestellt, vgl. ders.: Der Selbstmord Europas, Kap. Müdigkeit, S. 223 ff.; Murray spricht spöttisch davon, dass das Problem auch nicht durch Müsliessen habe beseitigt werden können.

unterschiedlicher Provenienz. Ich werde sie hier nicht alle aufzählen können und verspüre auch keine Neigung, dies zu tun. Die Masse der aus diesen Kreisen stammenden Argumente ist offensichtlicher Stuss. Ein Blick ins menschliche Gebiss genügt, um zu sagen, was für eine Art Fresser der Mensch sei.

Falls die Angaben bei Statista[323] zutreffen, verzehrten diejenigen, die keine ideologische Ess-Störung haben, in Deutschland 2019 insgesamt 4.938.500 Tonnen Fleisch. Das entspricht den Ladungen von 164.617 Dreißig-Tonner-Sattelzügen, über die wir uns auf den Autobahnen für gewöhnlich ereifern. Ich will diese Zahlenspiele nicht weitertreiben, etwa auf die fiktive Länge eines LKW-Staus und ähnliche Fisimatenten, doch sind die Verzehrzahlen eindrucksvoll genug, um eine Ahnung davon zu erzeugen, von welchem wirtschaftlichen Faktor wir hier sprechen.[324]

Es ist kein Geheimnis, dass die privatwirtschaftliche Tätigkeit in Deutschland seit Jahrzehnten unter ideologischem Beschuss steht. Über den richtigen, geschweige denn: gerechten Weg des Wirtschaftens sind jahrhundertelang ganze Bibliotheken verfasst worden. Auf die Frage, was richtig oder gerecht ist, gibt es keine allein selig machende Antwort, aber ungezählte sich für schlüssig ausgebende Meinungen. Ich werde den Leser hiermit nicht langweilen, sondern nur einen kurzen Hinweis auf meine eigene Auffassung geben, damit klar wird, worauf ich beim Thema Fleischverzehr und seine zuweilen mutwillige Verhinderung hinauswill.

Die Art und Weise des Wirtschaftens hängt unmittelbar mit dem ideologischen Grundmuster zusammen, in welchem eine Gesellschaft befangen ist. Bei uns besagt die derzeit noch

---

[323] 2019 betrug der menschliche Verzehr von Fleisch rund 59,5 Kilogramm pro Kopf, also insgesamt 4.938.500 Tonnen, vgl. Philipp Henrich: Fleischkonsum pro Kopf in Deutschland bis 2019, https://de.statista.com/statistik/daten/studie/36573/umfrage/ pro-kopf-verbrauch-von-fleisch-in-deutschland-seit-2000/ [Abruf: 24.6.2020].

[324] Allein die Firma Tönnies, ein Familienunternehmen, das nach Eigenangaben 16.500 Mitarbeiter beschäftigt und 2018 einen Jahresumsatz von 6,65 Mrd. € erzielte, https://toennies.de/unternehmen/standorte/ [Abruf: 25.6.2020].

geltende Grundüberzeugung, dass es jedem gut gehen soll und er sein Leben nach eigenem Gusto gestalten mag. So in etwa – jedenfalls bislang. Dieses Grundmuster hat bei uns die Namen freiheitliche Grundordnung und soziale Marktwirtschaft. Beide geht davon aus, dass das Gewünschte nur in einem nationalen Ordnungsrahmen zu gewährleisten ist, weil die auf der Welt tatsächlich vorhandenen Völkerschaften und deren Kulturen so unterschiedlich sind, dass man keinen einheitlich agierenden Menschen schaffen kann und dies auch nicht tun sollte.

Was hat das alles mit dem Fleischverzehr zu tun? Die freiheitliche Grundordnung mit dem sich selbst glücklich machenden Menschen steht unter ideologischem Dauerbeschuss durch Intellektuelle, die der Meinung sind, sie selbst könnten besser beurteilen, was für *die Menschen* – besonders aber für alle anderen Menschen – gut sei. Sie leiten aus dieser Überzeugung ihr scheinbares Recht ab, zu bestimmen, was die Leute tun oder lassen sollen. Aus dem Katzenkonzert dieser Besserwisser ragt der besonders schrille Mehrklang der Fleischverbieter heraus.[325] Deren ideologisches Futter sind Gesundheitsbehauptungen im Kleid medizinischer Gewissheit sowie Tier-, Pflanzen- oder Naturschutzfragmente. Eine Schnittmenge durch alle diese Fraktionen bildet das extreme Besserwissergehabe bis hin zur Gewaltanwendung gegen Andersdenkende.[326]

---

[325] Zu den Trittbrettfahrern des Corona-Alarms und den Folgen ihres Tuns siehe z.B. Holger Douglas: Fleischwirtschaft in Nöten, *Tichys Einblick* vom 1.7.2020, https://www.tichyseinblick.de/daili-es-sentials/fleischwirtschaft-in-noeten/ [Abruf: 1.7.202; Kopie im Arch. d. Verf.].
[326] Gleich nach der vorübergehenden Schließung von Tönnies kam es vor dem Werk zu Protesten sog. Tierschützer, die thematisierten, dass es in den Zuliefererfirmen von Tönnies zu Tierquälerei komme. Auf diese Weise sollte die erneute Schließung erzwungen werden, vgl. N.N.: Tierschützer protestieren vor Tönnies-Werk gegen angebliche Tierquälerei bei Zulieferer, *Epoch Times* vom 22.7.2020, https://www.epochtimes.de/politik/deutschland/tierschuetzer-protestieren-gegen-angebliche-tierquaelerei-bei-toennies-zulieferer-a3296392.html [Abruf: 22.7.2020].

Nützliche Idioten und false flag: Instrumentalisierung der Ernährungsextremisten durch politisch Totalitäre

Am Nachmittag des 24. Juni 2020 wird bekannt, dass Unbekannte in Beckum/Kreis Warendorf versuchten, dort geparkte PKWs von rumänischen Tönnies-Mitarbeitern abzufackeln.[327] Eine Zeugin sagte aus, zwei junge Männer und zwei junge Frauen seien sodann davongelaufen. Wer macht so was? Jedenfalls erfahrungsgemäß keine Nazis. Aber wenn es nach einer Nazi-Tat aussehen soll, kann man blind darauf vertrauen, dass hier Leute am Werke waren, die ihre Nachrichten selber machen. Und das sind bekanntlich auch nicht die gängigen Nazis – ganz im Gegenteil, es sind rotgrün lackierte Faschisten.

Es besteht eine Dauerverbindung der Nahrungsextremisten zu jenen, welche die politische Systemfrage stellen. In Gegenrichtung drängt sich der Verdacht auf, dass diejenigen, welche die Systemfrage stellen, sich der extremen Nahrungsspinner lediglich gezielt bedienen. Um einen modernen Begriff zu verwenden: Die einen instrumentalisieren die andern. So ist zu erklären, warum die Nahrungsextremisten in den Mainstream-Medien so bereitwillige Resonanz finden. Diese Resonanz hat nun wiederum dazu geführt, dass Nahrungsspinnerei Hand in Hand mit Landwirtschaftsfeindlichkeit in die deutsche Regierungspolitik Einzug gehalten hat. Man sehe nur die Elaborate aus dem Bundeslandwirtschafts- und dem Bundesumweltministerium durch. Sie belegen, dass Regierungshandeln zur Klientelpolitik für eine kleine Gruppe

---

[327] N.N.: Kreis Warendorf: Unbekannte legen Feuer unter Autos von Tönnies-Beschäftigten, *Epoch Times* (dt. Ausg.) vom 24.6.2020, https://www.epochtimes.de/politik/deutschland/unbekannte-legen-feuer-unter-autos-von-toennies-beschaeftigten-in-kreis-warendorf-a3274970.html [Abruf: 24.6.2020]. Diese Meldung wurde über afp verbreitet, siehe auch *t-online* vom 24.6.2020, https://www.t-online.de/nachrichten/panorama/kriminalitaet/id_88117496/nach-corona-eklat-brandanschlaege-auf-autos-von-toennies-beschaeftigten.html [Abruf: 24.6.2020].

aggressiver und gemeinschaftsschädlicher Spinner verkommen ist.[328]

Doch weichen wir nicht vom Thema ab! Mit der vorgenannten Feststellung ist nicht gesagt, dass die Corona-Vorkommnisse im Umfeld von Großschlachtereien nicht stattgefunden haben, doch habe ich den Eindruck, dass sie in den Medien in unangemessen hervorgehobener Position behandelt werden, weil sie sich allzu gut zu einer Melange aus Antikapitalismus und Corona-Panik verrühren lassen.[329]

Rheda ist überall: Die Abwehrfront Fleisch wird breiter

Während noch die Aufgeregtheiten um den sogenannten Tönnies-Skandal bei Mainstream für die notwendigen Eilmeldungen sorgen, schwappt der nächste Corona-Fleisch-Skandal durch den ländlichen Raum.[330] Diesmal trifft es die Geflügelzüchter der Firma Wiesenhof. Ort der Handlung ist

---

[328] Eindrückliche Beispiele befinden sich bei Holger Douglas: Wenn Grüne Natur spielen. Der neue Green Deal – oder das große Bauernlegen, *Tichys Einblick* vom 29.6.2020, https://www.tichyseinblick.de/kolumnen/neue-wege/der-neue-green-deal-oder-das-grosse-bauernlegen/ [Abruf: 29.6.2020]; eine eher ironisierende Sicht auf denselben Gegenstand wirft Wolfgang Prabel: Wie städtische Pseudoeliten sich Landwirte vorstellen, *Prabels Blog* vom 30.6.2020, https://www.prabelsblog.de /2020/06/wie-sich-staedtische-pseudoeliten-landwirte-vorstellen/ [Abruf: 30.6.2020].

[329] Der Kommentar von Wolfgang Prabel: Bald müssen die Westdeutschen selber schlachten, *Prabels Blog* vom 20.6.2020, https://www.prabelsblog.de/2020/06/ bald-muessen-die-westdeutschen-selber-schlachten/ [Abruf: 23.6.2020] weist auf diesen Zusammenhang hin. Prabel rechnet nach, was die Billiglohnkräfte kosten, die in den Großschlachtereien arbeiten, und wann genau sich für diese die Anreise, z.B. aus Rumänien, wirtschaftlich nicht mehr lohnt. Er zieht den Bogen hin zu den Billig-Massenunterkünften, die zwingend zu diesem Rechenmodell gehören.

[330] N.N.: Neuer Corona-Hotspot in Niedersachsen?, *Epoch Times* (dt. Ausg.) vom 24.6.2020, https://www.epochtimes.de/politik/deutschland/neuer-corona-hotspot-in-niedersachsen-bei-23-von-50-getesteten-wiesenhof-mitarbeitern-sars-cov-2-nachgewiesen-a3274706.htmlhttps://www.epochtimes.de/politik/ deutschland/neuer-corona-hotspot-in-niedersachsen-bei-23-von-50-getesteten-wiesenhof-mitarbeitern-sars-cov-2-nachgewiesen-a3274706.html [Abruf: 24.6.2020].

Wildeshausen in Niedersachsen. Das liegt nicht allzu weit von Rheda in Westfalen entfernt.[331]

Der nächste angebliche Hotspot liegt dann kurze Zeit später erneut in Nordrhein-Westfalen, doch diesmal im westlichen Ruhrgebiet, wo er im Umfeld einer Dönerbuden-Belieferung festgemacht wird. Wieder das böse Schwein? Oh nein, das, was in diesen Fällen für essbar gehalten wird, stammt von Schaf und Hammel ab, weil es Allah so verfügt hat. Der hat es Mohammed gesagt, und daher wissen wir es.

Nunmehr laufen die Kreisgesundheitsbehörden zur Hochform auf. Mancher Oberbürgermeister und mancher Landrat, der im Traum nie daran gedacht hat, dass er solche Machtmittel besitzt, greift zum Bundesinfektionsschutzgesetz und den nach ihm erlassenen Rechtsverordnungen seines Landesherrn und sperrt die eigene Bevölkerung ein. Das Ganze läuft, weil das Kind ja einen etwas anderen Namen haben muss, unter Rücknahme der in den letzten Tagen gewährten Lockerungen. Man könnte es auch deutlicher ausdrücken: Verkündung weiterer oder neuer grundrechtsbeschränkender Maßnahmen, die den Stillstand des normalen Lebens zum Gegenstand haben.

Beispiel Kreis Gütersloh, den wir aus dem Anfang dieses Kapitel bereits kennen, wo die Fleischfabrik Tönnies ihre größte Filiale hat. Die Lockdown-Maßnahmen, sprich die Produktions- und Bewegungsverbote, werden bis zum 7. Juli 2020 verlängert. Die zugleich verhängten einschlägigen Maßnahmen in Nachbarkreis Warendorf werden erst zum 30. Juni 2020 aufgehoben.

Kaum einer fragt nach der Begründung für dieses Tun. Hier ist sie: Im Landkreis Gütersloh wurden vom 21. bis 28. Juni 2020 Infektionsmessungen durchgeführt. Hierbei sei festgestellt worden, dass pro 100.000 Einwohner innerhalb von 7 Tagen 112 Neu-Infektionen ermittelt worden seien. Damit sei

---

[331] Die Entfernung zwischen Wildeshausen und Rheda-Wiedenbrück beträgt ca. 170 Autobahnkilometer.

der kritische Wert von 50 weit überschritten. Das sei zwar immer noch ein milder Wert, aber die Verlängerung des Lockdowns müsse zur Vorsicht geschehen.[332] Der Leser ist wegen solcher Zahlenstringenz beeindruckt. Nachdem dieser ehrfürchtige Zustand abgeklungen ist, fragt er: Wovon reden die Leute hier eigentlich? Ich weiß schon, wir kommen zum Eingemachten der Seuchenpolitik: Zahlen, Messungen, Methoden. Hierzu befindet sich weiter vorn im Buch ein einschlägiges Kapitel, in dem der ganze irrationale Blödsinn geordnet nachgelesen werden kann. Ich kann es hier kurz machen. Es gab eine Reihe von Positiv-Tests. Ob es sich hierbei um den Ausbruch der Seuche handelte, das steht in den Sternen.

Böses Erwachen: Die CDU merkt, dass das Wüten gegen die Wirtschaft die Politveranstalter den Job kosten könnte

Es versteht sich, dass der nordrhein-westfälische Landesherr Armin Laschet (CDU) verlautbarte, man habe die Lage unter Kontrolle. Das klang ein bisschen abstrakt, denn die karge Wirklichkeit sah so aus: Knapp 700.000 Bürger in zwei Landkreisen Westfalens wurden massiv in ihren Bürgerrechten beschnitten. Bewegungsstopp und Arbeitsverbot. Stattdessen das Versprechen der Euro-Gießkanne, denn Bürgerrechte sind im Rundum-Versorgungsstaat kein Thema – weder vonseiten der Politik, noch den betroffenen Bürger. Während nun die lokalen CDU-Matadore unter dem wohlwollenden Lächeln eines CDU-Ministerpräsidenten gegen die eigene Bevölkerung holzten, machte sich ein Parteifreund von Laschet Sorgen, Carsten Linnemann [333] – er sitzt im Bun-

---

[332] Zahlenangaben und Behördenäußerungen folgend der Berichterstattung bei N.N.: NRW: Lockdown im Kreis Warendorf läuft aus, *Epoch Times* (dt. Ausg.) vom 29.7.2020, https://www.epochtimes.de/politik/deutschland/lockdown-im-kreis-warendorf-laeuft-aus-verlaengerung-in-guetersloh-a3279300.html [Abruf: 29.6.2020].
[333] Dr. rer.oec. **Carsten Linnemann** (* 10.8.1977 Paderborn), Berufspolitiker. 1999-2006 Abitur, Wehrdienst, Studium und Promotion. 2006-09 Bankangestellter. Seit

destag und gilt als der Sprecher der CDU-Mittelstandsvereinigung. Man könne sich einen weiteren Lockdown wohl kaum leisten.[334] So jedenfalls könnte man ihn verstehen, wenn man wohlwollend ist, denn, so Linnemann, aus Kurzarbeitern könnten viele Arbeitslose werden.[335] Haben seine Sorgen konkrete Maßnahmen im Gefolge? Ich weiß schon, der Leser lacht. Zu recht, denn es genügt, eine Selbstauskunft bei dem Politiker einzuholen. Ruft man dessen Webseite auf,[336] so erhält man sie: „Die Politik muss den Menschen die Angst nehmen". Und (bitte bleiben Sie ernst): „Corona-Warn-App zum Download bereit".

Doch was ist mit Linnemann und Tönnies? – Wie man sich erinnert, ist Tönnies der Fleischproduzent, und der Stillstand seines Werkes fand in Rheda statt. Der Abgeordnete ist auch von dort.[337] Doch ich kann nichts finden. Die letzte einschlägige Äußerung des Mittelstandspolitikers zum Thema Tönnies liegt Jahr und Tag zurück. Und da ging es um Schalke 04 und Afrika.[338] Bahnbrechendes von Carsten L. zu dem

2009 Mitglied des Bundestages, vgl. Selbstauskunft, https://carsten-linnemann.de/wp-content/uploads/2020/06/Lebenslauf-Carsten-Linnemann.pdf [Abruf: 30.6.2020].

[334] Die Äußerungen von Linnemann habe ich einem Artikel der *Epoch Times* (dt. Ausg.) vom 26.6.2020, https://www.epochtimes.de/politik/deutschland/linnemann-viele-unterschaetzen-die-oekonomischen-folgen-der-coronakrise-a3278762.html [Abruf: 29.6.2020], entnommen; konkret sagte er im allgemeinüblichen Politiker-Blabla: „Viele unterschätzen die ökonomischen Folgen der Coronakrise. Ich fürchte, wir haben bisher höchstens zehn Prozent hinter uns. [...] Staat, Wirtschaft und Gesellschaft: Wir alle werden einen langen Atem brauchen."

[335] Vgl. *Welt*-Interview vom 29.5.2020 mit Carsten Linnemann, abrufbar über https://carsten-linnemann.de/die-politik-muss-den-menschen-die-angst-nehmen [Abruf: 30.6.2020].

[336] https://carsten-linnemann.de/ [Abruf: 30.6.2020, Screens0-Prozent-Impf0-Prozent00hot vom Tage im Arch. d. Verf.].

[337] Rheda-Wiedenbrück und Paderborn liegen ca. 40 Straßenkilometer auseinander.

[338] Alan Posener: Linnemann & Tönnies, Gesinnungstreue & Tatenlosigkeit, *Welt-online* vom 7.8.2019, https://www.welt.de/debatte/kommentare/article198151463/Debattenkultur-Linnemann-Toennies-Gesinnungstreue-Tatenlosigkeit.html [Abruf: 30.6.2020]; es ist nicht übertrieben zu sagen, dass man nicht verstehen kann, worum es hier überhaupt geht; es hat etwas mit Afrika und deutscher Sprache zu tun. Aber was?

drängenden Problem des Alltags? Kann man in der Pfeife rauchen.[339]

Jedenfalls war von diesem wichtigen Mann in einer Gegend nichts zu vernehmen, von der böse Zungen behaupten, in ihr könne die CDU auch einen Affen aus dem Bielefelder Zoo aufstellen. Deswegen ist es eigentlich nicht recht verständlich, dass die Gewerbetreibenden in den betroffenen Landkreisen so brav blieben, als die von der CDU beherrschten Staatsorgane einschließlich der Landesregierung zu einem weiteren Lockdown-Rundschlag ausholten, weil erneut einige, nämlich 114 Positiv-Tests gemeldet wurden, die man prompt als Infektionen verkaufte. Diesmal nicht einmal im direkten Umfeld des Schlachthofs. Die Berufsvertretung der Hoteliers und Kneiper mahnte vor sich hin, aber von rabiaten Protesten war nichts zu sehen.

Immerhin wurde jetzt die oppositionelle SPD wach, und sie kam auf den originellen Einfall, dass die nordrheinwestfälische CDU die vom Schlachter Tönnies entgegengenommenen Spenden zurückzuzahlen hätte.[340] Der logische Zusammenhang erschließt sich zwar nicht jedem, doch immerhin hatte diese mutige Forderung Folgen. Man ahnt es schon, denn, oh weh, es wurde bekannt, dass ein Sigmar Gabriel mit Tönnies einen mit 10.000 Euronen im Monat üppig ausgestatteten sogenannten Beratervertrag abgeschlossen hatte, der dem Schlachter das Tor zum Chinageschäft breiter öffnen sollte.[341] Gabriel Wer? Ja, gewiss, das

---

[339] Diese Aussage bezieht sich auf den Sommer 2020, als die Tönnies-Sache dem Höhepunkt zutrieb.

[340] N.N.: NRW-SPD: Laschet soll alle CDU-Spenden an Tönnies zurückzahlen, *Epoch Times* (dt. Ausg.) vom 25.6.2020, https://www.epochtimes.de/politik/deutschland/nrw-spd-laschet-soll-alle-cdu-spenden-an-toennies-zurueckzahlen-a3275950.html [Abruf: 2.7.2020].

[341] N.N.: Sigmar Gabriel als China-Berater von Fleischkonzern Tönnies bezahlt – 10.000 Euro Honorar pro Monat, *Epoch Times* (dt. Ausg.) vom 2.7.2020, https://www. epochtimes.de/politik/deutschland/bericht-sigmar-gabriel-als-berater-von-fleischkonzern-toennies-bezahlt-a3281580.html [Abruf: 2.7.2020]. Die Absicht zum China-Geschäft entstand offenbar 2019, sie führte zu einer Zusammenarbeitsvereinbarung zwischen einem chinesischen Großschlachter und Tönnies, vgl.

ist der Ex-Vorsitzende der Bundes-SPD und Bundeswirt-schaftsminister, der während seiner Amtszeit böse Worte für die Ausbeuterei in den Großschlachtbetrieben gefunden hatte – Siegmar Gabriel, ein Vorbild an Moral und Integrität, der dieselbe unter Beweis gestellt hatte, als er seinen Vater öffentlich als Nazi denunzierte. Man sieht schon, die politische Klasse der Republik zeigt sich überall von ihrer besten, ihrer korrupten Seite. Da muss man nicht mal allzu lange und allzu tief bohren.

Bei so viel Einigkeit wundert es, dass es hin und wieder Bürger gibt, die sich dem ausgebrochenen Fall von Wahnsinn widersetzen und fahrlässig genug handeln, um die Gerichte anzurufen. So tatsächlich im Kreis Gütersloh geschehen, wo Uneinsichtige die Rundum-Verbieter nicht weiterwurschteln lassen wollten. Sie riefen die Verwaltungsgerichte wegen der neuerlichen Schikanen an und bekamen, wenn auch erst in zweiter Instanz, Recht. So, in Pauschalverboten, gehe es nicht, befand das Oberverwaltungsgericht Münster. [342] Wer die Rechtspraxis im verwaltungsgerichtlichen Eilverfahren kennt, der weiß, die Gerichte halten die Verwaltung in ihrem Tun auf die Schnelle erst dann auf, wenn deren Tun offensichtlich rechtswidrig ist. Na, immerhin.

Andreas Beckhove: Tönnies Holding. Tönnies schlachtet künftig in China: „Deutschlands größter Schlachtkonzern will künftig 6 Mio. Schweine in China schlachten und zerlegen. Zusammen mit dem chinesischen Partner investiert Tönnies rund 500 Mio. Euro.", *topagrar online* vom 27.9.2019, https://www.topagrar.com/markt/news/toennies-schlachtet-kuenftig-auch-in-china-11824157.html [Abruf: 2.7.2020].
[342] Über die Entscheidung des OVG Münster vom Juli 2020 wird berichtet bei N.N.: Gerichtsbeschluss: Lockdown im Kreis Gütersloh muss außer Vollzug gesetzt werden, *Epoch Times* (dt. Ausg.) vom 6.7.2020, https://www.epochtimes.de /politik/deutschland/ovg-muenster-setzt-fortgeschriebenen-lockdown-im-kreis-guetersloh-ausser-vollzug-2-a3284725.html [Abruf: 6.7.2020].

Vorwärts und nicht vergessen: Der Kampf gegen Tönnies geht weiter, nebst einer Abschweifung zur Frage, was Fleischverarbeitung in Deutschland und das Leben in New York City gemeinsam haben

Die Firma Tönnies blieb in den folgenden Wochen in den Schlagzeilen. Offenbar eigneten sich die Eigentümer hierfür, da sie einen Teil ihrer Gewinne als Sponsoren in eine Fußballmannschaft stecken. Was daran besonders sein soll, erschließt sich mir nicht. Ob sich reiche Leute Fußballclubs halten, ist für mich keine Seuchenfrage, sondern eher eine des Sinns von Sport und für andere auch eine des Neides. Also könnte man es hier abhaken, wenn es sich nicht zugleich um Politik handeln würde. Das bedeutet, hier nutzen bestimmte Typen ihre Machtmittel, um etwas zu bewirken, was nicht ihres Amtes ist, und sie tun es außerhalb des Rahmens des Erlaubten. Klartext: Ich schiebe eine Corona-Entscheidung vor, um jemandem zu schaden. Das ist simpel und wirksam zugleich.

Das Publikum sieht nur das Ergebnis und kriegt gesagt: Seht mal, der Laschet (oder wer immer) tut etwas. Wenn er dann mit Presse-Fanfaren einen Schlachthof schließt, ist Applaus angesagt. Wenn man dann zugleich zwischen den Zeilen wissen lässt, dass man vom Tönnies-Fleisch besser die Finger lässt, dann ist die Zustimmung der Unbedarften sicher. So und so erkenne man Tönnies-Produkte, so lese ich in den Gazetten. Keiner wirft die Frage auf, ob dieses Fleisch überhaupt infiziert sein kann. Die Antwort heißt nein – jedenfalls, wenn ich den amtlichen Auskünften Glauben schenke. Danach gibt es nicht nur bei Tönnies keine Infektionsübertragung vom Menschen auf das Schlachtvieh, sondern überhaupt keine. Sars-CoV-2 ist vom Menschen auf das Schlachtprodukt nicht übertragbar und von dort nicht zurück auf den Menschen.

Diese vielleicht überraschende Tatsache zu ergründen, lade ich den Leser zu einem Ausflug auf die Insel Riems ein.

Dort befindet sich, amtlich zuständig für diese Fragestellung, das Friedrich-Löffler-Institut (FLI) – Bundesforschungsinstitut für Tiergesundheit. Es stellte hierzu (Stand 24. Juni 2020) fest:

> Es gibt bisher keine Hinweise darauf, dass sich Schweine, Hühner und andere bei uns übliche Nutztiere/lebensmittelliefernde Tiere mit Sars-CoV-2 infizieren können. Daher ist auch eine Untersuchung von Schlachttieren auf Sars-CoV-2 zum jetzigen Zeitpunkt nicht sinnvoll.
>
> Das Friedrich-Loeffler-Institut hat Studien zur Empfänglichkeit von Tieren gegenüber Sars-CoV-2 begonnen. Diese Tierversuche sind wichtig, um eine mögliche Gefährdung für Mensch und Tier abschätzen zu können und zu testen, ob sie sich zum Virusreservoir entwickeln könnten. Die ersten Zwischenergebnisse zeigen, dass sich weder Schweine noch Hühner mit Sars-CoV-2 infizieren lassen.[343]

Diese Auskunft ist in mehrfacher Hinsicht bemerkenswert zu nennen. Wir wollen nun eine Übersetzung ins Klardeutsche versuchen:

Die Übertragung des Virus zwischen Menschen auf der einen Seite und Schweinen, Hühnern und (vermutlich) Rindern auf der anderen Seite wird verneint. Eine Untersuchung von Schlachttieren komme daher nicht infrage. Dennoch habe man begonnen, Tierversuche mit dem Ziel durchzuführen, ob diese überhaupt durch Corona-Viren ansteckbar seien. Für Schweine und Hühner wird dies verneint.

Wenden wir diese Aussage auf den sog. Tönnies-Skandal in Rheda-Wiedenbrück an, so kommt heraus, dass alle Alarmmeldungen mit Bezug auf das angeblich infizierte und daher nicht essbare Schweinefleisch von Tönnies in die Welt hinausgehauen worden sind, der pure Panik-Fake waren. Eine Übertragungskette Mensch-Schwein-Mensch gibt es nicht, weil das Schwein nicht mitmacht. Das FLI macht lediglich einen Vorbehalt, der so aussieht: Es trifft keine Aussage für die

---

[343] Webseite des LLI, https://www.fli.de/de/aktuelles/tierseuchengeschehen/coronavirus/ [Abruf: 24.6.2020].

Übertragung hin und her für Rind- und Schafsfleisch. Und es behält sich vor, eines Tages zu besserer Einsicht zu kommen.

Auch die Mitteilungen aus dem Robert Koch-Institut wirkten nicht gerade erhellend. Immerhin hatten aktuell durchgeführte Massentests dazu geführt, dass in zwei nordrhein-westfälischen Landkreisen Quarantäne angeordnet wurde. Sicher ist nichts dagegen einzuwenden, wenn man bei Vorkommnissen wie in Rheda-Wiedenbrück, die den Verdacht eines speziellen Epidemie-Ausbruchs nahelegen können, verstärkt Tests durchführt, um die örtliche Situation zu klären. Doch sollte auch klar sein bzw. klargemacht werden, dass das plötzliche drastische Ansteigen von Tests auch das Ansteigen von Positiv-Tests bewirkt. Alles andere wäre unverständlich. Nur hieraus ein signifikantes Ansteigen der Erkrankungen im Sinne eines Seuchenausbruchs zu folgern, ist in mehrfacher Hinsicht unzutreffend und, wenn man so will, grob irreführend, denn weder sind Positiv-Tests notwendig Infektionen, noch sind Infektionen Erkrankungen. Beides wurde im Sommer wider besseren Wissens durch Koch & Co suggeriert.[344]

Bleibt schlussendlich die ungeklärte Frage: Woher kam der sog. Hotspot bei Tönnies – falls er überhaupt je bestand?[345] Alle, die sich mit moralinsaurer Attitüde bemühten, zeigten mit dem Finger auf die angeblich unzumutbaren Arbeitsverhältnisse bei dem Großschlachter. Im Vordergrund der Empörung standen die Massenquartiere für die Arbeiter aus Rumänien. Das könnte wegen der in solchen Quartieren kur-

---

[344] Ebenso: Ansgar Neuhof: Das RKI zahlt am Gesetz vorbei. *Achgut* vom 14.9.2020, https://www.achgut.com/artikel/die_taegliche_taeuschung_das_rki_zaehlt_am_gese tz_vorbei [Abruf: 15.9.2020; Kopie im Arch. d. Verf.].

[345] Im Juli 2020 berichtet sogar die Tagesschau, dass ungezählte Beschäftigte vom Gesundheitsamt Quarantäne-Verfügungen erhielten, obwohl nicht einmal ein Positiv-Test vorlag, Herbert Kordes/Trajan Danciu: Tönnies-Mitarbeiter zu Unrecht in Quarantäne, *Tagesschau* vom 30.7.2020, https://www.tagesschau.de/ investigativ/monitor/toennies-quarantaene [Abruf: 1.7.2020; Kopie im Arch. d. Verf.]. Man kann sicher darüber streiten, ob die Tagesschau berichtet hätte, wenn es nur um deutsche Arbeiter gegangen wäre.

zen potenziellen Ansteckungswege schon sein, erklärt aber nicht eine Empfänglichkeit der dortigen Beschäftigten. Ich habe hierzu nur eine einzige Erklärung gefunden, die mir plausibel erschien. Es ist die Kälte.

Es ist ein Beitrag in *Prabels Blog*,[346] der mich auf diesen und weitere Gedanken gebracht hat, die sich mit der Kälte beschäftigen. In Schlachthäusern herrschen niedrige Temperaturen. Darüber wundert sich niemand, denn das Fleisch, welches dort als Nahrungsmittel des Menschen verarbeitet wird, ist eine verderbliche Ware. Die Schlacht- und Folgevorgänge finden bei maximal +7 Grad Celsius statt, bei Geflügel ist es mit maximal +4 Grad noch kälter.[347]

Das ist fürwahr eine frostige Umgebung, in der die Leute dort arbeiten. Der Wechsel zwischen draußen und drinnen beschert dem Personal zudem krasse Temperaturunterschiede. Eine laufende Nase ist das Mindeste, was dabei herauskommt. Und nun kommt das Zwangsläufige: Wem ständig die Nase läuft, bei dem sind Erkältungskrankheiten nicht fern. Wer für Erkältungskrankheiten anfällig ist, wird es vielleicht auch für Corona. So einfach. Kommen dann noch Massenunterkünfte für die Arbeiter hinzu, darf man getrost davon ausgehen, dass einer den andern anstecken kann.

Damit wären die Schlachtereien erst mal erklärt. Aber was ist beispielsweise mit Italien und den USA? Die Leute arbeiten schließlich nicht alle im fleischverarbeitenden Gewerbe. Aber die Ähnlichkeit folgt erneut aus der Kälte. Jeder, der im Winter oder bis hinein ins Frühjahr Italien bereist hat, weiß, wie kalt es dort sein kann – vor allen in den Häusern. Was im Sommer angenehm sein kann, ist es im Winter keineswegs, denn eine Vielzahl von Häusern ist unbeheizt. Man erkennt ihre Bewohner daran, dass sie auch draußen und bei Sonnenschein Schals und warme Jacken tragen. Die Schals um den Hals

---

[346] Wolfgang Prabel: Drei Umstände, die mit Corona „nichts zu tun" haben, *Prabels Blog* vom 19.7.2020, https://www.prabelsblog.de/2020/07/drei-umstaende-die-mit-corona-nichts-zu-tun-haben/ [Abruf: 20.7.2020].

[347] Verordnung (EG) Nr. 853/2004 Anh. III, Abschnitt I, Kap. V, Nr. 2 b, bzw. Nr. 3.

dienen dem Speichern der Wärme. Tagsüber versucht man, sich im Freien aufzuwärmen, nachts und bis zum Morgen behält man die Wärme abgeschirmt durch Schal und Jacke am Körper. Lange Rede, kurzer Sinn: Italien ist im Winter ein Land, in dem die Bewohner für Erkältungskrankheiten anfällig sind, vor allem die Alten, welche unbeweglich sind.

In Nordamerika ist es nachgerade umgekehrt. Die überall anzutreffenden Klimaanlagen sorgen beim ersten Sonnenstrahl dafür, dass es in amerikanischen Häusern erbärmlich kalt ist. Betritt man Geschäftspassagen oder Verkehrsmittel, so trifft einen Ungeübten wegen der drastischen Temperaturunterschiede fast der Schlag. Mietwagen, die ich benutzt habe, waren auf umgerechnet 13 Grad Celsius programmiert. Man kann das machen, aber gesundheitsfördernd ist es nicht. Die stets volle Pulle laufenden Gebläse in Häusern und Verkehrsmitteln sorgen zudem für die nötige Verteilung von Bakterien und Viren. Eine ebenso einfache wie wirksame Infektionsmethode.

Noch einmal Rheda zum Schluss. Gern wird verschwiegen, wie denn die Sache ausgegangen ist. Die letzten Meldungen, die ich las, ergingen sich in neuerlichen Empörungsritualen. Man erregte sich darüber, dass ausgerechnet einer wie dieser Tönnies von den öffentlichen Händen die nach dem Infektionsschutzgesetz vorgesehene Entschädigung verlange. Untergegangen ist schließlich auch, dass der Unternehmer ankündigte, wenn denn Filter Abhilfe gegen das Virus schaffen könnten, solche in seine Kühlanlagen einzubauen. Noch was davon gehört? Sicher nicht.[348]

---

[348] N.N.: Corona-Statistik deutet auf immer schwächere Verläufe. Tönnies-Infektionen auf Intensivstation kaum bemerkbar, *Epoch Times* (dt. Ausg.) vom 19.8.2020, https://www.epochtimes.de/politik/deutschland/corona-statistik-deutet-auf-immer-schwaechere-verlaeufe-toennies-infektionen-auf-intensivstation-kaum-bemerkbar-a3316849.html [Abruf: 20.8.2020, Kopie im Arch. d. Verf.].

Ich sitze nachts auf hohen Hockern | berufen, Herrn im Silberhaar
moralisch etwas aufzulockern | Ich bin der Knotenpunkt der Bar
Sobald die Onkels Schnaps bestellen | rutsch ich daneben, lad mich ein
und sage nur: „Ich heiße Ellen | Lasst dicke Männer um mich sein."[349]

21. Kapitel
*La Traviata Virale: Gewerbliches Fremdgehen mit Maske,
nebst einigen Bemerkungen über Geschlechtsverkehr als
Corona-Problem und wie man es löst*

Im Dreiklang Kopf, Bauch, Schwanz sind wir nunmehr im
fünften Abschnitt dieses Buches, der sich mit den irren Phan-
tasien der Totalitären befasst, beim Schwanz angekommen.

Aufgestoßen ist mir das Corona-Problem mit dem Geschlechtsverkehr erstmals im April 2020 – nein, nicht wie der
Leser das jetzt mutmaßt, sondern als ein abstraktes und ein
französisches zudem. Dann blieb die Sache bei mir liegen. Das
zumindest entnehme ich meinem Sudelbuch. Ich notierte
unter dem 7. des Monats lediglich:

> Warum fallen einem beim Wort Dienstleistungssektor als Erstes die
> französischen Huren ein? Sie haben soeben Staatshilfen in der Krise
> gefordert. Bleibt hinzuzufügen, dass der französische Präsident die
> Schulden seines Landes vergemeinschaften wird. Ob das auch die
> Dienstleistungen betrifft, hat er nicht erwähnt.

Und danach kam nichts mehr. Tja, nun muss ich gestehen, dass
ich die Sache nur halbherzig weiterverfolgt habe – nicht nur,
weil ich nach Frankreich nicht einreisen konnte. Ich war mir
sicher, dass der Nutten Not[350] an der Grenze trotz angeb-
licher Abschottung nicht haltmachen würde. Richtig ver-
mutet, am 8. Juni 2020 landete die Sache schließlich bei mir,

---

[349] Erich Kästner: Eine Animierdame stößt Bescheid, in: Gesammelte Werke, Bd. 1,
Gedichte, S. 261 f.
[350] Leser, die annehmen, ich hätte beim Nibelungen-Lied abgekupfert (Der
Nibelungen Noth), haben recht. Ich entschuldige das damit, dass man mich als
Schüler ein geschlagenes Schuljahr mit diesem Kunststück gequält hat. Jetzt trägt
diese Dressur Früchte.

wenn auch nur in meinem E-Mail-Postkasten,[351] nachdem die Sache von Frankreich aus über die Grenze nach Rheinland-Pfalz geschwappt war. Durch die E-Mail wurde ich gewahr, dass ein besserer Denker, als ich es je sein könnte, Rat wusste, der zertifizierte Philosoph Jürgen von der Lippe.

Formvollendet im Bordell in Zeiten von Corona: Verhaltensvorschläge durch Jürgen von der Lippe „Geben Sie Namen und Anschrift Ihres Bürgermeisters oder Ortspfarrers an" (Screenshot durch den Verf.).

Von der Lippe hatte sich mit der Frage zu befassen, wie man sich in einem Bordell in Rheinland-Pfalz korrekt verhält. Seiner Stellungnahme war nicht eindeutig zu entnehmen, ob er hier als Praktiker oder als Denker Auskunft gegeben hat. Sei's drum, entscheidend ist vielmehr das Ergebnis. Das zur Lösung anstehende Problem lässt sich so beschreiben: Nach dem Betreten der Beziehungsstätte wird der Dienstleistungs-empfänger gesetzlich genötigt, Namen, Anschrift und Telefonnummer anzugeben. Eine Verpflichtung, die der Kunde aus der Vergangenheit weniger gewöhnt ist, da es nach hergebrachter Sitte genügte, ebendiese Daten vom Dienstleister möglichst treffgenau zu wissen. Wie gesagt, jetzt geht es auch andersrum.

---

[351] E-Mail von Prof. Dr. Klaus-D. Döhler, Hannover, an den Verf. am 7.6.2020 [Kopie im Arch. d. Verf.].

Das wäre im Prinzip nicht weiter dramatisch, sondern das Drama wird erst eines, wenn das tückische Virus in einer der Sex-Schaffenden festgestellt wird, und sei es beim allfälligen TÜV. Dann werden die Kontakte rückverfolgt, und wären es noch so viele. Es entwickeln sich, ehe man sich's versieht, die obligaten Hinweise am häuslichen Telefon. Dort meldet sich das Gesundheitsamt:

„Guten Tag, Frau Müller, Ihr Mann zu Hause? ... Nein, nicht, na macht nichts, betrifft ja auch Sie. ... Nein, nichts Schlimmes, wir wollen nur kontrollieren, ob Sie durch Ihren Mann mit Corona infiziert wurden. ... Nein, nicht auf Arbeit, sondern in der Blauen Hornisse. ... Wie? Kennen Sie nicht? Na, macht nichts, wir kommen dann mal heute Abend vorbei. Bis später, Frau Müller."

Dies vorausgeschickt, lässt sich der Wert der Vorschläge von der Lippes besser einschätzen. Er empfiehlt, weil es beim Betreten des Bordells zwar Masken-, aber keine Ausweispflicht gebe, Namen, Adresse und Telefonnummer des Bürgermeisters oder Ortspfarrers anzugeben. Vortrefflicher Vorschlag. Ich füge ergänzend hinzu: Wie wäre es mit dem zänkischen Nachbarn, der stets mittags seinen Rasenmäher anwirft?

Weiter werde ich dieser sicher wichtigen Materie nicht nachgehen. Der Leser sei daher aufgefordert, im Bedarfsfall eigene Strategien zu entwickeln.

Jetzt zu wissen, dass es ewig so weitergeht, gibt doch die nötige Sicherheit.
Ja, das Warten auf ein Ende war echt schlimm.

Zunächst möchte ich sagen, dass ich in 30 Jahren im öffentlichen Gesundheitswesen noch nie so etwas gesehen habe, nicht einmal annähernd so etwas. Ich spreche nicht von der Pandemie, denn ich habe 30 davon gesehen, jedes Jahr eine. Sie heißt Influenza. Und andere Atemwegsviren, wir wissen nicht immer, was sie sind. Aber ich habe diese Reaktion noch nie gesehen, und ich versuche zu verstehen, warum ... Druck, der auf die Ärzte des öffentlichen Gesundheitswesens und die Verantwortlichen des öffentlichen Gesundheitswesens ausgeübt wird. Und dieser Druck kommt von verschiedenen Seiten. Der erste Ort, von dem er kam, war der Generaldirektor der Weltgesundheitsorganisation (WHO), als er sagte: „Dies ist eine ernste Bedrohung und ein Staatsfeind Nummer eins". Ich habe noch nie gehört, dass ein Generaldirektor der WHO solche Ausdrücke verwendet.[352]

Sechster Teil
Das Letzte – Warum & wohin?

Dem Leser, der sich bis hierher durch mein Buch gekämpft hat, wird es vermutlich genauso gehen wie mir beim Recherchieren und beim Schreiben. Ich habe mich andauernd gefragt: Warum geschieht das? Und: Wohin soll das noch führen?

Ich werde zum Abschluss eine Antwort versuchen. Sie besteht in zwei Teilen oder, wenn man so will, in zwei gedanklichen Ausflügen. Der erste der beiden Ausflüge führt erneut nach Davos, wo die selbsternannten Zukunftsplaner und Weltenherrscher sich im Januar 2021 – wenn auch nur digital – zum Beschluss über die Zukunft, den Great Reset, trafen.[353] Die Bundeskanzlerin war wieder einmal mittenmang dabei. Sie äußerte sich, was sonst nicht ihre Art ist,

---

[352] Prof. Dr. **Joel Kettner**, Universität von Manitoba, Kanada, hier zit. nach https://www.new-swiss-journal.com/post/l%C3%BCgenpolitiker-verschweigen-130-fakten-lockdown-100-umsonst [Abruf: 26.2.2021; Kopie im Arch. d. Verf.].
[353] Zu Schwab, seinen Hauptunterstützern und dem Wiederhochkochen seiner alten Idee vom Great Reset siehe z.B. Michael Klein: Vom Orchestrieren des Great Reset. Was steckt wirklich dahinter, *ScienceFiles* vom 15.11.2020, https://sciencefiles.org/ 2020/11 /15/vom-orchestrieren-des-great-reset [Abruf: 15.11.2020; Kopie im Arch. d. Verf.].

perspektivisch. Grund genug, genauer hinzuhören, wo das alles hinführen soll.

Der zweite der gedanklichen Ausflüge führt ins Land Digitalia. So habe ich die Wunderwelt der Digitalisierung benannt, die von unserm politischen Personal inbrünstig angebetet und angestrebt wird. Was dabei als Ergebnis herauskommt, wird der Leser im letzten Kapitel dieses Buches zu sehen bekommen.

Expansion ist alles. Wenn ich könnte, würde ich die Planeten erobern. (Cecil Rhodes)
und
Weltpolitik, das ist für die Politik das, was für den einzelnen Menschen der Größenwahn [ist].
(Eugen Richter)[354]

22. Kapitel
Zum letzten Mal Davos: Der Wahn der Weltenlenker des WEF und ihrer folgsamen Mädchen

In diesem Kapitel geht es um die Frage: Worauf soll das eigentlich hinauslaufen? Der Leser erinnert sich: Am Beginn dieses Buches unternahmen wir einen Ausflug in die pastellfarbenen Sphären des World Economic Forum. Man traf sich Ende Januar 2020 just vor Ausbruch der Corona-Krise am Stammsitz in Davos. Da gab es noch einen Störenfried namens Donald Trump, der ungeschminkt vom nationalen Wohlergehen seines Landes sprach.[355] Da gab es als Gegenrede die Ausführungen der deutschen Bundeskanzlerin, die sich dafür lobte, auf dem Weg der Abschaffung konventionellen Wirtschaftens weit vorangekommen zu sein.[356]

Genau ein Jahr später haben sich die Gewichte verschoben. Trump wurde durch einen gigantisch zu nennenden Wahlbetrug seines Amtes beraubt. Das war nur deswegen möglich, weil das amerikanische Establishment des einen Prozents der Alles-Besitzenden den seit vier Jahren andauernden Putsch gegen Trump nunmehr mit Entschlossenheit

---

[354] Beides zit. nach Hannah Arendt: Elemente und Ursprünge der totalen Herrschaft, S. 286 f.; beide Zitate werden bei Arendt – so wie hier – im Zusammenhang gebraucht.
[355] Offizieller Text der Rede von Donald Trump in amtlicher deutscher Übersetzung auf https://de.usembassy.gov/de/weltwirtschaftsforum-davos/ [Abruf: 5.2.2020].
[356] Text zit. nach Bundeskanzleramt: Rede von Bundeskanzlerin Merkel beim 50. Jahrestreffen des Weltwirtschaftsforums am 23. Januar 2020 in Davos, https://www.bundes-regierung.de/breg-de/aktuelles/rede-von-bundeskanzlerin-merkel-beim-50-jahrestref-fen-des-weltwirtschaftsforums-am-23-januar-2020-in-davos-1715534 [Abruf: 8.2.2021].

zum Anschluss brachte. Es ersetzte den Präsidenten durch eine amtsunfähige Marionette. Das wurde von Mainstream als glänzender Sieg gefeiert. Deutschlands polit-medialer Komplex feierte mit.

Während ich diese Zeilen schreibe, kämpft die deutsche Medienmeute immer noch gegen Trump und ignoriert geflissentlich, was der Amtsnachfolger tut. Zum Beispiel, als der Ende Februar 2021 bei einem seiner raren öffentlichen Auftritte zu den Opfern des Wintereinbruchs von Texas sprach:

> Guten Tag – oder fast. Eigentlich ist es Abend. Und ich möchte Ihnen, Gouverneur und Frau Abbott, für Ihre Gastfreundschaft und Ihre Verbundenheit danken. Und Abgeordneter – Senator Cornyn, ich denke, er musste zurück; ich denke, er steigt in ein Flugzeug. Er hat es mir zuletzt gesagt – er ist gekommen, um mich bei der letzten Veranstaltung zu besuchen. Und die Abgeordneten Sheila Jackson Lee, Al Green, Sylvia Garcia, Lizzie Panilli, äh. Entschuldigen Sie, Pannill. Und, äh, was mache ich hier eigentlich? Ich verliere hier den Faden.[357]

Das ist ein kompletter Sieg des Establishments. Seinen Angehörigen ist es vollkommen egal, wer unter ihnen der Präsident ist, wenn sie es sind, die ihn bestimmt haben. Nur wenigen Besonnenen bleibt ein ungutes Gefühl, wenn sie sich auch hüten, darüber laut zu reden.

Da sieht die Lage in Deutschland grundlegend anders aus. Die Vertreterin dieses Establishments ist seit über anderthalb Jahrzehnten an der Macht. Es sieht trotz gegenteiliger Ankündigungen zum Zeitpunkt der Niederschrift dieses Buches nicht danach aus, als könne sich hieran etwas ändern. Einer der Faktoren für diese Beurteilung ist der erneute Auftritt Merkels vor dem Weltwirtschaftsforum im Januar 2021.

Die Versammlung des Jahres 2021 unterschied sich von den Vorgängerveranstaltungen in einem wesentlichen Punkt:

---

[357] Zit. nach Gunnar Heinsohn: Wie wirr ist Joe Biden und wird er schon bald abgelöst? *Tichys Einblick* vom 28.2.2021, https://www.tichyseinblick. de/kolumnen/aus-aller-welt/joe-biden-mit-verstoerendem-auftritt-in-houston/ [Abruf: 2.3.2021].

Man traf sich nicht mehr persönlich in Davos, denn, natürlich, auch dieses Ereignis stand ganz unter der Herrschaft der von der selbsternannten Weltregierung ausgerufenen Pandemie. Folglich traf man sich virtuell. Dies ist mehr als einer Notlage geschuldet, es ist ein Symbol für das, was in diesen Kreisen propagiert und umgesetzt werden soll. Es bedarf des persönlichen Kontaktes nicht mehr. Man regelt das, was zu regeln ist, digital. Und nennt das Ganze, was man der Welt und ihren menschlichen Bewohnern überzustülpen gedenkt, großspurig Industrieelle Revolution 4.0 – an der Spitze die Denker von Bertelsmann.[358]

Was also wusste Merkel nach so viel kluger Vorarbeit aus Gütersloh beizusteuern? Voila, hier ist ihr Text in einigen, mir entscheidend erscheinenden Passagen:[359]

Heute vor einem Jahr war noch nicht allen klar, dass wir in einer Pandemie leben werden. Aber manche haben es schon gewusst oder geahnt; und dazu gehörte auch Herr Şahin, der Chef von BioNTech, der mir erzählte, dass er am 24. Januar die Entscheidung gefällt hat, das

[358] Seit Jahren trommelt das WEF im Verein mit der Bertelsmann-Stiftung für die Industrielle Revolution 4.0. Dabei scheut man vor den lächerlichsten Annahmen nicht zurück, die dann vom Mainstream flächendeckend beklatscht werden, zum Beispiel dieser hier in der Bertelsmann-Studie Zuwanderung und Digitalisierung [siehe Quellenverzeichnis]: „Deutschland hat bei der Umstellung auf eine Wirtschaft 4.0 weltweit eine Vorreiterrolle inne und das Ausland reagiert mit einer Verzögerung von fünf Jahren. Ferner wird angenommen, dass nicht nur in Deutschland die Nachfrage nach neuen Gütern und Dienstleistungen steigt, sondern weltweit und dementsprechend auch die deutschen Exporte ansteigen", hierzu Norbert Haring: Propaganda statt Wissenschaft. Mit diesen raffinierten Tricks landete die Bertelmann-Stiftung ihren neuesten Coup zur Notwendigkeit von Migration, *Tichys Einblick* vom 18.2.2019, https://www.tichyseinblick.de/meinungen/mit-diesen-raffinierten-tricks-landete-die-bertelsmann-stiftung-ihren-neuesten-pr-coup-zur-migration/ [Abruf zuletzt: 4.3.2021; Kopie im Arch. d. Verf.].
[359] Die folgenden wörtlichen Zitate stammen aus dem offiziellen Text des Bundeskanzleramts: Rede von Bundeskanzlerin Merkel anlässlich des Davos-Dialogs des World Economic Forum am 26. Januar 2021 (Videokonferenz); Redner: Angela Merkel; Datum: Dienstag, 26. Januar 2021, 13:03 Uhr, https://www.bundeskanzlerin.de/bkin-de/aktuelles/rede-von-bundeskanzlerin-merkel-anlaesslich-des-davos-dialogs-des-world-economic-forum-am-26-januar-2021-videokonferenz--1844594 [Abruf: 2.3.2021].

gesamte BioN-Tech-Forschungsprogramm umzuwerfen und einen mRNA-Impfstoff gegen dieses Virus zu entwickeln. ...

Hier stockt man unwillkürlich. Es haben also einige schon zuvor gewusst, was da kommen wird. Zu einem Zeitpunkt also, als Sie, der Leser, und ich, der Verfasser dieser Zeilen, uns noch durch die Merkel-Auslassungen vom Januar 2020 hindurchquälten. Doch weiter:

> Wir haben jetzt über eine große Frage zu diskutieren, der sich die Welt stellen muss. Das Wort Souveränität ist wieder in aller Munde. Lieferketten haben sich in Zeiten der Pandemie zum Teil nicht bewährt, sondern sind zerbrochen. Wir müssen, um Lehren aus der Pandemie zu ziehen, fragen: Sind es Schwachstellen, wenn wir zu abhängig von globalen Lieferketten sind, oder wie machen wir solche Lieferketten für die Zukunft so stabil und so verlässlich, dass sie auch in Zeiten großen Stresses halten? Ein Rückfall in regionalen Protektionismus muss meiner Meinung nach verhindert werden ...
> Damit bin ich schon beim Thema Verwundbarkeit. Verwundbarkeit hat sich eben beim Zerreißen von Lieferketten gezeigt. Aber ich möchte die Verwundbarkeit vor allen Dingen auf die Tatsache beziehen, dass ein Virus vom Tier auf den Menschen übergegangen ist, und daran festmachen, dass sich all unsere großen globalen Konventionen zur Nachhaltigkeit – sei es die Biodiversitätskonvention, sei es die Klimarahmenkonvention, die heute im Pariser Abkommen ihr Abbild findet – als absolut richtig erwiesen haben und dass wir stärker für deren Umsetzung arbeiten müssen, als wir es vorher getan haben, entschiedener und resoluter.

Durch was, fragt der Leser irritiert dazwischen, haben sich während der Corona-Krise die Biodiversitätskonvention, von der er vermutlich noch nie gehört hat, und vor allem die Pariser Klimakonvention, deren Ziel die Abschaffung des durch den Menschen verursachten Kohlendioxyds in der Atmosphäre sein soll, als richtig erwiesen? Durch was? Doch weiter:

> Sozusagen den Beweis dafür können wir schon dieses Jahr erbringen, nämlich bei der Biodiversitätskonferenz in Kunming in China und vor allen Dingen auch bei der Umsetzung des Pariser Abkommens. Die Euro-

päische Union hat das getan, was erwartet wird. In einem ersten Schritt haben wir unser europäisches Ziel für die CO_2-Reduktionen bezüglich des Jahres 2030 von 40 Prozent auf 55 Prozent erhöht. Wir haben uns zur Klimaneutralität für das Jahr 2050 verpflichtet, was, wenn wir das erreichen, dazu führen kann, dass Europa der erste klimaneutrale Kontinent wird. Vor uns liegen jetzt … sehr harte Monate, in denen wir den sogenannten „Green Deal" ausformulieren, also die Wege aufzeigen müssen, wie wir diese Reduktion in Höhe von 55 Prozent erreichen können.

Deutschland hat inzwischen mehr als 40 Prozent der Energieerzeugung aus regenerativen Energien. Aber wir wissen auch, welche Anstrengungen damit verbunden sind. Wenn wir die Verwundbarkeit durch den Klimawandel wirklich überwinden wollen, dann müssen wir harte politische Maßnahmen durchführen, bei denen wir die Menschen mitnehmen müssen. Für uns heißt das: Ausstieg aus der Kohle, Umstieg auf Wasserstoff auch mit Blick auf Prozessenergien und ein völliger Wandel der Mobilität hin zur Elektromobilität oder auch Wasserstoffmobilität; natürlich müssen wir uns Technologieoffenheit bewahren.

Das also ist das Zukunftsprogramm im großen Ganzen: Beendigung der nationalen Souveränität, Hinwendung zu einer Weltregierung und der Klima-Stuss als Politikziel Nummer Eins. Zu diesem Zweck: Ausstieg aus der Kohle, Umstieg auf Biodiversität, was immer das sein mag, und hinein in den Green Deal – ein weiteres ebenso inhaltsarmes wie unterhaltsames Modewort.

Ein bisschen Klartext, wenn's recht ist: raus aus der gesicherten, den Industriestandort Deutschland garantierenden Energieversorgung und hinein in ein rosarot-grünes Utopia. Verbot von Verbrennungsmotoren und damit der Privatautos. Beweglichkeit nur noch für die Kaste, die den Fortschritt garantiert. Zielvorgabe: 2030 und Durchsetzung mit Hilfe dessen, was man die Notwendigkeit der Digitalisierung nennt. 2030, das ist nicht mehr lange hin, und es liegt auch noch in Merkels vermutlicher Lebenszeit.[360]

---

[360] Die stete Wiederholung der Jahreszahl 2030 durch Merkel stimmt mit den Aussagen von Schwab überein, es ist eine Art Mantra, vgl. zu den Einzelheiten und Quellen Dieter Farwick: „Im Jahr 2030 werden Sie nichts mehr besitzen und glücklich

Wer nun glaubt, das alles werde nicht so heiß gegessen, wie es gekocht wird, der irrt sich. Er schließt die Augen vor dem ideologischen Umfeld. Es sind die Matadore der Grusel-Veranstaltungen von Davos, die den Versuch unternehmen, die Reichen und Superreichen dieser Welt auf den Kurs einzuschwören, den sie mit Formeln von Nachhaltigkeit, Klimagerechtigkeit und Fairness umschwurbeln.

Wer hier einwendet: Die 2.800 Milliardäre dieser Welt können allein gar nichts bewirken und sind sich zudem längst nicht alle einig untereinander, der hat recht und unrecht zugleich. Es sind die willigen Fußtruppen, die von diesen selbsternannten Weltwohltätern angestiftet, bezahlt und gelenkt werden, die ein Gutteil der wirklichen Gefahr ausmachen, nämlich den Transport und die Verbreitung der Schwab'schen Heilslehre. Die sieht so aus: 2030 soll es keinen privaten Besitz mehr geben, da jeder alles bekommt, was er braucht.

Schon mal gehört, solches Floskelgerede? Ja, das ist nicht neu und entspricht dem, was sozialistische Spinner seit 180 Jahren, wenn auch ohne sichtbaren Erfolg, gepredigt haben. Jetzt hat es der Missionar dieser Schönen Neuen Welt, Klaus Schwab, erneut zu Papier gebracht.[361] Hierzu zählt auch seine Erkenntnis, was für eine wunderbare Sache die Corona-Pandemie war, denn sie stellte die Weichen für den Great Reset der Menschheit.[362]

---

sein", *conservo* vom 14.2.2021, https://conservo.wordpress.com/021/02/14/nein-zu-wef-und-great-reset-vergesst-den-neuen-menschen/.

[361] Neuerdings hier: Covid-19: Der große Umbruch, passim.

[362] Es ist bezeichnend, dass Schwab für das Treffen von Davos im Jahre 2021 den offiziellen Titel *The Great Reset* wählte. Mir lief der Begriff zum ersten Mal am Wochenende 10./12.7.2020 über den Weg. Ich notierte in mein Tagebuch: „Die Meldung, die mich elektrisiert hat, war diese, dass Prinz Charles sich in die Debatte um das Wohl der Menschheit eingemischt hat. Auf kleinerer Flamme tun es diese Leute nicht. Ihr Resonanzboden ist das Weltwirtschaftsforum in Davos, dieser elende Club selbsternannter Weltenlenker. Die *Leaders of the World* haben einen neuen Begriff erfunden, *Reset*, den sie jetzt mit Eifer propagieren. Der Begriff ist klug gewählt. Er suggeriert so etwas wie: zurück auf Start, was in der Computertechnik bekannt ist

Die Geschäftsidee des Klaus Schwab trägt reiche Früchte. Sein Totalitarismus ist Wegweiser für eine misstönend quengelnde Klima-Jugend. Wer, angewidert von diesen schrill quäkenden Mädchenstimmen, einfach weghört, tut nicht gut daran zu ignorieren, wie deren politischer Einfluss von der Corona-Krise unbeeindruckt weiterbesteht. Diese Klientel hat glasklar erkannt, was die Männer und Frauen in Deutschland mit sich machen lassen, wenn man sie nur genügend unter propagandistischen Beschuss nimmt und ihnen Todesangst einjagt. Das ist die Lehre, die diese verzogenen Nichtsnutze aus reichen Elternhäusern aus der Corona-Krise mitnehmen. Totalitäre Herrschaft? Absolut kein Problem. Auch nicht für eine Bundeskanzlerin Merkel, die diese spätpubertären, von Gewaltphantasien beherrschten Jungstars zu sich in Kanzler-amt einlädt.

Das Ziel dieser Phantasten heißt *Chinesische Verhältnisse.* Das bedeutet im Klartext: Entmündigung des Individuums, seine digitale Totalüberwachung und die absolute Herrschaft der Berufenen. Die Frage, ob die in den Reden und Manifesten vielzitierten Menschen dies auch so wollen, stellt sich für diese Ideologen à la Schwab nicht. Sie selbst wissen es – und nur sie – was für *die Menschen*, sprich: die Menschheit gut ist. Schreck-lich ist, dass Merkel & Co in diesem Fahrwasser unterwegs sind und die Schlagzahl erhöhen. Allein, dass Merkel an diesem Davos-Hokuspokus als Dauergast teilnimmt, wäre als Aussage genug. Doch bei ihr kommt hinzu, dass sie ausge-

---

und dem verzweifelten Benutzer signalisiert, er solle es noch einmal von vorn mit der Werkseinstellung versuchen.

Charles und seine auf höchstem Niveau mitdiskutierenden Dinner-Freunde eint eine leicht nachvollziehbares Interesse. Sie sind stinkreich und haben nicht die Ab-sicht, von ihrem Plateau, das sie über Otto Normale weit hinaushebt, herabzustei-gen. Doch das ist bei Weitem nicht alles. Sie eint die Überzeugung, dass sie infolge ihrer durch Muße erworbenen Weltübersicht genau wissen, was den anderen, die nicht auf gleichem Niveau leben, das Allerbeste sei. Und weil sie wissen, was das sei, machen sie sich Sorgen, dass die anderen es nicht wissen und sie deswegen in die richtige Richtung gelenkt werden müssen."

rechnet dort ihre raren perspektivischen Aussagen loslässt. Sie will das wirklich. Man muss es ernst nehmen.

Zum letzten Mal Davos. Der Ober-Guru und große Reset-Zampano Klaus Schwab hat es angekündigt: Ade Zauberberg. Die Schweiz ist zu klein geworden für seine Weltambitionen. Der nächste Treffort wird folglich in Ostasien liegen: Auf Wiedersehen in Singapur. Auf dem Weg dahin haben Schwab und seine Adepten einen kleinen Rückschlag erlitten: Sie priesen in einer Twitter-Nachricht von Ende Februar 2021, was der weltweite Lockdown doch für eine feine Sache sei, denn er habe die Städte beruhigt, den CO_2-Ausstoß merklich reduziert, sodass man nun wisse, welchen Weg man zu gehen habe, um Welt und Klima und Menschheit zu retten.[363]

Etliche Twitterer – wohl des Lesens und Schreibens mächtig – fanden das nicht überzeugend. Sie überzogen Schwab und seine Weltverbesserungs-Elite mit dem, was man auf Neu-

---

[363] In den Einzelheiten wiedergegeben bei G.Q. Pan: World Economic Forum Retracts Statement Suggesting Lockdowns ‚Improved' Cities Worldwide, *Epoch Times* vom 28.2.2021, https://www.theepochtimes.com/world-economic-forum-retracts-statement-suggesting-lockdowns-improved-cities-orldwide_3714613.html?utm_source=CCPVirusNewsletter&utm_medium=email&utm_campaign=2021-03-01 [Abruf: 1.3.2021; Kopie im Arch. d. Verf.].

deutsch einen Shitstorm nennt. Ein Sieg der Vernunft? Ich glaube es kaum, denn rasch wurde auf der Plattform des famosen Jack Dorsey alles gelöscht. Korrektur des Gewesenen. Was nicht dort erscheint, ist auch nicht (mehr). Wie sagte Twitter-Dorsey vor einiger Zeit recht tiefsinnig? We are more left leaning.[364]

---

[364] Übers. in etwa: „Wir sind eher links-gestrickt", zit. nach Bowen Xiao: Twitters Dorsey Says Bias Among Company's Employees Is "More Left Leaning", *Epoch Times* (US-Ausg.) vom 19.8.2018, https://www.theepochtimes.com/twitter-ceo-admits-bias-in-company-is-more-left-leaning_2627692.html [Abruf: 20.8.2018].

2021 werde ich wahrscheinlich viel Zeit damit verbringen, Gespräche mit den politischen Führern weltweit über den Klimawandel und Covid-19 zu führen.
(Bill Gates, 2021)[365]

23. Kapitel
Auf nach Digitalia: Die Wunderwaffe Digitalisierung auf dem Weg zur Totalüberwachung

Wer es immer noch nicht mitgekriegt hat, sollte wenigstens zuhören, was die Kanzlerin aller Welt am 21. Januar 2021 in ihrem Beitrag für die selbsternannten Eliten von Davos zu sagen hat. Deutschland habe Fehler gemacht. Es sei bei der Digitalisierung nicht weit genug vorangekommen.

Nicht gut sahen wir aus – dieser Mangel zeigt sich bis in die heutigen Tage –, was die Digitalisierung unserer Gesellschaft angeht ... Wir wissen, dass wir hier nachzuarbeiten haben.[366]

Es gibt genügend viele Leute, die hier zustimmen werden, andere hingegen werden von tiefem Misstrauen erfasst. Zu der letztgenannten Gruppe zähle auch ich, denn ich habe genau hingehört: Merkel spricht von der Digitalisierung der Gesellschaft. Das ist das Ziel ihrer Politik.

Die Digitalisierung ist das Goldene Kalb der Gegenwart. Das gilt nicht nur für die Traumgewinne, die auf diesem Geschäftsfeld abgegriffen werden, sondern auch für den Glauben der Herde, die sich ohne Arg den neuen Ritualen unterwirft. Die Herde sieht ohne zu murren zu, wie der Einzelne zur Nummer wird und wie diese Nummer über sein Wohl und Wehe entscheidet. Du siehst die Dinge zu schwarz, höre ich

---

[365] Bill Gates: Wie wir die Klima-Katastrophe verhindern, S. 285.
[366] Bundeskanzleramt: Rede von Bundeskanzlerin Merkel anlässlich des Davos-Dialogs des World Economic Forum am 26. Januar 2021 (Videokonferenz); Redner: Angela Merkel; Datum: Dienstag, 26. Januar 2021 13:03 Uhr, https://www.bundeskanzlerin.de /bkin-de/aktuelles/rede-von-bundeskanzlerin-merkel-anlaesslich-des-davos-dialogs-des-world-economic-forum-am-26-januar-2021-videokonferenz--1844594 [Abruf: 2.3.2021].

dazwischenrufen. Na gut, sehen wir uns mal die Vorhaben unserer Regierung aus der Nähe an.

Ich beginne mit der Corona-App – sie war nur ein Einstieg, ein Testlauf – und werde sodann die weiteren Vorhaben, die im Moment im Entstehen sind, vor dem Auge des Lesers Revue passieren lassen. Ich verkneife es mir an dieser Stelle, nach den Profiteuren und Propagandisten dieses Geschäftes zu fragen. Denn das würde ein Fass ohne Boden und der Anfang zu einem anderen Buch sein.

Der Traum von Big Brother: Die Corona-App wird Wirklichkeit, nebst einigen Anmerkungen zum Smartphone als digitaler Pranger zur Stigmatisierung von erstaunlich vielen Bürgern, und was Vera Naiva davon hält

Wochenlang waberte die Ankündigung durch die Medien, es werde eine Corona-App geben – und alles, alles werde wieder gut. Was das genau sein sollte, wurde weniger thematisiert, nur dass alle schrecklich froh sein werden, wenn die App endlich da ist. Ich schob diese Neuigkeiten wochenlang beiseite, da ich kein entsprechendes Elektronik-Spielzeug besitze, auf welches ich Apps hochladen kann.[367] Ich weiß schon: Das ist ein bisschen die Vogel-Strauß-Methode, denn die Corona-App kam tatsächlich. Ich notierte am 17. Juni 2020 in mein Sudelbuch:

> Ich bin doch nicht blöd! – Warum fällt mir jetzt nur dieser saublöde Werbespruch ein? Ach so, ja: Corona-App: Ich bin doch nicht blöd. Kenne niemanden, der das Ding installiert. Fazit: Ich habe die falschen Freunde.

Jetzt erst, reichlich spät, war meine Aufmerksamkeit geweckt. Ich entschuldigte mich (vor mir selbst) damit, dass in den letzten Wochen und Monaten so entsetzlich viel Corona-Kram

---

[367] Eine App ist ein Zusatzprogramm zu einem existierenden Betriebssystem auf einem Computer. Der Begriff stammt von dem englischen *application* = Anwendung.

behauptet worden war, der sich hernach als Luftnummer entpuppte.[368]

Der Erste, der sich in meinem Blickfeld mit der Corona-App seriös – weil nachvollziehbar – auseinandersetzte, war Roger Letsch auf seinem Blog *Unbesorgt*.[369] Ich fasse seine wichtigsten Aussagen mit meinen Worten zusammen: Die Corona-App ist ein Zusatzprogramm, das der Besitzer eines Smartphones auf sein Betriebssystem herunterladen kann. Er kann für das Laden den Applestore oder die Google-Plattform nutzen. Herausgeber der Corona-App ist das Robert Koch-Institut in Verbindung mit der Software-Firma SAP. Die App ist für Personen ab dem 17. Lebensjahr zugelassen. Der Nutzer der Corona-App ist gehalten, im Falle einer Positiv-Testung von Covid-19 den Testschlüssel zuzuspeichern.

So weit, so einfach. Doch was passiert nun? Zunächst einmal das Übliche: Das Handy sendet Standortsignale an den Telefonbetreiber, die dieser speichert. Das tut er eigentlich aus Abrechnungsgründen, doch das ist nicht alles. Der Telefonbetreiber ist in Deutschland von Gesetzes wegen verpflichtet, die Daten des Handys, einschließlich der Verbindungsdaten, zu speichern und – jetzt kommt's – an die zur Abfrage befugten Behörden herauszugeben. Diese Daten stellen heutzutage ein Grundgerüst der Strafverfolgung dar. Man spricht vom Bewegungsprofil, das von einem potenziellen Täter erstellt wird.

Diese Art der Datenerhebung, der sich niemand entziehen kann, der in Deutschland telefoniert oder das Internet nutzt, ist ein Waisenknabe gegen das, was in den 2010er Jahren ganz außerhalb des behördlichen Alltags in Gang kam. Das eigentlich Neue war gestützt auf die gut zehn Jahre älteren, seit jenen Jahren kommerziell genutzten Navigationssyste-

---

[368] Einen ersten Anlauf, die Corona-App zu beschreiben, unternahm ich im Juni 2020 mit dem Aufsatz „Ein Traum von Big Brother – die Corona-App wird Wirklichkeit", vielfach kopiert, vgl. z.B. https://kopp-report.de/ein-traum-von-big-brother-die-corona-app-wird-wirklichkeit/.

[369] https://unbesorgt.de/corona-app-als-fesselballon/.

me, die über Satelliten-Ortung funktionieren. Wie genau diese Ortungstechnik mittlerweile ist, kann jeder testen, der mit seinem Smartphone über *Snapchat* am *Snap Map*-Verfahren teilnimmt. Die Standorte der mit dem Interessenten verbundenen Teilnehmer werden in Europa und Nordamerika metergenau angezeigt. Es ist sogar zu erkennen, ob sich der Betreffende bewegt.

Nun kann man sagen, dass niemand gezwungen ist, am *Snap Map*-Verfahren teilzunehmen. Sicher richtig, doch zwei Einwendungen sind ernst zu nehmen: Das *Snap Map*-Verfahren beschreibt lediglich die Spielzeugseite einer Technik, die vorhanden ist, ob nun einer Mitspieler sein möchte oder auch nicht. Die metergenaue Standortbestimmung ist eingebaute Realität, nur der notorische Nicht-Handy-Träger stolpert insofern unüberwacht durch die Gegend. Einstweilen. Bis er genötigt wird, ein solches Gerät bei sich zu tragen. Wir stehen an der Schwelle, dass genau dies geschieht. Wer kein Smartphone hat, wird aus einer Reihe normaler Alltagsabläufe ausgeschlossen.[370] Versuchen Sie mal, bei der Postbank ein Girokonto zu betreiben oder in Oberstdorf zu parken. Doch jetzt geht es um Corona.

Rein formal passiert nicht viel anderes, als einen bestimmten weiteren Datensatz nebst Standortkontrolle dem ohnehin entstandenen und jede Minute neu entstehenden Datenozean hinzuzufügen. Wer sich an dem einen nicht stört, wird sich an der Corona-App auch kaum stören. Die Grundaussage von Vera Naiva lautet gestern wie heute: Ich habe nichts zu verbergen.[371] Darauf werde ich noch zurückkom-

---

[370] Im Februar 2021 versuchte ich, aus Übersee nach Deutschland einzureisen. Ohne ein Smartphone mit einschlägiger Voranmeldung beim Robert Koch-Institut war das nahezu ausgeschlossen. Ich nutzte das Gerät eines Mitreisenden. Beide – Gerät und Mitreisender – waren gutmütig genug, das zuzulassen.

[371] Vera Naiva ist ein Plagiat. Das Original geisterte einst durch die Bochumer Strafrechtsvorlesungen von Professor Gert Geilen. Dessen Veranstaltungen waren wg. der naturnahen Beispiele sehr beliebt. Vera Naiva diente im Wechsel mit Amanda Semper als eine Frau Mustermann, bevorzugt bei der Erläuterung der Sexual- und

men. Man muss, das sei vorweggesagt, auf jeden Fall im Auge behalten, dass nicht nur die Datenweggabe das eigentliche Risiko beinhaltet, sondern die Rückkehr der Daten zu irgendwem zum Zwecke der Verwendung für irgendwas.[372]

Doch was geschieht nun? Unsere Freundin Vera, beliebt durch ihre häufigen liebevollen Mund-zu-Mund-Beatmungs-Hilfestellungen, hatte sich infiziert, wurde positiv getestet und gibt ihrem Handy den Testcode ein. Nun läuft sie als wandelnde Warnmeldung herum. Nicht nur ihre ehemaligen Mundkontakte, sondern auch Briefträger, Kassiererinnen, Nachbarschaft, Zufallsbegegnungen erhalten ab sofort Warnmeldungen.

Doch was tun die Gewarnten nun? Sie gehen Vera weiträumig aus dem Wege. Und dann? Gehen die Vera-Kontakte im Sommer 2020 zum Test, werden sie gefragt werden, ob sie Covid-19-Symptome haben. Haben sie die nicht, werden sie

---

Roheitsdelikte des StGB. Mit dieser Fußnote sei an jenen ungewöhnlichen Rechtslehrer erinnert.

[372] Während ich diese Zeilen in das Buchmanuskript einfüge, lese ich die Pressemeldung, dass die Bürger von Singapur, wo sich die einschlägige App großer Zustimmung erfreute, zu ihrer Überraschung feststellen mussten, dass die App-Daten entgegen der Zusicherung der Regierung nunmehr für die allgemeine Strafverfolgung genutzt werden. Das geschieht nach dem Motto: Was geht, das passiert auch.

nicht getestet. Das hat sich im Laufe des Jahres insofern geändert, dass sie trotzdem getestet werden können oder sogar müssen. Für rund 150 €. Das findet nicht jeder witzig. Fällt der Test positiv aus, müssen sie in 14-tägige Quarantäne, ob sie nun Krankheitssymptome haben oder nicht.

Ein konsequent angewendetes Verfahren hätte in kürzester Frist in den absoluten Lockdown geführt – diesmal ohne jede behördliche Anordnung. Hat es aber nicht. Hierfür gibt es einen leicht nachvollziehbaren Grund. Die Leute haben sich der Corona-App nicht bedient. Ihr Misstrauen war stärker als die durch Propaganda verbreitete Todesangst. Das muss man sich merken, denn selten wurde ein Star mit so viel Vorschuss und Zuschuss bedacht wie die Corona-App. Bürgerskepsis machte von Anbeginn an aus der App einen bekloppten Akt zur Dokumentierung von Regierungs-Hilflosigkeit. Um das zu vertuschen, blieben die Zahlen, die man rund um die App eigentlich hätte abrufen können müssen, so etwas wie ein wohlgehütetes Staatsgeheimnis.

Im September 2020 kam Mainstream dann wohl von selbst auf den Gedanken, einmal zu thematisieren, wie es die Deutschen denn nun mit dem vielgepriesenen Rettungsanker halten.[373] Die Zahlen, die hierbei angeblich ermittelt wurden, sehen nicht gerade nach einer Erfolgsgeschichte aus. Zunächst zu den Eckwerten: Es war das Meinungsforschungs-Institut *Forsa*, das im Auftrag von *RTL* und *n-tv*, also letztlich Bertelsmann,[374] 1032 Personen befragte. 68 % von diesen hätten die App noch nie installiert, sodass hieraus die Folgerung gezogen wurde, ein Drittel der Bundesbürger hätte die App installiert, von denen allerdings ein bestimmter Anteil die App bereits wieder deinstalliert habe.

Die Installateure gaben zudem an, wie sie's mit der Vorliebe für politische Parteien halten. Sie sind halt eher CDU-, SPD- oder Grünen-Wähler, während die Anhänger der AfD die App rigoros ablehnten. Von den App-Installierern fühlt sich jeder Vierte nunmehr sicherer. Dieses Viertel entspricht, wenn denn die Zahlen stimmen, etwa einem Anteil von 7 % der Bundesbürger. Erstaunlich mag sein, dass nicht einmal diese verschwindende Minderheit der Sicherheitsgläubigen bereit war, auf einen konkreten Warnhinweis hin Schutzmaßnahmen zu ergreifen.

Nun muss man bei solchen Zahlenspielen stets berücksichtigen, wer will hier was belegen. Ein kurzer Blick auf den Auftraggeber. Die Firma Bertelsmann mit ihren weltumspannenden Aktivitäten ist in Deutschland dadurch aufgefallen, dass sie zwei Dinge tut, die in diesem Zusammenhang von Interesse sind: Sie befürwortete den Abbau des jetzigen, in der Fläche gestreuten Gesundheitswesens in Deutschland und dessen Ersatz durch Zentralkliniken, und sie gehört zu den Spitzenreitern der *One World*-Bewegung, zu deren Ziel die Auflösung der Nationalstaaten zugunsten einer Weltregierung durch die Eliten gehört.

---

[373] Vgl. N.N. Corona-Warn-App auf dem Prüfstand: Kaum genutzt oder deinstalliert, *Epoch Times* (dt. Ausg.) vom 23.9.2020, https://www.epochtimes.de/politik/deutschland/corona-warn-app-auf-dem-pruefstand-kaum-genutzt-oder-deinstalliert-spahn-nimmt-stellung-a3341413.html [Abruf: 23.9.2020].
[374] Zu den Grund- und Strukturdaten des Konzerns Liedtke: Wem gehört die Republik? S. 87-98; zur Stellung von Bertelsmann als Einflussgröße im transatlantischen Netzwerk vgl. Roewer: Unterwegs zur Weltherrschaft, Bd. 3, S. 339 f.

Wenn ein solcher Meinungslenkungsgigant mit den obigen Zahlen an die Sonne kommt, die nichts anderes bedeuten, als dass die Einführung der freiwilligen Corona-App gescheitert ist, dann sollte man nachdenklich werden. Es ist das Freiwilligkeitsprinzip, gegen welches die Bertelsmänner nach meiner Auffassung zu Felde ziehen.

Wenn man von Bertelsmann spricht, darf man die Kanzlerin nicht beiseitelassen. Voila, da ist sie schon:

Schwestern im Geiste auf der Achse Berlin-Mitte–Gütersloh: Die Reklame der Bundesregierung für die Corona-App auf der Website der Bertelsmann-Stiftung, https://www.bertelsmann-bkk.de/corona [Abruf: 23.9.2020]. Man beachte auch, wie sympathisch die Übersetzerin für die Gebärdensprache aussieht, während die Dritte im Bunde, Liz Mohn, nicht im Bild ist.

Was das Schicksal der Corona-App anbelangt, sind sich Experten und Laien nicht einig. Wie auch, nachdem die Mainstream-Medien den Leuten das Blaue vom Himmel runter versprochen haben. Mit Stand 6. Juli 2020 sollen in Deutschland 15 Millionen Personen die App heruntergeladen haben,[375] so das Robert Koch-Institut. Das bedeutet? Nicht viel. Bei 83 Millionen Einwohnern steht die Zahl 15 Millionen dafür, dass 68 Millionen die App nicht heruntergeladen ha-

---

[375] N.N.: Corona-App 15 Millionen Mal heruntergeladen, *Epoch Times* (dt. Ausg.) vom 6.7.2020, https://www.epochtimes.de/politik/deutschland/corona-app-15-millionen-mal-heruntergeladen-a3284445.html [Abruf: 6.7.2020].

ben. Auch hat diese Zahl als nackte Größe keine Aussagekraft, denn unbekannt ist und bleibt, wie viele Personen diese App nutzen.

Um es klar zu sagen, das Herunterladen bedeutet im Sinne des Erfinders nichts. Auf das Nutzen kommt es an. Und bei diesem bleibt zudem völlig in der Schwebe, wie viele Leute die App so benutzen, wie deren Erfinder es sich vorgestellt haben – mit Angabe vollständiger und zutreffender Daten, und zwar einschließlich einer möglichen festgestellten Infektion. Ist solch ein Nutzerverhalten nicht sichergestellt, ist die Corona-App nichts als ein Bluff. Dieses alles kann den Erfindern nicht unbekannt gewesen sein. Ich nehme deswegen an, sie warten ab, wann sich ein Grund zeigt, die App zwangsweise einzuführen und deren Nutzung mit den üblichen Verwaltungsmitteln durchzusetzen. Das ist dann der nächste Schritt in die schöne Neue Welt.

Schöne Aussichten: Was geplant ist, um die Bürger unter Kontrolle zu bringen, nebst ein paar Anmerkungen über europäische Lösungen, den digitalen Impfpass und die elektronische Kontaktverfolgung

Während ich diese Zeilen schreibe (3. März 2021), trifft sich – digital, versteht sich – die Bundeskanzlerin mit den Ministerpräsidenten der Länder zu einer weiteren Schalt-Konferenz, im Stummel-Neudeutsch Online-Schalte genannt. Man nimmt an diesem verfassungswidrigen Gremium, im dem seit vergangenem Jahr über das Wohl und Wehe des Bürgers Beschluss gefasst wird, kaum noch Anstoß, wenn man es denn je tat.

Im Beschlussentwurf[376] zur Sitzung vom 3. März 2021 konnte man nachlesen, was an neuerlichen Zwangsmaßnah-

---

[376] Bundeskanzleramt: Beschlussentwurf zur Videoschaltkonferenz der Bundeskanzlerin mit den Regierungschefinnen und Regierungschefs der Länder am 3. März 2021, Entwurf, Stand 1.3.2021, https://clubderklarenworte.de/wp-content/uploads

men gegen die Bevölkerung auf den Weg gebracht werden soll: Fortdauer des prinzipiellen Lockdowns bis Ende März 2021 – danach Weiterentscheidung auf einer kommenden Sitzung –, eine verschärfte Impfkampagne, Digitalisierung der Ergebnisse und eine bundesweite digitalisierte Verbleibs-Kontrolle der Infizierten.

Bevor einer der Leser erfreut mit dem Kopf nickt und die-tun-mal-was murmelt, will ich kurz rückfragen: Infiziert womit? Und durch was oder wen festgestellt? Ist der Bürger bald ein miniaturisiertes Gesundheitsamt, das gezwungen ist, über sich selbst Auskunft zu erteilen? Nur wer hierauf eine schlaue Antwort geben kann, sollte sich freuen. Er muss zuvor klären, was bei den Tests eigentlich gemessen wird und wie man im Gegensatz zum Testergebnis eine Infektion erkennen kann.

Nebenbei bemerkt: Ich bin noch immer nicht zum Corona-Leugner im wahren Sinne des Wortes geworden. Aber wenn man diese Grundlage des Mehrklangs Testergebnis-Infizierung-Krankheit-Ansteckungsgefahr nicht endlich auf rationale Füße stellt, kann mir der Rest gestohlen bleiben.[377] Da-

---

/2021/03/BKMPK030321_v41910.pdf; dto., Entwurf, Stand 3.3.2021 7:30, https://clubderklarenworte.de/wp-content/uploads/2021/03/BKMPK030321entwurf.pdf.
[377] In dieses Problemfeld gehört auch das monatelang erfolgte mutwillige Verschweigen, dass die eigentliche Problemgruppe muslimische Ausländer in Deutschland sind. Hierzu mein Tagebuch-Notat vom 4.3.2021: „Vorgestern auf gestern braute sich dann die Meldung zusammen, dass die Masse der an Covid-19 in Deutschland Erkrankten, insbesondere der deswegen Hospitalisierten, Türken und andere Mohammedaner sind. Der Gesundheitsamt-Wieler hat angeblich hierzu der *Bild* ein Interview gegeben. Falls es stimmt, was die da behaupten, hat er gesagt, dass das Problem schon lange geläufig sei, aber es sei ein Tabu gewesen, um nicht des Rassismus bezichtigt zu werden. Man habe auf diese Leute nur Einfluss über die Moscheen, aber da komme keiner hinein. Der Bundesgesundheitsminister, darüber unterrichtet, habe nur Oh-Gott-oh-Gott gesagt, und die Göttliche selbst hat sofort dementieren lassen, davon gewusst zu haben. Dann ist ja alles bestens, und man kann wieder zur Tagesordnung übergehen. Hauptsache für den Machtapparat ist es, dass Mainstream nicht darüber berichtet. Das Volk könnte ärgerlich werden, nur wegen einer Minderheit von Hottentotten monatelang eingesperrt worden zu sein.
Schon vor Monaten las ich bei einem Islam-Kenner, dass die Gläubigen durch unsere als westlich und daher abzulehnenden Hinweise über ein sachgerechtes Verhalten bei Ansteckungsgefahr nicht zu beeindrucken seien. Ihr Glaube gebiete ihnen, das Schicksal (Kismet!) hinzunehmen. Ich hielt das für übertrieben. Na gut,

neben atmet das Kanzleramts-Papier den Geist der Hybris, wenn es dem Bürger in Aussicht stellt, sich zu Ostern privat treffen zu dürfen. Seit wann bedarf man hierzu der Erlaubnis? Wie gesagt, es ist die blanke Hybris, wenn dem Bürger attestiert wird, er habe sich ja schließlich auch zum Weihnachtsfest 2020 vernünftig gezeigt.

Das Erste, was mir durch den Kopf ging, als ich das las, war die Frage: Sind die Verfasserinnen im Kanzleramt einschließlich dieses Helge Braun[378] schon am frühen Morgen betrunken oder bekifft?[379] Haben Sie wegen eigener zerrütteter Fami-

man muss erst durch Zahlen überzeugt werden. Hoffentlich stimmen sie diesmal. Man kann darauf warten, dass sie als Nazi-Gerede verunglimpft werden."

[378] Dr. med. **Helge Braun** (*18.10.1972), CDU-Politiker, seit 2009 Mitglied des Bundestages, 2013-18 Staatsminister im Bundeskanzleramt, seit März 2018 Chef des Bundeskanzleramts. Braun fiel mir zum ersten Mal auf, als er Mitte Juli 2020 öffentlich für Ausreiseverbote eintrat, N.N.: Kanzleramts-Chef verteidigt Pläne für lokale Reisebeschränkungen – Länder sperren sich, *Epoch Times* (dt. Ausg.) vom 16.7.2020, https://www.epochtimes.de/politik/deutschland/kanzleramtsminister-verteidigt-plaene-fuer-lokale-reisebeschraenkungen-a3291842.html [Abruf: 16.7.2020]; N.N. Kanzleramtschef lobt neue Corona-Hotspot-Regeln, *Epoch Times* (dt. Ausg.) vom 16.7.2020, https://www.epochtimes.de/politik/deutschland/kanzleramtschef-lobt-neue-corona-hotspot-regeln-a3292509.html [Abruf: 17.7.2020]. Die Artikel beruhen auf Agentur-Meldungen von (1) afp bzw. (2) dts.

[379] Den Eindruck haben offenbar auch Berufenere, als ich es bin. So soll am 3.4.2021 bei der Video-Schaltkonferenz Ministerpräsident Söder Bundesminister Scholz

lienverhältnisse nicht mitgekriegt, dass Millionen deutscher Familien ihr Weihnachtsfest nicht traditionsgemäß begehen konnten? Nichts davon gehört, dass Alte ausgegrenzt und mit Besuchsverboten weggesperrt wurden, in Heimen an Vereinsamung und Verzweiflung gestorben sind? Nix mitgekriegt? Um es deutlich zu sagen, wir bewegen uns weg von jeder geordneten, rationalen Gesundheitspolitik, die unter Robert Koch und seinen genialen Kollegen einen wundersamen Aufstieg nahm, hin zu Voodoo im Ärztekittel à la Drosten und Lauterbach. Allerdings sind die Schreihälse, die unsere Regierungsämter besetzt halten, ernst zu nehmen, denn sie träumen von einem digital überwachten und lenkbaren Menschen. Sie haben erkannt, dass eine Bürgernummer hermuss, um alle gleichmäßig und flächendeckend erfassen zu können. Sie verweisen darauf, dass es eine solche Nummer bei der Finanzverwaltung bereits gebe. Warum also nicht zugreifen?

Es fehlt nur noch ein einziger Schritt, um die Bürger buchstäblich an die Leine zu nehmen: die Pflicht, stets das Smartphone am Mann zu haben. Vor Jahren habe ich mich von Amts wegen mit der elektronischen Fußfessel befasst. Hier ging es – das sei klargestellt – um die Überwachung von verurteilten Verbrechern, denen man eine Rechtswohltat gegenüber dem Wegsperren zukommen lassen wollte. Jetzt geht es um den Bürger. Ich füge hinzu: den freien, unbescholtenen Bürger.

Ich bin nicht der Einzige, dem das Agieren von Merkel & Co spanisch vorkommt. Während ich diese Zeilen schreibe, veröffentlicht der Blogger Wolfgang Prabel fast wortgleich seine Bedenken, [380] wobei er annimmt, niemand könne ihn zwingen, ein Handy bei sich zu tragen. Stimmt im Augenblick. Doch wie wir aus dem Faust wissen: Augenblicke pflegen

sinngemäß zugerufen haben: „Ich weiß nicht, was Sie getrunken haben", vgl. Stephan Paetow: *Spaet-Nachrichten* vom 4.4.2021, https://www.spaet-nachrichten.de/2021/03/der-koenig-von-deutschland-und-der-minister-der-trinkt/ [Abruf: 5.3.2021].

[380] Wolfgang Prabel: Muss man eigentlich ein Handy dabei haben?, *Prabels Blog* vom 2.3.2021, https://www.prabelsblog.de/2021/03/muss-man-eigentlich-ein-telefon-dabei-haben/ [Abruf: 2.3.2021].

vorüberzugehen. Es ist ein buntes Völkchen, was langsam, aber sicher aus dem Winterschlaf erwacht.

Mein Leben beeinflusste ein sozialistischer Dachdecker, der das Haus kreierte, in dem ich aufwuchs. Eine fürsorgliche Physikerin bringt mir die Moleküle meines bisher selbstbestimmten Lebens durcheinander und ein Bankkaufmann bietet mir in der größten Gesundheitskrise unseres Landes keinen Impfplan an![381]

So der ehemalige Eislauf-Star, die heutige Unternehmerin Katharina Witt.[382] Der Blogger Egon W. Kreutzer,[383] gut 500 bayerische Unternehmer der Initiative *Wir stehen zusammen*,[384] der Kabarettist Uli Masuth.[385] Die Liste ließe sich fast beliebig verlängern um Ärzte, Unternehmer, Anwälte, ungezählte Wissenschaftler, völlig normale, bislang unauffällige

---

[381] Offener Brief von Katarina Witt vom 23.3.2021, zit. nach https://www.epoch-times.de/politik/deutschland/katarina-witt-willkommen-zurueck-in-der-ddr-der-corona-brief-der-eisprinzessin-a3478603.html [Abruf: 25.3.2021].

[382] N.N.: Katarina Witt prangert Corona-Lockdown an, *t-online* vom 2.3.2021, https://www.t-online.de/unterhaltung/stars/id_89441658/wuetende-katarina-witt-prangert-corona-lockdown-an.html [Abruf: 3.3.2021]. Kein bisschen erstaunlich ist es, wie Mainstream den Protest der Unternehmerin runterzuspielen versucht, vgl. *Berliner Zeitung* vom 9.2.2021, https://www.berliner-zeitung.de/news/katarina-witt-ueber-lockdown-ratlosigkeit-empoerung-teilweise-wut-li.138884 [Abruf: 3.23.2021]; zu **Katarina Witt** (*3.12.1965), Leistungssportlerin, Unternehmerin, vgl. Enbergs u.a.: Wer war wer in der DDR, S. 925 f.

[383] Beispiel aus einer Vielzahl: Egon Kreutzer: Hat einfach nicht verstanden, *egon-w-kreutzer.de* vom 3.3.2021, https://egon-w-kreutzer.de/hat-einfach-nicht-verstanden [Abruf: 3.3.2021]

[384] Nach Presseberichten hat sich die Initiative, der 540 Unternehmen mit über 10.000 Mitarbeitern angehören sollen, Ende Februar 2021 so geäußert, dass die Politik durch zwanghafte Eingriffe, einseitige Darstellungen und offensichtliche Hinhaltetaktiken Vertrauen und Glaubwürdigkeit vollkommen verspielt habe. Deswegen seien die angesprochenen Politiker nicht mehr wählbar, vgl. Elias Huber: Mittelstandsvertreter: „Die hier angesprochenen Politiker sind für uns nicht mehr wählbar", *Tichys Einblick* vom 2.3.2021, https://www.tichyseinblick.de/wirtschaft/mittelstandsvertreter-die-hier-angesprochenen-politiker-sind-fuer-uns-nicht-mehr-waehlbar/ [Abruf: 3.3.2021]; daneben besteht offenbar eine als e.V. organisierte Bürgerinitiative mit dem Namen Bayern steht zusammen, https://bayern-steht-zusammen.de/START/ [Abruf: 3.3.2021].

[385] Uli Masuth: Angela Merkels Mutmach-Rede vom 8.2.2021, https://www.youtube.com/watch?v=iaFJEHmSEQM&feature=emb_rel_end [Abruf: 1.3.2021]; es war der Blog von Vera Lengsfeld, durch den ich auf diesen Beitrag aufmerksam wurde.

Leute sowie Blogger, Blogger und nochmals Blogger,[386] dafür aber nur ganz, ganz wenige Journalisten und Politiker. Was diese Leute eint, ist ihr Ruf nach der Rückkehr zur Vernunft. Einigen der Protestierer steht wirtschaftlich das Wasser bis zum Halse. Sie können sich nicht vorstellen, dass man sie mutwillig fertigmacht. Aber genau so ist es. Es geht darum, persönliche und wirtschaftliche Initiative zu ersticken, denn ein solches Verhalten passt nur zu freien Menschen. Freie Menschen aber sind aus Sicht mancher Herrscher schlechte Untertanen. So einfach liegen die Dinge.

Total ätzend im freundlichen Ton: Angela Merkels Mutmach-Rede des Weimarer Kabarettisten Uli Masuth; er lässt die Kanzlerin Selbstverständliches aussprechen, was ihr so niemals über die Lippen kommen würde (YouTube-Kanal von Uli Masuth, Screenshot durch den Verf.).

Ich werde von tiefem Misstrauen erfüllt, wenn erneut Mainstream lautstark nach einer *europäischen Lösung* ruft. Eine europäische Lösung für den digitalen Menschen soll her. Wie ich schon dargestellt habe, ist das nichts anderes als das Abschieben einer gewünschten Entscheidung nach Brüssel, wo im Moloch des Apparats das Monster geboren wird – mit dem

---

[386] Beispiele: Vera Lengsfeld mit dem Blog *Freedom is not free*, https://vera-lengsfeld.de/; Eugen W. Kreutzer mit dem Blog *eugen-w-kreutzer.de,*; Bernd Zeller mit den Blogs *zellerzeitung.de* [saririsch] und *tagesschauderblogger.de* [eine Tag-für-Tag-Kommentierung].

Anspruch, dass die Staaten die erzeugte Richtlinie umsetzen. Genau das bahnt sich im Moment an. Man muss den Heroen, vor allem aus der CSU, nur zuhören. Hoffnungsvoll auf eine Besserung bei der Christunion setzen? Das kann man getrost vergessen.

Es ist völlig verfrüht aus dem anschwellenden Protest eine Wende zum Besseren abzuleiten. Die Gegenfront steht fest zementiert im Raum. Der polit-mediale Komplex, gesponsert und gepampert durch die Herren des Neuen Geldes, jene Neureichen, die sich nach dem Reibach, den sie mit den Neuen Medien machten, als die Herren der Welt wähnen. Das Einzige, was ihnen noch fehlt, ist die staatliche Verpflichtung jedes Bürgers, die Systeme, Verfahrenswege und Geräte von Amazon, Apple, Microsoft und Google zu nutzen. Das wäre dann der Durchbruch in die Neue Welt.

Es mag altmodisch klingen: Aber dem widersetze ich mich – mit Nachdruck.

Nachwort

Nun sind Sie, lieber Leser, am Ende meines Berichts angelangt. Vielleicht lesen Sie auch nur dieses Nachwort – wenn überhaupt.

Falls Sie das Buch gelesen haben, werden Sie hoffentlich mit mir übereinstimmen, dass dies der Text eines aufmerksamen Flaneurs ist, der nach etlichen historischen Arbeiten ein Gegenwartsthema auf seinen Schreibtisch gehievt hat. Ich habe mir im laufenden Verfahren mindestens zehnmal überlegt, ob ich dieses Buch herausbringen soll. Es gab zwei gravierende Einwände:

(1) Ich bin kein Mediziner, Biologe, Chemiker, Physiker, Virologe, Epidemiologe, Statistiker, Mathematiker, Seelsorger, sondern ein Sachbuchautor, der in seinem beruflichen Vorleben jahrzehntelang als solide ausgebildeter Verwaltungs-Jurist bevorzugt in Sicherheitsbehörden gearbeitet hat. Das war insofern prägend, als ich gezwungen war, mit vollkommen fremden Sachverhalten zurecht zu kommen und oftmals zu Entscheidungen vorzudringen, deren Auswirkungen bestenfalls vage erkennbar waren. In jener Zeit habe ich mehr als einmal erfahren, dass es notwendig war, die Ergebnisse zu überprüfen und bei Bedarf die getroffenen Entscheidungen zu korrigieren.

Es würde mich nicht sonderlich wundern, wenn sich in diesem, vor dem Leser liegenden Text unbeabsichtigt Fehler eingeschlichen hätten. Ich bin gerne bereit, diese Fehler zu korrigieren, zumal ich für den Wust der Probleme, auf die ich gestoßen bin, mir Wissen erst durch Lektüre und das Abfragen von Details und Zusammenhängen bei ungezählten Fachleuten laienhaft angeeignet habe. Dieses zusammengesammelte Wissen macht mich zu allem anderen als einem Fachmann auf den Gebieten, die ich notwendig berührt habe. Der Leser, der Fehler oder eine schiefe Sicht entdeckt, ist aufgefordert, mir das ihm notwendig Erscheinende mitteilen.

Ich werde mich nicht scheuen, Korrekturen vorzunehmen und zu publizieren.

(2) Ein zweiter Einwand gegen den vorliegenden Text ergab sich aus der Tatsache, dass der Sachverhalt noch in Bewegung ist. Er wird sich noch heftig fortentwickeln, wie ich annehme. Doch irgendwann muss sich der Autor für einen Redaktionsschluss entscheiden. Bei mir war das der 31. März 2021. Deswegen sind weitere gravieren Schritte in der Fortentwicklung der Handlung nicht mehr ausgeführt, so die neuerliche Änderung des Bundesinfektionsschutzgesetzes durch die Einfügung des § 28 b, der die Länder endgültig entmachtet, was ich für grob verfassungswidrig halte.

Fehlen tut auch die bemerkenswerte Protestbewegung des von Schauspielern inszenierten #allesdichtmachen. Fehlen tun die neuerlichen Justizexzesse in Thüringen rund um das Amtsgericht von Weimar. Und unbearbeitet blieb das Faktum, dass sich ab Frühjahr 2021 etliche europäische Staaten und solche der USA aus dem Pandemie-Wahn wieder herausstehlen. Weiteres wird folgen, bis der Leser das Buch in Händen hält. Da bin ich mir sicher.

Quellen & Bildnachweis

Vorbemerkung: Gedruckte und elektronische Aufsätze werden ausschließlich mit vollem Titel und Fundort in den Fußnoten nachgewiesen.

Amtliche Quellen

Bundeskanzleramt: Rede von Bundeskanzlerin Merkel beim 50. Jahrestreffen des Weltwirtschaftsforums am 23. Januar 2020 in Davos, https://www. bundesregierung.de/breg-de/aktuelles/rede-von-bundeskanzlerin-merkel-beim-50-jahrestreffen-des-weltwirtschaftsforums-am-23-januar-2020-in-davos-1715534; ** Rede von Bundeskanzlerin Merkel anlässlich des Davos-Dialogs des World Economic Forum am 26. Januar 2021 (Videokonferenz); Redner: Angela Merkel; Datum: Dienstag, 26. Januar 2021 13:03 Uhr, https://www.bundeskanzlerin.de/bkin-de/aktuelles/rede-von-bundeskanzlerin-merkel-anlaesslich-des-davos-dialogs-des-world-economic-forum-am-26-januar-2021-videokonferenz--1844594; ** Beschlussentwurf zur Videoschaltkonferenz der Bundeskanzlerin mit den Regierungschefinnen und Regierungschefs der Länder am 3. März 2021, Entwurf, Stand 1.3.2021, https: //clubderklarenworte.de/wp-content/uploads/2021/03/BKMPK030321_v 41910.pdf;dto., Entwurf, Stand 3.3.2021 7:30, https://clubderklarenworte.de/wp-content/uploads/2021/03/BKMPK030321entwurf.pdf.

Deutscher Bundestag: Unterrichtung durch die Bundesregierung. Bericht zur Risikoanalyse im Bevölkerungsschutz 2012. Bundestags-Drucksache 17/12051 vom 1.3.2013. Köln, Bundesanzeiger Verlag, 2013.

Sonstige Primärquellen

[Max Henning (Übers.)]: Der Koran. Aus dem Arabischen von Max Henning. Einleitung und Anmerkungen von Anneliese Schimmer. Durchgesehene und verbesserte auf., Stuttgart, Reclam, 1991.

D. Martin Luther (Übers.): Die Bibel oder die ganze Heilige Schrift. Neuoktav-Ausgabe, Berlin, Preußische Haupt-Bibelgesellschaft, 1916.

Sekundärquellen

Hannah *Arendt*: Elemente und Ursprünge der totalen Herrschaft. Antisemitismus, Imperialismus, totale Herrschaft. Ungekürzte Taschenbuchausgabe, 6. Aufl., München, Piper, 1998.

Stephen E. *Ambrose*/Douglas G. Brinkley: Rise to Globalism. American Foreign Policy since 1938. 8. durchgesehene Aufl., New York, Penguin, 1997.

Norbert *Arnold*/Tobias Wangermann (Hg.): Digitalisierung und künstliche Intelligenz. Orientierungspunkte [der Konrad-Adenauer-Stiftung]. Berlin, Konrad-Adenauer-Stiftung, 2019.

Pedro *Baños*: So beherrscht man die Welt. Die geheimen Geostrategien der Weltpolitik. München, Wilhelm Heyne, 2019.

Friederike *Beck*: Das Guttenberg-Dossier. Das Wirken transatlantischer Netzwerke und ihre Einflussnahme auf deutsche Eliten. Aktuelle und geschichtliche Einblicke. 6. Aufl., Ingelheim am Rhein, Zeitgeist, 2016; ** Das Netzwerk für Migration. 3-teiliges Manuskript. 2015/16, auf Word-Dateien, Kopie im Arch. d. Verf.

[Giovanni] *Boccaccio*: Das Decameron. In dieser deutschen Übersetzung erstmalig erschienen St. Petersburg/Leipzig, A.G. Meißner, 1782. Neuverlegt Wiesbaden, Ralph Suchier, 1977.

Gustave Le *Bon*: Psychologie der Massen. 2. Aufl., Rottenburg, Kopp, 2015.

Martin *Broszat*: Die Machtergreifung. Der Aufstieg der NSDAP und die Zerstörung der Weimarer Republik. 4. Aufl., München, Deutscher Taschenbuchverlag, 1993.

Noam *Chomsky*: World Orders Old and New. New York, Columbia University Press, 1996; ** Wer beherrscht die Welt? Die globalen Verwerfungen der amerikanischen Politik. Berlin, Ullstein, 2016.

Ingo *Dachwitz*/Alexander Fanta: Medienmäzen Google. Wie der Datenkonzern den Journalismus umgarnt. Frankfurt am Main, Otto Brenner Stiftung, 2020.

Lance *deHaven-Smith*: Conspirathy Theorie in America. Austin/Texas, University of Texas Press, 2013.

Karlheinz *Deschn*er: Der Moloch. Eine kritische Geschichte der USA. 10. Aufl. (1. Aufl. überarbeitete Neuausgabe), München, Wilhelm Heyne, 1992.

Holger Douglas: Die Diesel-Lüge. Die Hetzjagd auf ihr Auto – und wie sie sich wehren. 2. überarbeitete Aufl., München, Finanzbuch, 2019.

Jutta *Dressel*: Geschichte des Germanins und der Bekämpfung der Schlafkrankheit und ihr verwandter Tropenseuchen. Bonn, Universitätsdruckerei Scheur, 1941.

Wolfgang *Effenberger*/Willi Wimmer: Wiederkehr der Hasardeure. Schattenstrategien, Kriegstreiber, stille Profiteure. 2. Aufl., Höhr-Grenzhausen, Zeitgeist, 2014.

Niall *Ferguson*: The Square and the Tower. Networks, Hierarchies, and the Struggle for Global Power. London pp., Penguin Books, 2018.

Joachim *Fernau*: Halleluja. Die Geschichte der USA. 6. Aufl., Berlin, Ullstein, 1998.

Johann *Fuchs*/Alexander Kubis/Lutz Schneider: Zuwanderung und Digitalisierung. Wie viel Migration aus Drittstaaten benötigt der deutsche Arbeitsmarkt künftig? Gütersloh, Bertelsmann-Stiftung, 2019.

Bill *Gates*: Wie wir die Klima Katastrophe verhindern. Welche Lösungen es gibt und welche Fortschritte nötig sind. München, Piper, 2021.

Katja *Gelinsky*: Interview mit Professor Christian Jung und Professor Bertrand Guidet. Wer bekommt das letzte Beatmungsgerät? Ein deutsch-französisches Gespräch über die Zuteilung knapper Ressourcen in Zeiten der Covid-19-Pandemie. Berlin, Konrad-Adenauer-Stiftung e.V., 2000.

Kelly M. *Greenhill*: Massenmigration als Waffe. Vertreibung, Erpressung und Außenpolitik. Rottenburg, Kopp, 2016.

[Björn *Höcke*/Sebastian Hennig]: Nie zweimal in denselben Fluss. Björn Höcke im Gespräch mit Sebastian Hennig. Mit einem Vorwort von Frank Böckelmann. Politische Bühne Originalton. Lüdinghausen/Berlin, Manuscriptum Thomas Hoof KG, 2018

Samuel P. *Huntington*: Kampf der Kulturen. Die Neugestaltung der Weltpolitik im 21. Jahrhundert. Taschenbuch, 7. Aufl., München, Siedler, 1998.

Josef *Isensee*: Das legalisierte Widerstandsrecht. Bad Homburg, Gehlen, 1968.

Erich *Kästner*: Gesammelte Schriften [in 7 Bänden]. Stuttgart/Hamburg, Deutscher Bücherbund, o.J.

Henry *Kissinger*: World Order. New York, Penguin, 2014.

Josef *Kraus*: 50 Jahre Umerziehung. Die 68er und ihre Hinterlassenschaften. Lüdinghausen/Berlin, Manuscriptum, 2018.

Lewis H. *Lapham*: Age of Folly. America Abandons Its Democracy. London/New York, Verso, 2016.

Vera *Lengsfeld*: „Was noch gesagt werden muss..." Meine Kommentare 2019. Norderstedt, Books on Demand, 2020.

Fraktion Die *Linke* im Thüringer Landtag (Hg.): Schwarzbuch. CDU-Herrschaft in Thüringen. Erfurt, Landtagsfraktion der Linken, 2009.

Douglas *Murray*: Der Selbstmord Europas. Immigration, Identität, Islam. München, Finanzbuch, 2018.

Allan *Nevins*: Geschichte der USA. Bremen, Carl Schünemann, 1967.

Viola *Neu*: Coronaperspektiven. Interesse an Corona-Nachrichten sinkt. Krisenbarometer der Konrad-Adenauer-Stiftung Folge 6, 1.6.2020. [Berlin, KAS, 2020; pdf im Arch. d. Verf.].

José *Ortega y Gasset*: Der Aufstand der Massen. 91.-105. Tausend, Hamburg, Rowohlt, 1958.

Stephan *Paetow*: Blackbox 2020. Die satirischen Sonntags-Kolumnen. München, Wishing Well Media, 2020.

Wilfried *Probst*/Petra Schuchard (Hg.): Biologie. Basiswissen Schule. Abitur. 5. überarbeitete und aktualisierte Aufl., Berlin, Dudenverlag, 2020.

Quan-Xin Long/Xiao-Jun Tang/Qiu-Lin Shi/Qin Li/Hai-Jun Deng/Jun Yuan/Jie-Li Hu/Wei Xu/ Yong Zhang/Fa-Jin Lv/Kun Su/Fan Zhang/Jiang Gong/Bo Wu/Xia-Mao Liu/Jin-Jing Li/Jing-Fu Qiu/Juan Chen/Ai-Long Huang [zit: Quan-Xin Long u.a.]: Clinical and immunological assessment of asymptomatic Sars CoV-2 infections, Nature Medicine vom 18.6.2020 [als pdf im Arch. d. Verf.].

Carrol *Quigley*: Tragedy and Hope. A History of the World in Our Time. 2. Aufl., Los Angeles/California, Wm. Morrison, 1974.

Karina *Reiss*/Sucharit Bhagdi: Corona Fehlalarm? Zahlen, Daten, Hintergründe. 4. Aufl., Berlin, Goldegg, 2020.

Helmut *Roewer*: Unterwegs zur Weltherrschaft. 3 Bde., Zürich/Tübingen, Scidinge Hall, 2016-18; ** Spygate. Der Putsch des Establishments gegen Donald Trump. Rottenburg, Kopp, 2020.

Werner *Rügemer*: „The USA has the safest health system in the world". The Johns Hopkins University and the global management of pandemics, *WorldEconomy* vom 24.5.2020 [als pdf im Arch. d. Verf.].

Erwin K. *Scheuch*: Zur Irrelevanz des Wählerwillens. Eine Untersuchung der Landtagswahlen in Nordrheinwestfalen 1966 und ihre politischen Konsequenzen, in: Ferdinand A. Hermens: Verfassung und Verfassungswirklichkeit. Jahrbuch 1966. Bd. 1, Köln/Opladen, Westdeutscher Verlag, 1966, S. 63-83.

Ute *Schmidt*: Von der Blockpartei zur Volkspartei? Die Ost-CDU im Umbruch 1989-1994. Opladen, Westdeutscher Verlag, 1997.

Thomas *Schuler*: Die Mohns. Vom Provinzbuchhändler zum Weltkonzern. Die Familie hinter Bertelsmann. Frankfurt am Main, Campus, 2004.

Klaus *Schwab*/Thierry Malleret: Covid-19: Der große Umbruch. Genf, Forum-Publishing 2020.

Karl *Steinbuch*: Mensch, Technik, Zukunft. Probleme von morgen. Taschenbuchausgabe, Reinbek b. Hamburg, Rowohlt, 1973.

Carlo *Terracciano*: Revolte gegen die moderne Weltordnung. Die revolutionäre Aktualität des Werkes von Julius Evola im Zeitalter der Globalisierung. 2. korr. und erw. Aufl., Kiel, Regin, 2017.

Monika *Vierheilig*: Die rechtliche Einordnung der von der Weltgesundheitsorganisation beschlossenen regulations. Heidelberg, Deckers/Schenk, 1984.

Andreas *Vonderach*: Die Dekonstruktion der Rasse. Sozialwissenschaften gegen die Biologie. Graz, Ares, 2020.

Hermann *Weber*: Kleine Geschichte der DDR. Edition Deutschland Archiv. Köln, Verlag Wissenschaft und Politik, 1980.

Heinz *Zeichhardt*/Martin Kammel: Kommentar zum Extra Ringversuch Gruppe 340 Virusgenom-Nachweis – Sars-CoV-2. Hg von: INSTAND, Gesellschaft zur Förderung der Qualitätssicherung in medizinischen Laboratorien e.V. Düsseldorf/Berlin 02.05.2020, aktualisiert 03.06.2020 (Aktualisierungen sind [rot] hervorgehoben). [pdf (51 S.) im Arch. d. Verf.].

Nachschlagewerke

Brockhaus' Konversations-Lexikon. Leipzig, F.A. Brockhaus, 1908 ff. [Zit. Brockhaus (1908), Bd., S.].

Brockhaus Enzyklopädie in 20 Bänden. Wiesbaden, F.A. Brockhaus, 1966 ff. [Zit.: Brockhaus (1966), Bd., S.].

Helmut *Enbergs*/Jan Wielgohs/Dieter Hoffmann: Wer war wer in der DDR. Ein biographisches Lexikon. Lizenzausgabe, Augsburg, Weltbild, 2003.

Rüdiger *Liedtke*: Wem gehört die Republik? Die Konzerne und ihre Verflechtungen. Frankfurt am Main, Eichborn, 1997.

Golo *Mann* (Hg.): Weltgeschichte. Eine Universalgeschichte. 9 Bde. + 2 Erg. Bde. Lizenzausgabe, Gütersloh, Prisma, 1980.

Pschyrembel: Klinisches Wörterbuch. 260. Aufl., Berlin/New York, Walther de Gruyter, 2004.

Periodika
Die fortlaufenden Ereignisse wurden in einer Tag-für-Tag-Kontrolle bzw. Woche-für-Woche-Durchsicht u.a. bei folgenden Publikationen verfolgt:

* Hadmut Danisch: Ansichten eines Informatikers,
https://www.danisch.de/blog/
* Epoch Times (US-Ausg.), https://www.theepochtimes.com/;
** (dt. Ausg.), https://www.epochtimes.de/
* Peter Helmes u.a.: Conservo, https://conservo.wordpress.com/
* [Michael] Klonovsky: Acta diurna, https://www.klonovsky.de/acta-diurna/
* Egon W. Kreutzer: egon-w-kreutzer.de. Kommentare zum Zeitgeschehen,
http://antides.de/
* Markus Langemann: Club der klaren Worte,
https://clubderklarenworte.de/
* Vera Lengsfeld: Freedom is not for free, vera-lengsfeld.de
* Roger Letsch: Ub. Institut für und politischen Exorzismus,
https://unbesorgt.de/
* Stephan Paetow: Spaet-Nachrichten, https://www.spaet-nachrichten.de/
* Wolfgang Prabel: PrabelsBlog, https://www.prabelsblog.de/
* Preußische Allgemeine Zeitung, Hamburg
* ScienceFiles. Kritische Sozialwissenschaften, https://sciencefiles.org/
* Alexander Sosnowski: World Economy, worldeconomy.eu/
* Dieter Stein (Hg.): Junge Freiheit. Wochenschrift für Debatte. Berlin.
* Roland Tichy (Hg.): Tichys Einblick, https://www.tichyseinblick.de/
* Bernd Zeller: Tageschauder, https://tagesschauder.blogger.de/;
** ZellerZeitung, https://zellerzeitung.de/

Sowie für Längsschnittanalysen regelmäßig benutzte Periodika:
* Frank Böckelmann (Hg.): Tumult. Vierteljahresschrift für
Konsensstörung. Dresden.
* Council on Foreign Relations (Hg.): Foreign Affairs. New York/N.Y.

Sonstiges:
Beiträge, Rundbriefe, Begutachtungen, Antworten auf Rückfragen,
spontane Mails, Bilder, Hinweise auf Veröffentlichungen, Kritik,
Recherchen, Übersetzungen, Einsicht in Original-Unterlagen, technische
Hilfestellung und ähnliches verdanke ich: Prof. Dr. Wulf und Eva Bennert,
Hopfgarten; Dieter Böhme, Gera; Rainer Claaßen, Wülfershausen; Prof. Dr.
Klaus-D. Döhler, Hannover; Holger Douglas, Bammenthal; Stefan
Effenberger, Pöcking; Siegmar Faust, Berlin; Dieter Farwick, Sigmaringen;
Markus Fiedler, Rastede; Birgit Helk, Mechelroda; Peter Helmes, Leubsdorf
am Rhein; Sebastian Hennig, Radebeul; Siegfried von Hohenhau,
Lechbruck; Egon W. Kreutzer, Elsendorf; Vera Lengsfeld, Sondershausen;
Christoph Müller, Apolda; Stephan Paetow, München; Wolfgang Prabel,
Mechelroda; Dirk Pohlmann, Kleinmachnow; Dr. Steffen Rabe, München;
Renate Schäfer-Westreicher, Steina; Dr. Jürgen W. Schmidt, Berlin; Dr.
Wolfgang und Inge Timpel, Weimar; Joachim Werneburg, Weimar; Dr.

Eduard Westreicher, Steina; Willi Wimmer, Jüchem; Bernd Zeller, Jena –
und sicher vielen anderen, die ich aufzuzählen vergessen habe oder die
nicht genannt werden mochten. Alle, die nicht müde wurden, auf meine –
oft laienhaften – Fragen zu antworten, seien bedankt. Die Verantwortung
für die Verwendung der Antworten in diesem Buch liegt allein bei mir.

Abkürzungsverzeichnis

a.a.O. an angegebenem Ort
abgedr. abgedruckt
Abs. Absatz
Arch. Archiv
Arch. d. Verf. Archiv des Verfassers
Art. Artikel
Ausg. Ausgabe
Bd. Band
BMG Bundesministerium für Gesundheit
BMI Bundesministerium des Innern
BVerfGE Entscheidungssammlung des Bundesverfassungsgerichts, Bd., S.
DoD Department of Defense [US-Verteidigungsministerium]
dt. deutsch
ebd. ebenda
et al. et altera [= und andere]
FAZ Frankfurter Allgemeine Zeitung
FLI Friedrich-Löffler-Institut
FOIA Freedom of Information Act [Informationsfreiheitsgesetz]
FRN Free Radio Network
N.N. nomen nescio [den Namen weiß ich nicht]
NGO Non Governmental Organization [Nichtregierungsorganisation]
NYT New York Times [US-amerikanische Tageszeitung]
RKI Robert Koch-Institut
russ. russisch
S. Seite
SWR Südwest Rundfunk
TED Technology, Entertainment and Design [Informationsplattform]
Verf. Verfasser
wg. wegen
u.a. und andere
Übers./übers. Übersetzung/übersetzt
Zit./zit. Zitierweise/zitiert

Personenverzeichnis

Bibliographie
Auswahl der Sachbücher

Lexikon der Geheimdienste im 20. Jahrhundert (Hg. & Mitautor). München, Herbig, 2003.

Die Deutschland-Russland-Trilogie *100 Jahre Zwietracht*:
Skrupellos. Die Machenschaften der deutschen und russischen Geheimdienste 1914-1941. Leipzig, Faber & Faber, 2004.
Die Rote Kapelle und andere Geheimdienstmythen. Spionage zwischen Deutschland und Russland 1941-1945. Graz, Ares, 2009.
Im Visier der Geheimdienste. Deutschland und Russland im Kalten Krieg. Bergisch Gladbach, Lübbe, 2007.

Kill the Huns. Tötet die Hunnen. Geheimdienste, Propaganda und Subversion hinter den Kulissen des Ersten Weltkrieges. Graz, Ares, 2014.

Sie wollten den Krieg. Wie eine kleine britische Elite den Ersten Weltkrieg vorbereitete (Mitautor). Rottenburg, Kopp, 2014.

Nur für den Dienstgebrauch. Als Verfassungsschutzchef im Osten Deutschlands. Graz, Ares, 2012.

Die Trilogie *Unterwegs zur Weltherrschaft*:
Bd. 1. Warum England den Ersten Weltkrieg auslöste und Amerika ihn gewann. Zürich, Scidinge Hall, 2018.
Bd. 2, 1919-1945. Warum eine anglo-amerikanische Allianz Deutschland zum zweiten Mal angriff und die Rote Armee in Berlin einmarschierte. Tübingen, Scidinge Hall, 2019.
Bd. 3, 1945 bis heute. Warum das US-Imperium so lange bei uns Erfolg hatte, jedoch bei der Umerziehung der Ostdeutschen scheiterte. Tübingen, Scidinge Hall, 2019.

Spygate. Der Putsch des Establishments gegen Donald Trump. Rottenburg, Kopp, 2020.

Schwarzbuch Wikipedia (Mitautor). Hg. von Andreas Mäckler. Höhr-Grenzhausen, Zeitgeist, 2020.

Biographie

Helmut Roewer wurde nach dem Abitur Panzeroffizier, zuletzt als Oberleutnant. Sodann Studium der Rechtswissenschaften, Volkswirtschaft und Geschichte. Nach dem Zweiten Juristischen Staatsexamen Rechtsanwalt und Promotion zum Dr. iur. über ein rechtsgeschichtliches Thema. Später Beamter im Sicherheitsbereich des Bundesinnenministeriums in Bonn und Berlin, zuletzt als Ministerialrat. Schließlich Präsident einer Verfassungsschutzbehörde. Seit 2000 freier Schriftsteller.

Weiteres und Kontakt: www.helmut-roewer.de.